OEUVRES

COMPLETES

DE

VOLTAIRE.

OEUVRES
COMPLETES
DE
VOLTAIRE.

TOME SIXIEME.

DE L'IMPRIMERIE DE LA SOCIÉTÉ LITTÉRAIRE-
TYPOGRAPHIQUE.

1784.

THEATRE.

TABLE

DES PIECES

CONTENUES DANS CE VOLUME.

LES LOIS DE MINOS, *tragédie.*   Page 1
EPITRE DEDICATOIRE A MONSEIGNEUR LE DUC DE RICHELIEU, PAIR ET MARECHAL DE FRANCE, &c.   3
NOTES SUR LES LOIS DE MINOS.   75
VARIANTES DES LOIS DE MINOS.   90
DOM PEDRE, *tragédie.*   93
EPITRE DEDICATOIRE A M. D'ALEMBERT, SECRETAIRE PERPETUEL DE L'ACADEMIE FRANÇAISE, MEMBRE DE L'ACADEMIE DES SCIENCES, &c. *Par l'éditeur de la tragédie de dom Pedre.*   95
DISCOURS HISTORIQUE ET CRITIQUE SUR LA TRAGEDIE DE DOM PEDRE.   105
FRAGMENT D'UN DISCOURS HISTORIQUE ET CRITIQUE SUR DOM PEDRE.   113
LES PELOPIDES, OU ATRÉE ET THIESTE, *tragédie.*   177
AVERTISSEMENT DES EDITEURS.   179
FRAGMENT D'UNE LETTRE.   180
VARIANTES DES PELOPIDES.   237

TABLE.

IRENE, *tragédie*. 251

LETTRE DE M. DE VOLTAIRE A L'ACADEMIE FRAN-
ÇAISE, 1778. 253

NOTE. 267

VARIANTES D'IRENE. 329

AGATHOCLE, *tragédie*. 337

AVERTISSEMENT DES EDITEURS. 339

DISCOURS PRONONCÉ AVANT LA PREMIERE REPRE-
SENTATION D'AGATHOCLE. 341

AVIS AU LECTEUR, IMPRIMÉ DANS PLUSIEURS EDI-
TIONS, A LA SUITE DES TRAGEDIES. 394

Fin de la Table du Tome sixième.

LES
LOIS DE MINOS,

TRAGEDIE.

Non représentée.

EPITRE
DEDICATOIRE
A MONSEIGNEUR
LE DUC
DE RICHELIEU,

Pair et Maréchal de France, Gouverneur de Guienne, premier Gentilhomme de la chambre du Roi, &c.

Monseigneur,

Il y a plus de cinquante ans que vous daignez m'aimer. Je dirai à notre doyen de l'Académie, avec Varron, (car il faut toujours citer quelqu'ancien, pour en imposer aux modernes:)

Est aliquid sacri in antiquis necessitudinibus.

Ce n'est pas qu'on ne soit aussi très-invariablement attaché à ceux qui nous ont prévenu depuis par des bienfaits, & à qui nous devons une reconnaissance éternelle; mais *antiqua necessitudo* est toujours la plus grande consolation de la vie.

La nature m'a fait votre doyen, & l'Académie vous a fait le nôtre ; permettez donc qu'à de si justes titres je vous dédie une tragédie qui serait moins mauvaise, si je ne l'avais pas faite loin de vous. J'atteste tous ceux qui vivent avec moi que le feu de ma jeunesse m'a fait composer ce petit drame en moins de huit jours, pour nos amusemens de campagne ; qu'il n'était point destiné au théâtre de Paris, & qu'il n'en est pas meilleur pour tout cela. Mon but était d'essayer encore si l'on pouvait faire réussir en France une tragédie profane, qui ne fût pas fondée sur une intrigue d'amour ; ce que j'avais tenté autrefois dans Mérope, dans Oreste, dans d'autres pièces, & ce que j'aurais voulu toujours exécuter. Mais le libraire *Valade*, qui est sans doute un de vos beaux esprits de Paris, s'étant emparé d'un manuscrit de la pièce, selon l'usage, l'a embelli de vers composés par lui ou par ses amis, & a imprimé le tout sous mon nom, aussi proprement que cette rapsodie méritait de l'être. Ce n'est point la tragédie de *Valade* que j'ai l'honneur de vous dédier ; c'est la mienne, en dépit de l'envie.

Cette envie, comme vous savez, est l'ame du monde. Elle établit son trône, pour un jour ou deux, dans le parterre à toutes les pièces nouvelles, & s'en retourne bien vîte à la cour, où elle demeure la plus grande partie de l'année.

Vous le savez, vous, le digne disciple du maréchal *de Villars*, dans la plus brillante & la plus noble de toutes les carrières. Vous vîtes ce héros qui sauva la France, qui fut si bien faire la guerre & la paix, ne jouir de sa réputation qu'à l'âge de quatre-vingts ans.

EPITRE.

Il fallut qu'il enterrât son siècle, pour qu'un nouveau siècle lui rendît publiquement justice. On lui reprochait jusqu'à ses prétendues richesses, qui n'approchaient pas, à beaucoup près, de celles des traitans de ces temps-là ; mais ceux qui étaient si bassement jaloux de sa fortune n'osaient pas, dans le fond de leur cœur, envier sa gloire, & baissaient les yeux devant lui.

Quand son successeur vengeait la France & l'Espagne dans l'île de Minorque, l'envie ne criait-elle pas qu'il ne prendrait jamais Mahon ; qu'il fallait envoyer un autre général à sa place ? Et Mahon était déjà pris.

Vous fîtes des jaloux dans plus d'un genre ; mais ce n'est ni au général ni au plus aimable des Français que je m'adresse ici, je ne parle qu'à mon doyen. Comme il sait le grec aussi-bien que moi, je lui citerai d'abord *Hésiode* qui, dans l'*Erga kai imerai*, connu de tous les courtisans, dit en termes formels :

Kai keramais keramai kotei, kai tektoni tekton.
Kai ptokos ptoko phdonei, kai acidon acido.

Le potier est ennemi du potier, le maçon du maçon : le gueux porte envie au gueux, le chanteur au chanteur.

Horace disait plus noblement :

. , ... *Diram qui contudit hydram,*
Comperit invidiam supremo fine domari.

Le vainqueur de l'hydre ne put vaincre l'envie qu'en mourant.

Boileau dit à *Racine* :

Si tôt que d'Apollon un génie inspiré
Trouve loin du vulgaire un chemin ignoré,

En cent lieux contre lui les cabales s'amassent;
Ses rivaux obscurcis autour de lui croassent;
Et son trop de lumière, importunant les yeux,
De ses propres amis lui fait des envieux.
La mort seule ici bas, en terminant sa vie,
Peut calmer sur son nom l'injustice & l'envie,
Faire au poids du bon sens peser tous ses écrits,
Et donner à ses vers leur légitime prix.

Tout cela est d'un ancien usage, & cette étiquette subsistera long-temps. Vous savez que je commentai *Corneille*, il y a quelques années, par une détestable envie; & que ce commentaire, auquel vous contribuâtes par vos générosités, à l'exemple du roi, était fait pour accabler ce qui restait de la famille & du nom de ce grand homme. Vous pouvez voir dans ce commentaire que l'abbé *d'Aubignac*, prédicateur ordinaire de la Cour, qui croyait avoir fait une pratique du théâtre & une tragédie, appelait *Corneille Mascarille*, & le traitait comme le plus méprisable des hommes. Il se mettait contre lui à la tête de toute la canaille de la littérature.

Les ci-devant soi-disant jésuites accusèrent *Racine* de cabaler pour le jansénisme, & le firent mourir de chagrin. Aujourd'hui si un homme réussit un peu, pour quelque temps, ses rivaux ou ceux qui prétendent l'être disent d'abord que c'est une mode qui passera comme les pantins & les convulsions: ensuite ils prétendent qu'il n'est qu'un plagiaire; enfin ils soupçonnent qu'il est athée. Ils en avertissent les porteurs de chaise de Versailles, afin qu'ils le disent à leurs pratiques, & que la chose revienne à quelqu'homme bien zélé, bien morne & bien méchant, qui en fera son profit.

Les calomnies pleuvent sur quiconque réussit. Les gens de lettres sont assez comme M. *Chicaneau* & Madame la comtesse de *Pimbêche*:

Qu'est-ce qu'on vous a fait? — On m'a dit des injures.

Il y aura toujours dans la république des lettres un petit canton où cabalera le *pauvre diable* (*) avec ses semblables; mais aussi, Monseigneur, il se trouvera toujours en France des ames nobles & éclairées, qui sauront rendre justice aux talens, qui pardonneront aux fautes inséparables de l'humanité, qui encourageront tous les beaux-arts. Et à qui appartiendra-t-il plus d'en être le soutien qu'au neveu de leur principal fondateur? c'est un devoir attaché à votre nom.

C'est à vous de maintenir la pureté de notre langue qui se corrompt tous les jours; c'est à vous de ramener la belle littérature & le bon goût, dont nous avons vu les restes fleurir encore. Il vous appartient de protéger la véritable philosophie, également éloignée de l'irréligion & du fanatisme. Quelles autres mains que les vôtres sont faites pour porter au trône les fleurs & les fruits du génie français, & pour en écarter la calomnie qui s'en approche toujours, quoique toujours chassée? A quel autre qu'à vous les académiciens pourraient-ils avoir recours dans leurs travaux & dans leurs afflictions? & quelle gloire pour vous, dans un âge où l'ambition est

―――――――――
(*) Voyez la petite pièce intitulée *le Pauvre diable*.

assouvie, & où les vains plaisirs ont disparu comme un songe, d'être, dans un loisir honorable, le père de vos confrères ! L'ame du grand *Armand* s'applaudirait plus que jamais d'avoir fondé l'Académie française.

Après avoir fait Oedipe & les Lois de Minos, à près de soixante années l'un de l'autre ; & après avoir été calomnié & persécuté pendant ces soixante années, sans en faire que rire, je sors presqu'octogénaire, (c'est-à-dire, beaucoup trop tard,) d'une carrière épineuse, dans laquelle un goût irrésistible m'engagea trop long-temps.

Je souhaite que la scène française, élevée, dans le grand siècle de *Louis XIV* au-dessus du théâtre d'Athènes & de toutes les nations, reprenne la vie après moi ; qu'elle se purge de tous les défauts que j'y ai portés, & qu'elle acquière les beautés que je n'ai pas connues.

Je souhaite qu'au premier pas que fera dans cette carrière un homme de génie, tous ceux qui n'en ont point ne s'ameutent pas pour le faire tomber, pour l'écraser dans sa chute, & pour l'opprimer par les plus absurdes impostures.

Qu'il ne soit pas mordu par les folliculaires, comme toute chair bien saine l'est par les insectes ; ces insectes & ces folliculaires ne mordant que pour vivre.

Je souhaite que la calomnie ne député point quelques-uns de ses serpens à la cour pour perdre ce génie naissant, en cas que la cour, par hasard, entende parler de ses talens.

Puissent les tragédies n'être désormais ni une

longue conversation partagée en cinq actes par des violons, ni un amas de spectacles grotesques appelé par les Anglais *show*, & par nous, *la rareté, la curiosité!*

Puisse-t-on n'y plus traiter l'amour, comme un amour de comédie dans le goût de Térence, avec déclaration, jalousie, rupture, & raccommodement!

Qu'on ne substitue point à ces langueurs amoureuses des aventures incroyables & des sentimens monstrueux, exprimés en vers plus monstrueux encore, & remplis de maximes dignes de *Cartouche* & de son stile.

Que dans le désespoir secret de ne pouvoir approcher de nos grands maîtres, on n'aille pas emprunter des haillons affreux chez les étrangers, quand on a les plus riches étoffes dans son pays.

Que tous les vers soient harmonieux & bien faits ; mérite absolument nécessaire, sans lequel la poësie n'est jamais qu'un monstre ; mérite auquel presqu'aucun de nous n'a pu parvenir depuis *Athalie*.

Que cet art ne soit pas aussi méprisé qu'il est noble & difficile.

Que le *faxhal* & les *comédiens de bois* ne fassent pas absolument déserter *Cinna* & *Iphigénie*.

Que personne n'ose plus se faire valoir par la témérité de condamner des spectacles approuvés, entretenus, payés par les rois très-chrétiens, par les empereurs, par tous les princes de l'Europe entière. Cette témérité serait aussi absurde que l'était la bulle *in Cœnâ Domini*, si sagement supprimée.

Enfin, j'ose espérer que la nation ne sera pas toujours en contradiction avec elle-même sur ce grand art, comme sur tant d'autres choses.

Vous aurez toujours en France des esprits cultivés & des talens ; mais tout étant devenu *lieu commun*, tout étant problématique à force d'être discuté, l'extrême abondance & la satiété ayant pris la place de l'indigence où nous étions avant le grand siècle, le dégoût du public succédant à cette ardeur qui nous animait du temps des grands hommes ; la multitude des journaux & des brochures, & des dictionnaires satiriques, occupant le loisir de ceux qui pourraient s'instruire dans quelques bons livres utiles, il est fort à craindre que le goût ne reste que chez un petit nombre d'esprits éclairés, & que les arts ne tombent chez la nation.

C'est ce qui arriva aux Grecs après *Démosthènes*, *Sophocle* & *Euripide*. Ce fut le sort des Romains après *Cicéron*, *Virgile* & *Horace* : ce sera le nôtre. Déjà pour un homme à talens qui s'élève, dont on est jaloux, & qu'on voudrait perdre, il sort de dessous terre mille demi-talens, qu'on accueille pendant deux jours, qu'on précipite ensuite dans un éternel oubli, & qui sont remplacés par d'autres éphémères.

On est accablé sous le nombre infini des livres faits avec d'autres livres ; & dans ces nouveaux livres inutiles, il n'y a rien de nouveau que des tissus de calomnies infames, vomies par la bassesse contre le mérite.

La tragédie, la comédie, le poëme épique, la

muſique ſont des arts véritables. On nous prodigue des leçons, des difcuſſions fur tous ces arts ; mais que le grand artiſte eſt rare !

L'écrivain le plus mépriſable & le plus bas peut dire ſon avis ſur trois ſiècles, ſans en connaître aucun, & calomnier lâchement, pour de l'argent, ſes contemporains qu'il connaît encore moins. On le ſouffre, parce qu'on l'oublie : on laiſſe tranquillement ces colporteurs, devenus auteurs, juger les grands hommes ſur les quais de Paris, comme on laiſſe les nouvelliſtes décider dans un café du deſtin des Etats ; mais ſi dans cette fange un génie s'élève, il faut tout craindre pour lui.

Pardonnez-moi, Monſeigneur, ces réflexions : je les ſoumets à votre jugement & à celui de l'Académie, dont j'eſpère que vous ferez long-temps l'ornement & le doyen.

Recevez, avec votre bonté ordinaire, ce témoignage du reſpectueux & tendre attachement d'un vieillard plus ſenſible à votre bienveillance qu'aux maladies dont ſes derniers jours ſont tourmentés.

PERSONNAGES.

TEUCER, roi de Crète.
MERIONE, } Archontes.
DICTIME,
PHARES, Grand Sacrificateur.
AZEMON, } Guerriers de Cydonie.
DATAME,
ASTERIE, Captive.
UN HERAUT.
Plusieurs Guerriers cydoniens.
Suite, &c.

La scène est à Gortine, ville de Crète.

LES LOIS DE MINOS,

TRAGEDIE.

ACTE PREMIER.

SCENE PREMIERE.

Le théâtre représente les portiques d'un temple, des tours sur les côtés, des cyprès sur le devant.

TEUCER, DICTIME.

TEUCER.

Quoi! toujours, cher ami, ces archontes, ces grands,
Feront parler les lois pour agir en tyrans !
Minos qui fut cruel a régné sans partage ;
Mais il ne m'a laissé qu'un pompeux esclavage,
Un titre, un vain éclat, le nom de majesté,
L'appareil du pouvoir, & nulle autorité.
J'ai prodigué mon sang, je règne & l'on me brave.
Ma pitié, ma bonté pour cette jeune esclave
Semble dicter l'arrêt qui condamne ses jours ;
Si je l'avais proscrite elle aurait leur secours.
Tel est l'esprit des grands, depuis que la naissance
A cessé de donner la suprême puissance.

Jaloux d'un vain honneur, mais qu'on peut partager,
Ils n'ont choisi des rois que pour les outrager. (1)

DICTIME.

Ce trône a ses périls; je les connais sans doute;
Je les ai vus de près; je sais ce qu'il en coûte.
J'aimais Idoménée, il mourut exilé,
(2) En pleurant sur un fils par lui-même immolé.
Par le sang de ce fils, il crut plaire à la Crète.
Mais comment subjuguer la fureur inquiète
De ce peuple inconstant, orageux, égaré,
Vive image des mers dont il est entouré?
Ses flots sont élevés, mais c'est contre le trône;
Une sombre tempête en tout temps l'environne.
Le fort vous a réduit à combattre à la fois
Les durs Cydoniens & vos jaloux Crétois,
Les uns dans les conseils, les autres par les armes;
Et chaque instant pour vous redouble nos alarmes :
Hélas! des meilleurs rois c'est souvent le destin;
Leurs pénibles travaux se succèdent sans fin.
Mais que votre pitié pour cette infortunée,
Par le cruel Pharès à mourir condamnée,
N'ait pas à votre exemple attendri tous les cœurs;
Que ce saint homicide ait des approbateurs,
Qu'on ait justifié cet usage exécrable,
C'est-là ce qui m'étonne; & cette horreur m'accable.

TEUCER.

Que veux-tu! ces guerriers sous les armes blanchis,
Vieux superstitieux aux meurtres endurcis,
Destructeurs des remparts où l'on gardait Hélène,
Ont vu d'un œil tranquille égorger Polixène.
Ils redoutaient Calchas. Ils tremblent à mes yeux
Sous un Calchas nouveau, plus implacable qu'eux.

ACTE PREMIER.

Tel est l'aveuglement dont la Grèce est frappée :
Elle est encore barbare, (3) & de son sang trempée ;
A des dieux destructeurs elle offre ses enfans :
Ses fables sont nos lois, ses dieux sont nos tyrans.
Thèbes, Mycène, Argos, vivront dans la mémoire ;
D'illustres attentats ont fait toute leur gloire.
La Grèce a des héros, mais injustes, cruels,
Insolens dans le crime, & tremblans aux autels.
Ce mélange odieux m'inspire trop de haine.
Je chéris la valeur, mais je la veux humaine.
Ce sceptre est un fardeau trop pesant pour mon bras,
S'il le faut soutenir par des assassinats.
Je suis né trop sensible ; & mon ame attendrie
Se soulève aux dangers de la jeune Astérie.
J'admire son courage, & je plains sa beauté.
Ami, je crains les dieux ; mais dans ma piété
Je croirais outrager leur suprême justice,
Si je pouvais offrir un pareil sacrifice.

DICTIME.

On dit que de Cydon les belliqueux enfans
Du fond de leurs forêts viendront dans peu de temps
Racheter leurs captifs, & surtout cette fille
Que le sort des combats arrache à sa famille.
On peut traiter encore ; & peut-être qu'un jour,
De la paix parmi nous le fortuné retour
Adoucirait nos mœurs, à mes yeux plus atroces
Que ces fiers ennemis qu'on nous peint si féroces.
Nos Grecs sont bien trompés ; je les crois glorieux
De cultiver les arts, & d'inventer des dieux.
Cruellement séduits par leur propre imposture,
Ils ont trouvé des arts, & perdu la nature.

(4) Ces durs Cydoniens dans leurs antres profonds,
Sans autels & sans trône, errans & vagabonds;
Mais libres, mais vaillans, francs, généreux, fidèles,
Peut-être ont mérité d'être un jour nos modèles :
La nature est leur règle, & nous la corrompons.

TEUCER.

Quand leur chef paraîtra, nous les écouterons.
Les archontes & moi, selon nos lois antiques,
Donnerons audience à ces hommes rustiques.
Reçois-les. Et surtout qu'ils puissent ignorer
Les sacrés attentats qu'on ose préparer.
Je ne te cèle point combien mon ame émue
De ces Cydoniens abhorre l'entrevue.
Je hais, je dois haïr ces sauvages guerriers,
De ma famille entière insolens meurtriers.
J'ai peine à contenir cette horreur qu'ils m'inspirent;
Mais ils offrent la paix où tous mes vœux aspirent :
J'étoufferai la voix de mes ressentimens,
Je vaincrai mes chagrins qui résistaient au temps :
Il en coûte à mon cœur; tu connais sa blessure;
Ils vont renouveler ma perte & mon injure.
Mais faut-il en punir un objet innocent ?
Livrerai-je Astérie à la mort qui l'attend !
On vient. Puissent les dieux, que ma justice implore,
Ces dieux trop mal servis, ces dieux qu'on déshonore,
Inspirer la clémence, accorder à mes vœux
Une loi moins cruelle & moins indigne d'eux !

SCENE II.

SCENE II.

TEUCER, DICTIME: *le pontife* PHARÈS *avance avec le sacrificateur à sa droite : le roi est à sa gauche, accompagné des archontes de la Crète.*

PHARÈS *au roi & aux archontes.*

Prenez place, Seigneurs, au temple de Gortine. (5)
Adorez & vengez la puissance divine.
(ils montent sur une estrade, & s'asseyent dans le même ordre. Pharès continue.)
Prêtres de Jupiter, organes de ses lois,
Confidens de nos dieux. Et vous, roi des Crétois,
Vous, archontes vaillans qui marchez à la guerre
Sous les drapeaux sacrés du maître du tonnerre,
Voici le jour de sang, ce jour si solemnel,
Où je dois présenter aux marches de l'autel
L'holocauste attendu que notre loi commande.
(6) De sept ans en sept ans nous devons en offrande
Une jeune captive aux mânes des héros ;
Ainsi dans ses décrets nous l'ordonna Minos,
Quand lui-même il vengeait sur les enfans d'Egée
La majesté des dieux, & la mort d'Androgée.

  Nos suffrages, Teucer, vous ont donné son rang ;
Vous ne le tenez point des droits de votre sang.
Nous vous avons choisi quand par Idoménée
L'île de Jupiter se vit abandonnée.
Soyez digne du trône où vous êtes monté,
Soutenez de nos lois l'inflexible équité.

Jupiter veut le sang de la jeune captive
Qu'en nos derniers combats on prit sur cette rive.
On la croit de Cydon. Ces peuples odieux
Ennemis de nos lois, & proscrits par nos dieux
Des repaires sanglans de leurs antres sauvages,
Ont cent fois de la Crète infesté les rivages :
Toujours en vain punis, ils ont toujours brisé
Le joug de l'esclavage à leur tête imposé.
   (*à Teucer.*)
Remplissez à la fin votre juste vengeance.
Une épouse, une fille à peine en son enfance,
Aux champs de Bérécinthe, en vos premiers combats,
Sous leurs toits embrasés mourantes dans vos bras,
Demandent à grands cris qu'on appaise leurs mânes.
   Exterminez, grands Dieux, tous ces peuples profanes;
Le vil sang d'une esclave à nos autels versé
Est d'un bien faible prix pour le ciel offensé.
C'est du moins un tribut que l'on doit à mon temple;
Et la terre coupable a besoin d'un exemple.
TEUCER.
Vrais soutiens de l'Etat, guerriers victorieux,
Favoris de la gloire, & vous, Prêtres des dieux,
Dans cette longue guerre, où la Crète est plongée,
J'ai perdu ma famille, & ce fer l'a vengée.
Je pleure encor sa perte ; un coup aussi cruel
Saignera pour jamais dans ce cœur paternel.
J'ai dans les champs d'honneur immolé mes victimes ;
Le meurtre & le carnage alors sont légitimes.
Nul ne m'enseignera ce que mon bras vengeur
Devait à ma famille, à l'Etat, à mon cœur.
Mais l'autel ruisselant du sang d'une étrangère
Peut-il servir la Crète & consoler un père ?

ACTE PREMIER. 19

Plût aux dieux que Minos, ce grand légiflateur,
De notre république augufte fondateur,
N'eût jamais commandé de pareils facrifices !
L'homicide en effet rend-il les dieux propices ?
Avons-nous plus d'Etats, de tréfors & d'amis
Depuis qu'Idoménée eut égorgé fon fils ?
Guerriers, c'eft par vos mains qu'aux feux vengeurs en proie
J'ai vu tomber les murs de la fuperbe Troye.
Nous répandons le fang des malheureux mortels,
Mais c'eft dans les combats, & non point aux autels.
Songez que de Calchas & de la Grèce unie
Le ciel n'accepta point le fang d'Iphigénie. (7)
Ah ! fi pour nous venger le glaive eft dans nos mains,
Cruels aux champs de Mars, ailleurs foyons humains.
Ne peut-on voir la Crète heureufe & floriffante
Que par l'affaffinat d'une fille innocente ?
Les enfans de Cydon feront-ils plus foumis ?
Sans en être plus craints nous ferons plus haïs.
Au fouverain des dieux rendons un autre hommage ;
Méritons fes bontés, mais par notre courage ;
Vengeons-nous, combattons, qu'il feconde nos coups ;
Et vous, Prêtres des dieux, faites des vœux pour nous.

PHARÈS.

Nous les formons ces vœux ; mais ils font inutiles
Pour les efprits altiers & les cœurs indociles.
La loi parle, il fuffit. Vous n'êtes en effet
Que fon premier organe & fon premier fujet ;
C'eft Jupiter qui règne. Il veut qu'on obéiffe ;
Et ce n'eft pas à vous de juger fa juftice.
S'il daigna devant Troye accorder un pardon
Au fang que dans l'Aulide offrait Agamemnon,

Quand il veut, il fait grâce. Ecoutez en silence
La voix de sa justice ou bien de sa clémence;
Il commande à la terre, à la nature, au sort,
Il tient entre ses mains la naissance & la mort.
Quel nouvel intérêt vous agite & vous presse ?
Nul de nous ne montra ces marques de faiblesse
Pour le dernier objet qui fut sacrifié.
Nous ne connaissons point cette fausse pitié.
Vous voulez que Cydon cède au joug de la Crète;
Portez celui des dieux dont je suis l'interprète :
Mais voici la victime.

(*On amène Astérie couronnée de fleurs & enchaînée.*)

SCENE III.

Les personnages précédens, ASTERIE.

DICTIME.

A son aspect, Seigneur,
La pitié qui vous touche a pénétré mon cœur.
Que dans la Grèce encore il est de barbarie !
Que ma triste raison gémit sur ma patrie !

PHARÈS.

Captive des Crétois, remise entre mes mains,
Avant d'entendre ici l'arrêt de tes destins,
C'est à toi de parler, & de faire connaître
Quel est ton nom, ton rang, quels mortels t'ont fait naître.

ASTERIE.

Je veux bien te répondre. Astérie est mon nom,
Ma mère est au tombeau ; le vieillard Azémon,

Mon digne & tendre père a, dès mon premier âge,
Dans mon cœur qu'il forma fait passer son courage.
De rang je n'en ai point. La fière égalité
Est notre heureux partage & fait ma dignité.

PHARÈS.
Sais-tu que Jupiter ordonne de ta vie ?

ASTERIE.
Le Jupiter de Crète aux yeux de ma patrie
Est un fantôme vain que ton impiété
Fait servir de prétexte à ta férocité.

PHARÈS.
Apprends que ton trépas, qu'on doit à tes blasphèmes,
Est déjà préparé par mes ordres suprêmes.

ASTERIE.
Je le sais, de ma mort indigne & lâche auteur,
Je le sais inhumain ; mais j'espère un vengeur.
Tous mes concitoyens sont justes & terribles ;
Tu les connais, tu sais s'ils furent invincibles.
Les foudres de ton dieu, par une aigle portés,
Ne te sauveront pas de leurs traits mérités.
Lui-même, s'il existe, & s'il régit la terre,
S'il naquit parmi vous, s'il lance le tonnerre, (8)
Il saura bien sur toi, monstre de cruauté,
Venger son divin nom si long-temps insulté.
Puisse tout l'appareil de ton infame fête,
Tes couteaux, ton bûcher, retomber sur ta tête !
Puisse le temple horrible où mon sang va couler
Sur ma cendre, sur toi, sur les tiens s'écrouler !
Périsse ta mémoire ! & s'il faut qu'elle dure
Qu'elle soit en horreur à toute la nature !
Qu'on abhorre ton nom, qu'on déteste tes dieux ;
Voilà mes vœux, mon culte & mes derniers adieux.

Et toi que l'on dit roi, toi qui paffes pour jufte,
Toi dont un peuple entier chérit l'empire augufte,
Et qui du tribunal où les lois t'ont porté
Sembles tourner fur moi des yeux d'humanité,
Plains-tu mon infortune en voulant mon fupplice ?
Non, de mes affaffins tu n'es pas le complice.

M E R I O N E, *archonte, à Teucer.*

On ne peut faire grâce, & votre autorité
Contre un ufage antique, & par-tout refpecté,
Oppoferait, Seigneur, une force impuiffante.

T E U C E R.

Que je livre au trépas fa jeuneffe innocente !....

M E R I O N E.

Il faut du fang au peuple, & vous le connaiffez.
Ménagez fes abus, fuffent-ils infenfés.
La loi qui vous révolte eft injufte peut-être ;
Mais en Crète elle eft fainte ; & vous n'êtes pas maître
De fecouer un joug dont l'Etat eft chargé.
Tout pouvoir a fa borne, & cède au préjugé.

T E U C E R.

Quand il eft trop barbare il faut qu'on l'aboliffe.

M E R I O N E.

Refpectons plus Minos.

T E U C E R.

     Aimons plus la juftice. (*a*)
Et pourquoi dans Minos voulez-vous révérer
Ce que dans Bufiris on vous vit abhorrer ?
Oui, j'eftime en Minos le guerrier politique,
Mais je détefte en lui le maître tyrannique.

Acte premier.

Il obtint dans la Crète un absolu pouvoir ;
Je suis moins roi que lui ; mais je crois mieux valoir :
En un mot, à mes yeux votre offrande est un crime.
    (à Dictime.)
Viens, suis-moi.

Pharès *se lève, les sacrificateurs aussi, & descendent de l'estrade.*

Qu'aux autels on traîne la victime.

Teucer.

Vous osez !...

SCENE IV.

Les personnages précédens. UN HÉRAUT *arrive le caducée à la main. Le roi, les archontes, les sacrificateurs sont debout.*

Le Heraut.

De Cydon les nombreux députés
Ont marché vers nos murs, & s'y sont présentés.
De l'olivier sacré les branches pacifiques,
Symbole de concorde, ornent leurs mains rustiques.
Ils disent que leur chef est parti de Cydon,
Et qu'il vient des captifs apporter la rançon.

Pharès.

Il n'est point de rançon quand le ciel fait connaître
Qu'il demande à nos mains un sang dont il est maître.

B 4

TEUCER.

La loi veut qu'on diffère. Elle ne souffre pas
Que l'étendard de paix & celui du trépas
Etalent à nos yeux un coupable assemblage.
Aux droits des nations nous ferions trop d'outrage.
Nous devons distinguer (si nous avons des mœurs)
Le temps de la clémence, & le temps des rigueurs.
C'est par-là que le ciel, si l'on en croit nos sages,
Des malheureux humains attira les hommages.
Ce ciel peut-être enfin lui veut sauver le jour.
Allez, qu'on la ramène en cette même tour
Que je tiens sous ma garde & dont on l'a tirée
Pour être en holocauste à vos glaives livrée.
Sénat, vous apprendrez un jour à pardonner.

ASTÉRIE.

Je te rends grâce, ô Roi! si tu veux m'épargner.
Mon supplice est injuste autant qu'épouvantable :
Et quoique j'y portasse un front inaltérable,
Quoiqu'aux lieux où le ciel a daigné me nourrir,
Nos premières leçons soient d'apprendre à mourir,
Le jour m'est cher... hélas! mais s'il faut que je meure,
C'est une cruauté que d'en différer l'heure.

(on l'emmène.)

TEUCER.

Le conseil est rompu. Vous, braves combattans,
Croyez que de Cydon les farouches enfans
Pourront mal-aisément désarmer ma colère.
Si je vois en pitié cette jeune étrangère,
Le glaive que je porte est toujours suspendu
Sur ce peuple ennemi par qui j'ai tout perdu.
Je sais qu'on doit punir comme on doit faire grace,
Protéger la faiblesse, & réprimer l'audace ;

Tels font mes fentimens. Vous pouvez décider
Si j'ai droit à l'honneur d'ofer vous commander ;
Et fi j'ai mérité ce trône qu'on m'envie.
Allez, blâmez le roi, mais aimez la patrie :
Servez-la. Mais furtout fi vous craignez les dieux,
Apprenez d'un monarque à les connaître mieux.

Fin du premier acte.

ACTE II.

SCENE PREMIERE.

DICTIME, DATAME, Gardes.
Les Cydoniens dans le fond.

DICTIME.

Où font ces députés envoyés à mon maître ?
Qu'on les faſſe approcher ; mais je les vois paraître.
Quel eſt celui de vous dont Datame eſt le nom ?

DATAME.

C'eſt moi.

DICTIME.

  Quel eſt celui qui porte une rançon,
Et qui croit, par des dons aux Crétois inutiles,
Racheter des captifs enfermés dans nos villes ?...

DATAME.

Nous ne rougiſſons pas de propoſer la paix.
Je l'aime ; je la veux, ſans l'acheter jamais.
Le vieillard Azémon, que mon pays révère,
Qui m'inſtruiſit à vaincre, & qui me ſert de père,
S'eſt chargé, m'a-t-il dit, de mettre un digne prix
A nos concitoyens par les vôtres ſurpris.
Nous venons les tirer d'un infame eſclavage ;
Nous venons pour traiter.

DICTIME.

  Eſt-il ici ?

DATAME.

    Son âge,

ACTE SECOND.

A retardé fa courfe ; & je puis en fon nom
De la belle Aftérie annoncer la rançon.
Du fommet des rochers qui divifent les nues
J'ai volé, j'ai franchi des routes inconnues ;
Tandis que ce vieillard, qui nous fuivra de près,
A percé les détours de nos vaftes forêts :
Par le fardeau des ans fa marche eft ralentie.

DICTIME.
Il apporte, dis-tu, la rançon d'Aftérie ?

DATAME.
Oui. J'ignore à ton roi ce qu'il peut préfenter :
Cydon ne produit rien qui puiffe vous flatter.
Vous allez ravir l'or au fein de la Colchide :
Le ciel nous a privés de ce métal perfide.
Dans notre pauvreté que pouvons-nous offrir ?

DICTIME.
Votre cœur & vos bras, dignes de nous fervir.

DATAME.
Il ne tiendrait qu'à vous. Long-temps nos adverfaires,
Si vous l'aviez voulu, nous aurions été frères.
Ne prétendez jamais parler en fouverains.
Remettez, dès ce jour, Aftérie en nos mains.

DICTIME.
Sais-tu quel eft fon fort ?

DATAME.
Elle me fut ravie.
A peine ai-je touché cette terre ennemie :
J'arrive ; je demande Aftérie à ton roi,
A tes dieux, à ton peuple, à tout ce que je voi.
Je viens ou la reprendre ou périr avec elle.
Une Hélène coupable, une illuftre infidelle
Arma dix ans vos Grecs indignement féduits ;
Une caufe plus jufte ici nous a conduits.

Nous vous redemandons la vertu la plus pure.
Rendez-moi mon feul bien ; réparez mon injure.
Tremblez de m'outrager. Nous avons tous promis
D'être jufqu'au tombeau vos plus grands ennemis ;
Nous mourrons dans les murs de vos cités en flammes,
Sur les corps expirans de vos fils, de vos femmes.....
  (à *Dictime.*)
Guerrier, qui que tu fois, c'eft à toi de favoir
Ce que peut le courage armé du défefpoir.
Tu nous connais : préviens le malheur de la Crète.
    D I C T I M E.
Nous favons réprimer cette audace indifcrète.
J'ai pitié de l'erreur qui paraît t'emporter.
Tu demandes la paix, & viens nous infulter.
Calme tes vains tranfports ; apprends, jeune barbare,
Que pour toi, pour les tiens, mon prince fe déclare ;
Qu'il épargne fouvent le fang qu'on veut verfer ;
Qu'il punit à regret ; qu'il fait récompenfer ;
Qu'intrépide aux combats, clément dans la victoire,
Il préfère furtout la juftice à la gloire.
Mérite de lui plaire.
    D A T A M E.
     Et quel eft donc ce roi ?
S'il eft grand, s'il eft bon, que ne vient-il à moi ?
Que ne me parle-t-il ?... La vertu perfuade.
Je veux l'entretenir.
    D I C T I M E.
     Le chef de l'ambaffade
Doit paraître au Sénat avec tes compagnons.
Il faut fe conformer aux lois des nations.
    D A T A M E.
Eft-ce ici fon palais ?

ACTE SECOND.

DICTIME.

Non : ce vaste édifice
Est le temple, où des dieux j'ai prié la justice
De détourner de nous les fléaux destructeurs ;
D'éclairer les humains, de les rendre meilleurs.
Minos bâtit ces murs fameux dans tous les âges ;
Et cent villes de Crète y portent leurs hommages.

DATAME.

Qui ? Minos ? ce grand fourbe, & ce roi si cruel ?
Lui, dont nous détestons & le trône & l'autel ;
Qui les teignit de sang ? lui, dont la race impure,
(9) Par des amours affreux, étonna la nature ?
Lui, qui du poids des fers nous voulut écraser,
Et qui donna des lois pour nous tyranniser ?
Lui, qui du plus pur sang, que votre Grèce honore,
Nourrit sept ans ce monstre appelé Minotaure ?
Lui, qu'enfin vous peignez, dans vos mensonges vains,
Au bord de l'Achéron, jugeant tous les humains ;
Et qui ne mérita, par ses fureurs impies,
Que d'éternels tourmens sous les mains des furies ?
Parle : est-ce là ton sage, est-ce là ton héros ?
Crois-tu nous effrayer à ce nom de Minos ?
Oh ! que la renommée est injuste & trompeuse !
Sa mémoire à la Grèce est encor précieuse ;
Ses lois & ses travaux sont par nous abhorrés.
On méprise en Cydon ce que vous adorez,
On y voit en pitié les fables ridicules
Que l'imposture étale à vos peuples crédules.

DICTIME.

Tout peuple a ses abus ; & les nôtres sont grands :
Mais nous avons un prince ennemi des tyrans,

Ami de l'équité, dont les lois salutaires
Aboliront bientôt tant de lois sanguinaires.
Prends confiance en lui, sois sûr de ses bienfaits :
Je jure par les dieux....

DATAME.

Ne jure point ; promets....
Promets-nous que ton roi sera juste & sincère ;
Qu'il rendra dès ce jour Astérie à son père....
De ses autres bienfaits nous pouvons le quitter.
Nous n'avons rien à craindre & rien à souhaiter.
La nature pour nous fut assez bienfesante :
Aux creux de nos vallons sa main toute-puissante
A prodigué ses biens pour prix de nos travaux.
Nous possédons les airs, & la terre & les eaux :
Que nous faut-il de plus ? Brillez dans vos cent villes
De l'éclat fastueux de vos arts inutiles.
La culture des champs, la guerre sont nos arts ;
L'enceinte des rochers a formé nos remparts.
Nous n'avons jamais eu, nous n'aurons point de maître.
Nous voulons des amis, méritez-vous de l'être ?

DICTIME.

Oui, Teucer en est digne ; oui peut-être aujourd'hui
En le connaissant mieux vous combattrez pour lui.

DATAME.

Nous !

DICTIME.

Vous-même. Il est temps que nos haines finissent,
Que pour leur intérêt nos deux peuples s'unissent :
Je ne te réponds pas que ta dure fierté
Ne puisse de mon roi blesser la dignité ;

(à sa suite.)

ACTE SECOND. 31

Mais il l'estimera. Vous; allez : qu'on prépare
Ce que les champs de Crète ont produit de plus rare;
Qu'on traite avec respect ces guerriers généreux.
(ils sortent.)
Puissent tous les Crétois penser un jour comme eux !
Que leur franchise est noble, ainsi que leur courage !
Le lion n'est point né pour souffrir l'esclavage.
Qu'ils soient nos alliés & non pas nos sujets;
Leur mâle liberté peut servir nos projets.
J'aime mieux leur audace & leur candeur hautaine
Que les lois de la Crète, & tous les arts d'Athène.

SCENE II.

TEUCER, DICTIME, Gardes.

TEUCER.

IL faut prendre un parti ; ma triste nation
N'écoute que la voix de la sédition.
Ce Sénat orgueilleux contre moi se déclare. (*b*)
On affecte ce zèle implacable & barbare
Que toujours les méchans feignent de posséder,
A qui souvent les rois sont contraints de céder.
J'entends de mes rivaux la funeste industrie
Crier de tous côtés religion, patrie !
Tous prêts à m'accuser d'avoir trahi l'Etat,
Si je m'oppose encore à cet assassinat.
Le nuage grossit ; & je vois la tempête
Qui sans doute à la fin tombera sur ma tête.

DICTIME.

J'oferais propofer, dans ces extrémités,
De vous faire un appui des mêmes révoltés,
Des mêmes habitans de l'âpre Cydonie,
Dont nous pourrions guider l'impétueux génie.
Fiers ennemis d'un joug qu'ils ne peuvent fubir,
Mais amis généreux, ils pourraient nous fervir.
Il en eft un furtout, dont l'ame noble & fière
Connaît l'humanité dans fon audace altière :
Il a pris fur les fiens, égaux par la valeur,
Ce fecret afcendant que fe donne un grand cœur :
Et peu de nos Crétois ont connu l'avantage
D'atteindre à fa vertu, quoique dure & fauvage.
Si de pareils foldats pouvaient marcher fous vous,
On verrait tous ces grands fi puiffans, fi jaloux
De votre autorité qu'ils ofent méconnaître,
Porter le joug paifible, & chérir un bon maître.
Nous voulions affervir des peuples généreux ;
Fefons mieux, gagnons-les ; c'eft-là régner fur eux.

TEUCER.

Je le fais. Ce projet peut fans doute être utile ;
Mais il ouvre la porte à la guerre civile.
A ce remède affreux faut-il m'abandonner ?
Faut-il perdre l'Etat pour le mieux gouverner ?
Je veux fauver les jours d'une jeune barbare.
Du fang des citoyens ferai-je moins avare ?
Il le faut avouer : je fuis bien malheureux !
N'ai-je donc des fujets que pour m'armer contr'eux ?
Pilote environné d'un éternel orage,
Ne pourrai-je obtenir qu'un illuftre naufrage ?

Ah !

ACTE SECOND.

Ah ! je ne suis pas roi, si je ne fais le bien.

DICTIME.

Quoi donc, contre les lois la vertu ne peut rien !
Le préjugé fait tout ! Pharès impitoyable
Maintiendra, malgré vous, cette loi détestable !
Il domine au sénat ! On ne veut désormais
Ni d'offres de rançon, ni d'accord, ni de paix !

TEUCER.

Quel que soit son pouvoir, & l'orgueil qui l'anime,
Va, le cruel du moins n'aura point sa victime ;
Va, dans ces mêmes lieux profanés si long-temps,
J'arracherai leur proie à ces monstres sanglans.

DICTIME.

Puissiez-vous accomplir cette sainte entreprise !

TEUCER.

Il faut bien qu'à la fin le ciel la favorise.
Et lorsque les Crétois, un jour plus éclairés,
Auront enfin détruit ces attentats sacrés,
(Car il faut les détruire, & j'en aurai la gloire.)
Mon nom respecté d'eux vivra dans la mémoire.

DICTIME.

La gloire vient trop tard, & c'est un triste sort.
Qui n'est de ses bienfaits payé qu'après la mort,
Obtînt-il des autels, est encor trop à plaindre.

TEUCER.

Je connais, cher ami, tout ce que je dois craindre ;
Mais il faut bien me rendre à l'ascendant vainqueur
Qui parle en sa défense, & domine en mon cœur.
  Gardes, qu'en ma présence à l'instant on conduise
Cette Cydonienne entre nos mains remise.

(les Gardes sortent.)

Je prétends lui parler, avant que dans ce jour
On ose l'arracher du fond de cette tour,
Et la rendre au cruel armé pour son supplice,
Qui presse au nom des dieux ce sanglant sacrifice.
Demeure : la voici. Sa jeunesse, ses traits
Toucheraient tous les cœurs, hors celui de Pharès.

SCENE III.

TEUCER, DICTIME, ASTERIE, Gardes.

ASTERIE.

Que prétend-on de moi? quelle rigueur nouvelle,
Après votre promesse, à la mort me rappelle?
Allume-t-on les feux qui m'étaient destinés?
O Roi! vous m'avez plainte, & vous m'abandonnez!

TEUCER.

Non : je veille sur vous, & le ciel me seconde.

ASTERIE.

Pourquoi me tirez-vous de ma prison profonde?

TEUCER.

Pour vous rendre au climat qui vous donna le jour.
Vous reverrez en paix votre premier séjour.
Malheureuse étrangère & respectable fille,
Que la guerre arracha du sein de sa famille,
Souvenez-vous de moi, loin de ces lieux cruels.
Soyez prête à partir.... Oubliez nos autels....
Une escorte fidelle aura soin de vous suivre.
Vivez.... Qui mieux que vous a mérité de vivre?

ACTE SECOND.

ASTERIE.

Ah! Seigneur! ah mon roi! je tombe à vos genoux :
Tout mon cœur qui m'échappe a volé devant vous.
Image des vrais dieux, qu'ici l'on déshonore,
Recevez mon encens : en vous je les adore.
Vous seul, vous m'arrachez aux monstres infernaux,
Qui me parlant en dieux n'étaient que mes bourreaux.
Malgré ma juste horreur de servir sous un maître,
Esclave auprès de vous, je me plairais à l'être.

TEUCER.

Plus je l'entends parler, plus je suis attendri....
Est-il vrai qu'Azémon, ce père si chéri,
Qui près de son tombeau vous regrette & vous pleure,
Pour venir vous reprendre a quitté sa demeure ?

ASTERIE.

On le dit. J'ignorais, au fond de ma prison,
Ce qui s'est pu passer dans ma triste maison.

TEUCER.

Savez-vous que Datame, envoyé par un père,
Venait nous proposer un traité salutaire,
Et que des jours de paix pouvaient être accordés ?

ASTERIE.

Datame ? lui, Seigneur ! que vous me confondez !
Il serait dans les mains du Sénat de la Crète ?
Parmi mes assassins ?

TEUCER.

    Dans votre ame inquiète (*c*)
J'ai porté, je le vois, de trop sensibles coups.
Ne craignez rien pour lui. Serait-il votre époux ?
Vous serait-il promis ? est-ce un parent, un frère ?
Parlez : son amitié m'en deviendra plus chère.

Plus on vous opprima, plus je veux vous servir.

ASTERIE.

De quelle ombre de joie, hélas ! puis-je jouir ?
Qui vous porte à me tendre une main protectrice !
Quels dieux en ma faveur ont parlé ?

TEUCER.
La justice.

ASTERIE.

Les flambeaux de l'hymen n'ont point brillé pour moi
Seigneur; Datame m'aime, & Datame a ma foi.
Nos fermens font communs, (*d*) & ce nœud vénérable
Est plus sacré pour nous & plus inviolable
Que tout cet appareil formé dans vos Etats
Pour asservir des cœurs qui ne se donnent pas.
Le mien n'est plus à moi. Le généreux Datame
Allait me rendre heureuse en m'obtenant pour femme,
Quand vos lâches soldats, qui dans les champs de Mars
N'oseraient sur Datame arrêter leurs regards,
Ont ravi, loin de lui, des enfans sans défense,
Et devant vos autels ont traîné l'innocence :
Ce sont-là les lauriers dont ils se sont couverts.
Un prêtre veut mon sang, & j'étais dans ses fers.

TEUCER.

Ses fers !... ils sont brisés, n'en soyez point en doute;
C'est pour lui qu'ils sont faits. Et si le ciel m'écoute,
Il peut tomber un jour aux pieds de cet autel
Où sa main veut sur vous porter le coup mortel.
Je vous rendrai l'époux dont vous êtes privée,
Et pour qui du trépas ses dieux vous ont sauvée;
Il vous suivra bientôt : Rentrez. Que cette tour,
De la captivité jusqu'ici le séjour,

ACTE SECOND.

Soit un rempart du moins contre la barbarie.
On vient. Ce fera peu d'affurer votre vie ;
J'abolirai nos lois, ou j'y perdrai le jour.

ASTERIE.

Ah! que vous méritez, Seigneur, une autre cour,
Des fujets plus humains, un culte moins barbare !

TEUCER.

Allez : avec regret de vous je me fépare ;
Mais de tant d'attentats, de tant de cruauté
Je dois venger mes dieux, vous & l'humanité.

ASTERIE.

Je vous crois ; & de vous je ne puis moins attendre.

SCENE IV.

TEUCER, DICTIME, MERIONE.

MERIONE.

Seigneur, fans paffion pourrez-vous bien m'entendre ?

TEUCER.

Parlez.

MERIONE.

Les factions ne me gouvernent pas ;
Et vous favez affez que dans nos grands débats,
Je ne me fuis montré le fauteur ni l'efclave
Des fanglans préjugés d'un peuple qui vous brave.
Je voudrais, comme vous, exterminer l'erreur
Qui féduit fa faibleffe, & nourrit fa fureur.
Vous penfez arrêter d'une main courageufe
Un torrent débordé dans fa courfe orageufe :

Il vous entraînera ; je vous en averti.
Pharès a pour sa cause un violent parti ;
Et d'autant plus puissant contre le diadème
Qu'il croit servir le ciel, & vous venger vous-même.
" Quoi! dit-il, dans nos champs la fille de Teucer
" A son père arrachée, expira sous le fer ;
" Et du sang le plus vil indignement avare,
" Teucer dénaturé respecte une barbare!...
" Lui seul est inhumain : seul, à la cruauté
" Dans son cœur insensible il joint l'impiété.
" Il veut parler en roi, quand Jupiter ordonne :
" L'encensoir du pontife offense sa couronne.
" Il outrage à la fois la nature & le ciel,
" Et contre tout l'empire il se rend criminel..."
Il dit ; & vous jugez si ces accens terribles
Retentiront long-temps sur ces ames flexibles,
Dont il peut exciter ou calmer les transports,
Et dont son bras puissant gouverne les ressorts.

TEUCER.

Je vois qu'il vous gouverne, & qu'il sut vous séduire.
M'apportez-vous son ordre, & pensez-vous m'instruire ?

MERIONE.

Je vous donne un conseil.

TEUCER.

    Je n'en ai pas besoin.

MERIONE.

Il vous serait utile.

TEUCER.

    Epargnez-vous ce soin.
Je fais prendre sans vous conseil de ma justice.

MERIONE.

Elle peut sous vos pas creuser un précipice.

Acte second.

Tout noble dans notre île a le droit respecté (10)
De s'opposer d'un mot à toute nouveauté.
Teucer.
Quel droit !
Merione.
    Notre pouvoir balance ainsi le vôtre ;
Chacun de nos égaux est un frein l'un à l'autre.
Teucer.
Oui, je le sais ; tout noble est tyran tour à tour.
Merione.
De notre liberté condamnez-vous l'amour ?
Teucer.
Elle a toujours produit le public esclavage.
Merione.
Nul de nous ne peut rien, s'il lui manque un suffrage.
Teucer.
La discorde éternelle est la loi des Crétois.
Merione.
Seigneur, vous l'approuviez, quand de vous on fit choix.
Teucer.
Je la blâmais dès-lors. Enfin, je la déteste ;
Soyez sûr qu'à l'Etat elle sera funeste.
Merione.
Au moins, jusqu'à ce jour elle en fut le soutien ;
Mais vous parlez en prince.
Teucer.
     En homme, en citoyen ;
Et j'agis en guerrier, quand mon honneur l'exige :
A ce dernier parti gardez qu'on ne m'oblige.
Merione.
Vous pourriez hasarder, dans ces dissentions,
De véritables droits pour des prétentions.....

C 4

Consultez mieux l'esprit de notre république.
TEUCER.
Elle a trop consulté la licence anarchique.
MERIONE.
Seigneur, entr'elle & vous marchant d'un pas égal,
Autrefois votre ami, jamais votre rival,
Je vous parle en son nom.
TEUCER.
     Je réponds, Mérione,
Au nom de la nature, & pour l'honneur du trône.
MERIONE.
Nos lois...
TEUCER.
    Laissez vos lois; elles me font horreur:
Vous devriez rougir d'être leur protecteur.
MERIONE.
Proposez une loi plus humaine & plus sainte;
Mais ne l'imposez pas. Seigneur, point de contrainte.
Vous révoltez les cœurs; il faut persuader.
La prudence & le temps pourront tout accorder.
TEUCER.
Que le prudent me quitte, & le brave me suive.
Il est temps que je règne, & non pas que je vive.
MERIONE.
Régnez; mais redoutez les peuples & les grands.
TEUCER.
Ils me redouteront. Sachez que je prétends
Etre impunément juste, & vous apprendre à l'être.
Si vous ne m'imitez, respectez votre maître...
Et nous allons, Dictime, assembler nos amis,
S'il en reste à des rois insultés & trahis.

Fin du second acte.

ACTE III.

SCENE PREMIERE.

DATAME, CYDONIENS.

DATAME.

Pensent-ils m'éblouir par la pompe royale,
Par ce faste imposant que la richesse étale?
Croit-on nous amollir? ces palais orgueilleux
Ont de leur appareil effarouché mes yeux.
Ce fameux labyrinthe, où la Grèce raconte
Que Minos autrefois ensevelit sa honte,
N'est qu'un repaire obscur, un spectacle d'horreur.
Ce temple où Jupiter avec tant de splendeur
Est descendu, dit-on, du haut de l'empirée,
(11) N'est qu'un lieu de carnage à sa première entrée;
Et les fronts de béliers égorgés & sanglans
Sont de ces murs sacrés les honteux ornemens.
Ces nuages d'encens qu'on prodigue à toute heure
N'ont point purifié son infecte demeure.
Que tous ces monumens si vantés, si chéris,
Quand on les voit de près, inspirent de mépris!

UN CYDONIEN.

Cher Datame, est-il vrai qu'en ces pourpris funestes
On n'offre que du sang aux puissances célestes?
Est-il vrai que ces Grecs, en tous lieux renommés,
Ont immolé des Grecs aux dieux qu'ils ont formés?

La nature à ce point ferait-elle égarée !
DATAME.
A des flots d'imposteurs on dit qu'elle est livrée,
Qu'elle n'est plus la même, & qu'elle a corrompu
Ce doux présent des dieux, l'instinct de la vertu.
C'est en nous qu'il réside ; il soutient nos courages.
Nous n'avons point de temple en nos déserts sauvages ;
Mais nous servons le ciel & ne l'outrageons pas
Par des vœux criminels & des assassinats.
Puissions-nous fuir bientôt cette terre cruelle,
Délivrer Astérie & partir avec elle ! (*e*)
LE CYDONIEN.
Rendons tous les captifs entre nos mains tombés,
Par notre pitié seule au glaive dérobés,
Esclave pour esclave ; & quittons la contrée
Où notre pauvreté, qui dut être honorée,
N'est aux yeux des Crétois qu'un objet de dédain.
Ils descendaient vers nous par un accueil hautain.
Leurs bontés m'indignaient, regagnons nos asiles,
Fuyons leurs dieux, leurs mœurs & leurs bruyantes villes.
Ils sont cruels & vains, polis & sans pitié.
La nature entre nous mit trop d'inimitié.
DATAME.
Ah ! surtout de leurs mains reprenons Astérie.
Pourriez-vous reparaître aux yeux de la patrie
Sans lui rendre aujourd'hui son plus bel ornement ?
Son père est attendu de moment en moment ;
En vain je la demande aux peuples de la Crète,
Aucun n'a satisfait ma douleur inquiète,
Aucun n'a mis le calme en mon cœur éperdu.
Par des pleurs qu'il cachait un seul m'a répondu.

Que veulent, cher ami, ce silence & ces larmes ?
Je voulais à Teucer apporter mes alarmes ;
Mais on m'a fait sentir que grâces à leurs lois
Des hommes tels que nous n'approchent point les rois.
Nous sommes leurs égaux dans les champs de Bellone.
Qui peut donc avoir mis entre nous & leur trône
Cet immense intervalle, & ravir aux mortels
Leur dignité première & leurs droits naturels ?
Il ne fallait qu'un mot, la paix était jurée,
Je voyais Astérie à son époux livrée,
On payait sa rançon, non du brillant amas
Des métaux précieux que je ne connais pas,
Mais des moissons, des fruits, des trésors véritables
Qu'arrachent à nos champs nos mains infatigables.
Nous rendions nos captifs ; Astérie avec nous
Revolait à Cydon dans les bras d'un époux.
Faut-il partir sans elle & venir la reprendre
Dans des ruisseaux de sang, & des monceaux de cendre ?

SCENE II.

Les Personnages précédens, UN CYDONIEN *arrivant*.

LE CYDONIEN.

Ah ! savez-vous le crime ?...

DATAME.

O Ciel ! que me dis-tu !
Quel désespoir est peint sur ton front abattu ?
Parle, parle.

LE CYDONIEN.

Astérie.....

DATAME.
Hé bien ?....
LE CYDONIEN.
Cet édifice,
Ce lieu qu'on nomme temple est prêt pour son supplice.
DATAME.
Pour Astérie !
LE CYDONIEN.
Apprends que dans ce même jour,
En cette même enceinte, en cet affreux séjour,
De je ne sais quels grands la horde forcenée
Aux bûchers dévorans l'a déjà condamnée :
Ils appaisent ainsi Jupiter offensé.
DATAME.
Elle est morte !....
LE PREMIER CYDONIEN.
Ah ! grand Dieu !
LE SECOND CYDONIEN.
L'arrêt est prononcé ;
On doit l'exécuter dans ce temple barbare :
Voilà, chers compagnons, la paix qu'on nous prépare.
Sous un couteau perfide, & qu'ils ont consacré,
Son sang offert aux dieux va couler à leur gré ;
Et dans un ordre auguste ils livrent à la flamme
Ces restes précieux adorés par Datame.
DATAME.
Je me meurs.
(*il tombe entre les bras d'un Cydonien.*)
LE PREMIER CYDONIEN.
Peut-on croire un tel excès d'horreurs?
UN CYDONIEN.
Il en est encore un bien cruel à nos cœurs,

ACTE TROISIEME.

Celui d'être en ces lieux réduits à l'impuissance
D'assouvir sur eux tous notre juste vengeance,
De frapper ces tyrans de leurs couteaux sacrés,
De noyer dans leur sang ces monstres révérés.

DATAME, *revenant à lui.*

Qui ! moi ! je ne pourrais, ô ma chère Astérie,
Mourir sur les bourreaux qui t'arrachent la vie !...
Je le pourrai, sans doute... O mes braves amis,
Montrez ces sentimens que vous m'avez promis.
Périssez avec moi. Marchons.

(*on entend une voix d'une des tours.*)
    Datame ! arrête !

DATAME.

Ciel !.... d'où part cette voix ! quels dieux ont sur ma tête
Fait retentir au loin les sons de ces accens ?
Est-ce une illusion qui vient troubler mes sens ?

la même voix.

Datame !...

DATAME.

C'est la voix d'Astérie elle-même !
Ciel qui la fis pour moi, Dieu vengeur, Dieu suprême !
Ombre chère & terrible à mon cœur désolé,
Est-ce du sein des morts qu'Astérie a parlé ?

UN CYDONIEN.

Je me trompe ou du fond de cette tour antique
Sa voix faible & mourante à son amant s'explique.

DATAME.

Je n'entends plus ici la fille d'Azémon.
Serait-ce là sa tombe ? est-ce là sa prison ?
Les Crétois auraient-ils inventé l'une & l'autre ?

LE CYDONIEN.

Quelle horrible surprise est égale à la nôtre !

DATAME.

Des prisons ! est-ce ainsi que ces adroits tyrans
Ont bâti pour régner les tombeaux des vivans !

UN CYDONIEN.

N'aurons-nous point de traits, d'armes & de machines !
Ne pourrons-nous marcher sur leurs vastes ruines !

DATAME *avance vers la tour.*

Quel nouveau bruit s'entend ? Astérie ! ah grands Dieux !
C'est elle, je la vois, elle marche en ces lieux...
Mes amis, elle marche à l'affreux sacrifice ;
Et voilà les soldats armés pour son supplice.
Elle en est entourée.
(on voit dans l'enfoncement Astérie entourée de la garde que le roi Teucer lui avait donnée. Datame continue.)
     Allons, c'est à ses pieds
Qu'il faut en la vengeant mourir sacrifiés.

SCENE III.

LES CYDONIENS, DICTIME.

DICTIME.

Ou pensez-vous aller, & qu'est-ce que vous faites ?
Quel transport vous égare, aveugles que vous êtes ?
Dans leur course rapide ils ne m'écoutent pas.
Ah ! que de cet esclave ils suivent donc les pas,
Qu'ils s'écartent surtout de ces autels horribles
Dressés par la vengeance à des dieux inflexibles ;
Qu'ils sortent de la Crète. Ils n'ont vu parmi nous
Que de justes sujets d'un éternel courroux.

ACTE TROISIEME. 47

Ils nous détesteront; mais ils rendront justice
A la main qui dérobe Astérie au supplice.
Ils aimeront mon roi dans leurs affreux déserts....
Mais de quels cris soudains retentissent les airs !
Je me trompe, ou de loin j'entends le bruit des armes.
Que ce jour est funeste & fait pour les alarmes !
Ah ! nos mœurs & nos lois, & nos rites affreux
Ne pouvaient nous donner que des jours malheureux !
Revolons vers le roi.

SCENE IV.

TEUCER, DICTIME.

TEUCER.

Demeure, cher Dictime.
Demeure. Il n'est plus temps de sauver la victime.
Tous mes soins sont trahis; ma raison, ma bonté
Ont en vain combattu contre la cruauté.
En vain bravant des lois la triste barbarie,
Au sein de ses foyers je rendais Astérie ;
L'humanité plaintive, implorant mes secours,
Du fer déjà levé défendait ses beaux jours ;
Mon cœur s'abandonnait à cette pure joie
D'arracher aux tyrans leur innocente proie :
Datame a tout détruit.

DICTIME.

Comment ? quels attentats ?

TEUCER.

Ah ! les sauvages mœurs ne s'adoucissent pas,
Datame...

DICTIME.
Quelle est donc sa fatale imprudence?
TEUCER.
Il paiera de sa tête une telle insolence.
Lui, s'attaquer à moi, tandis que ma bonté
Ne veillait, ne s'armait que pour sa sureté;
Lorsque déjà ma garde à mon ordre attentive
Allait loin de ce temple enlever la captive!
Suivi de tous les siens il fond sur mes soldats.
Quel est donc ce complot que je ne connais pas?
Etaient-ils contre moi tous deux d'intelligence?
Etait-ce là le prix qu'on dut à ma clémence?
J'y cours; le téméraire, en sa fougue emporté,
Ose lever sur moi son bras ensanglanté.
Je le presse, il succombe, il est pris avec elle.
Ils périront; voilà tout le fruit de mon zèle.
Je sesais deux ingrats. Il est trop dangereux
De vouloir quelquefois sauver des malheureux.
J'avais trop de bonté pour un peuple farouche
Qu'aucun frein ne retient, qu'aucun respect ne touche,
Et dont je dois surtout à jamais me venger.
Où ma compassion m'allait-elle engager!
Je trahissais mon sang, je risquais ma couronne;
Et pour qui?
DICTIME.
Je me rends, & je les abandonne.
Si leur faute est commune, ils doivent l'expier.
S'ils sont tous deux ingrats, il les faut oublier.
TEUCER.
Ce n'est pas sans regret; mais la raison l'ordonne.
DICTIME.
L'inflexible équité, la majesté du trône,

Ces

ACTE TROISIEME.

Ces parvis tous fanglans, ces autels profanés,
Votre intérêt, la loi, tout les a condamnés.

TEUCER.

D'Aftérie en fecret la grâce, la jeuneffe,
Peut-être malgré moi me touche & m'intéreffe :
Mais je ne dois penfer qu'à fervir mon pays.
Ces fauvages humains font mes vrais ennemis.
Oui, je réprouve encore une loi trop févère;
Mais il eft des mortels dont le dur caractère,
Infenfible aux bienfaits, intraitable, ombrageux,
Exige un bras d'airain toujours levé fur eux.
D'ailleurs ai-je un ami dont la main téméraire
S'armât pour un barbare & pour une étrangère ? (*f*)
Ils ont voulu périr : c'en eft fait; mais du moins
Que mes yeux de leur mort ne foient pas les témoins !

SCENE V.

TEUCER, DICTIME, UN HERAUT.

TEUCER.

Que font-ils devenus ?

LE HERAUT.

Leur fureur inouïe
D'un trépas mérité fera bientôt fuivie;
Tout le peuple à grands cris preffe leur châtiment;
Le Sénat indigné s'affemble en ce moment.
Ils périront tous deux dans la demeure fainte
Dont ils ont profané la redoutable enceinte.

Théâtre. Tom. VI.   D

TEUCER.
Ainsi l'on va conduire Astérie au trépas.
LE HERAUT.
Rien ne peut la sauver.
TEUCER.
Je lui tendais les bras :
Ma pitié me trompait sur cette infortunée.
Ils ont fait malgré moi leur noire destinée.
L'arrêt est-il porté ?
LE HERAUT.
Seigneur, on doit d'abord
Livrer sur nos autels Astérie à la mort :
Bientôt tout sera prêt pour ce grand sacrifice.
On réserve Datame aux horreurs du supplice.
On ne veut point sans vous juger son attentat :
Et la seule Astérie occupe le Sénat.
TEUCER.
C'est Datame en effet, c'est lui seul qui l'immole.
Mes efforts étaient vains, & ma bonté frivole.
Revolons aux combats; c'est mon premier devoir :
C'est là qu'est ma grandeur, c'est là qu'est mon pouvoir :
Mon autorité faible est ici désarmée :
J'ai ma voix au Sénat, mais je règne à l'armée.
LE HERAUT.
Le père d'Astérie, accablé par les ans,
Les yeux baignés de pleurs arrive à pas pesans,
Se soutenant à peine & d'une voix tremblante,
Dit qu'il apporte ici pour sa fille innocente
Une juste rançon dont il peut se flatter
Que votre cœur humain pourra se contenter.

Acte troisieme.

Teucer.

Quelle simplicité dans ces mortels agrestes !
Ce vieillard a choisi des momens bien funestes.
De quel trompeur espoir son cœur s'est-il flatté ?
Je ne le verrai point. Il n'est plus de traité.

Le Heraut.

Il a, si je l'en crois, des présens à vous faire
Qui vous étonneront.

Teucer.

Trop infortuné père !
Je ne puis rien pour lui. Dérobez à ses yeux
Du sang qu'on va verser le spectacle odieux.

Le Heraut.

Il insiste ; il nous dit qu'au bout de sa carrière
Ses yeux se fermeraient sans peine à la lumière
S'il pouvait à vos pieds se jeter un moment.
Il demandait Datame avec empressement.

Teucer.

Malheureux !

Dictime.

Accordons, Seigneur, à sa vieillesse
Ce vain soulagement qu'exige sa faiblesse.

Teucer.

Ah ! quand mes yeux ont vu dans l'horreur des combats
Mon épouse & ma fille expirer dans mes bras,
Les consolations dans ce moment terrible
Ne descendirent point dans mon ame sensible.
Je n'en avais cherché que dans mes vains projets
D'éclairer les humains, d'adoucir mes sujets,
Et de civiliser l'agreste Cydonie.
Du ciel qui conduit tout la sagesse infinie

Réferve, je le vois, pour de plus heureux temps
Le jour trop différé de ces grands changemens.
Le monde avec lenteur marche vers la fageffe, (12)
Et la nuit des erreurs eft encor fur la Grèce. (g)

  Que je vous porte envie, ô rois trop fortunés ;
Vous qui faites le bien dès que vous l'ordonnez !
Rien ne peut captiver votre main bienfefante ;
Vous n'avez qu'à parler, & la terre eft contente.

Fin du troifième acte.

ACTE IV.

SCENE PREMIERE.

Le vieillard AZEMON, *accompagné d'un esclave qui lui donne la main.*

AZEMON.

Quoi ! nul ne vient à moi dans ces lieux solitaires !
Je ne retrouve point mes compagnons, mes frères.
Ces portiques fameux où j'ai cru que les rois
Se montraient en tout temps à leurs heureux Crétois,
Et daignaient rassurer l'étranger en alarmes,
Ne laissent voir au loin que des soldats en armes.
Un silence profond règne sur ces remparts.
Je laisse errer en vain mes avides regards.
Datame qui devait dans cette cour sanglante
Précéder d'un vieillard la marche faible & lente,
Datame devant moi ne s'est point présenté.
On n'offre aucun asile à ma caducité.
Il n'en est pas ainsi dans notre Cydonie ;
Mais l'hospitalité loin des cours est bannie.
O mes concitoyens simples & généreux,
Dont le cœur est sensible autant que valeureux,
Que pourrez-vous penser quand vous saurez l'outrage
Dont la fierté Crétoise a pu flétrir mon âge !
Ah ! si le roi savait ce qui m'amène ici,
Qu'il se repentirait de me traiter ainsi !
Une route pénible & la triste vieillesse
De mes sens fatigués accable la faiblesse. *(il s'assied.)*
Goûtons sous ces cyprès un moment de repos :
Le ciel bien rarement l'accorde à nos travaux.

SCENE II.

AZEMON *sur le devant*, TEUCER *dans le fond, précédé du héraut.*

AZEMON *au héraut.*

Irai-je donc mourir aux lieux qui m'ont vu naître,
Sans avoir dans la Crète entretenu ton maître ?

LE HERAUT.

Etranger malheureux, je t'annonce mon roi ;
Il vient avec bonté : parle, raſſure-toi.

AZEMON.

Va, puiſqu'à ma prière il daigne condeſcendre,
Qu'il rende grâce aux dieux de me voir, de m'entendre.

TEUCER.

Hé bien, que prétends-tu, vieillard infortuné ?
Quel démon deſtructeur à ta perte obſtiné
Te force à déſerter ton pays, ta famille
Pour être ici témoin du malheur de ta fille ?

AZEMON *s'étant levé.*

Si ton cœur eſt humain, ſi tu veux m'écouter,
Si le bonheur public a de quoi te flatter,
Elle n'eſt point à plaindre ; & grâces à mon zèle,
Un heureux avenir ſe déploîra pour elle.
Je viens la racheter.

TEUCER.

Apprends que déſormais
Il n'eſt plus de rançon, plus d'eſpoir, plus de paix.
Quitte ce lieu terrible : une ame paternelle
Ne doit point habiter cette terre cruelle.

ACTE QUATRIEME.

AZEMON.
Va, crains que je ne parte.
TEUCER.
Ainsi donc de son sort
Tu seras le témoin, tes yeux verront sa mort !
AZEMON.
Elle ne mourra point. Datame a pu t'instruire
Du dessein qui m'amène & qui dut le conduire.
TEUCER.
Datame de ta fille a causé le trépas.
Loin de l'affreux bûcher précipite tes pas,
Retourne, malheureux, retourne en ta patrie,
Achève en gémissant les restes de ta vie.
La mienne est plus cruelle; & tout roi que je suis,
Les dieux m'ont éprouvé par de plus grands ennuis
Ton peuple a massacré ma fille avec sa mère.
Tu ressens comme moi la douleur d'être père.
Va, quiconque a vécu dut apprendre à souffrir;
On voit mourir les siens avant que de mourir.
Pour toi, pour ton pays Astérie est perdue :
Sa mort par mes bontés fut en vain suspendue.
La guerre recommence; & rien ne peut tarir
Les nouveaux flots de sang déjà prêts à courir.
AZEMON.
Je pleurerais sur toi plus que sur ma patrie,
Si tu laissais trancher les beaux jours d'Astérie.
Elle vivra, crois-mois, j'ai des gages certains
Qui toucheraient les cœurs de tous ses assassins.
TEUCER.
Ah ! père infortuné, quelle erreur te transporte !
AZEMON.
Quand tu contempleras la rançon que j'apporte,

Sois sûr que ces trésors à tes yeux présentés
Ne mériteront pas d'en être rebutés;
Ceux qu'Achille reçut du souverain de Troye
N'égalaient pas les dons que mon pays t'envoie.

TEUCER.

Cesse de t'abuser, remporte tes présens.
Puissent les dieux plus doux consoler tes vieux ans!
Mon père, à tes foyers j'aurai soin qu'on te guide.

SCENE III.

TEUCER, DICTIME, AZEMON, LE HERAUT,
Gardes.

DICTIME.

AH! quittez les parvis de ce temple homicide,
Seigneur, du sacrifice on fait tous les apprêts :
Ce spectacle est horrible, & la mort est trop près.
Le seul aspect des rois, ailleurs si favorable,
Porte par-tout la vie, & fait grâce au coupable :
Vous ne verriez ici qu'un appareil de mort;
D'un barbare étranger on va trancher le sort.
Mais vous savez quel sang d'abord on sacrifie,
Quel zèle a préparé cet holocauste impie.
Comme on est aveuglé! mes raisons ni mes pleurs
N'ont pu de notre loi suspendre les rigueurs.
Le peuple impatient de cette mort cruelle
L'attend comme une fête auguste & solemnelle.
L'autel de Jupiter est orné de festons;
On y porte à l'envi son encens & ses dons.

Acte quatrième.

Vous entendrez bientôt la fatale trompette :
A ce lugubre son qui trois fois se répète,
Sous le fer consacré la victime à genoux.....
Pour la dernière fois, Seigneur, retirons-nous,
Ne souillons point nos yeux d'un culte abominable.

Teucer.

Hélas ! je pleure encor ce vieillard vénérable.
Va, surtout, qu'on ait soin de ses malheureux jours,
Dont la douleur bientôt va terminer le cours.
Il est père ; & je plains ce sacré caractère.

Azemon.

Je te plains encor plus..... & cependant j'espère.

Teucer.

Fuis, malheureux, te dis-je.

Azemon *l'arrêtant*.

                    Avant de me quitter
Ecoute encore un mot. Tu vas donc présenter
D'Astérie à tes dieux les entrailles fumantes ?
De tes prêtres Crétois les mains toutes sanglantes
Vont chercher l'avenir dans son sein déchiré ?
Et tu permets ce crime ?

Teucer.

                 Il m'a désespéré :
Il m'accable d'effroi, je le hais, je l'abhorre,
J'ai cru le prévenir, je le voudrais encore.
Hélas ! je prenais soin de ses jours innocens,
Je rendais Astérie à ses tristes parens.
Je sens quelle est ta perte & ta douleur amère....
C'en est fait.

Azemon.

    Tu voulais la remettre à son père ?

Va, tu la lui rendras.

(*Deux Cydoniens apportent une caſſette couverte de lames d'or. Azemon continue.*)

Enfin donc en ces lieux
On apporte à tes pieds ces dons dignes des dieux.

TEUCER.

Que vois-je !

AZEMON.

Ils ont jadis embelli tes demeures.
Ils t'ont appartenu.... Tu gémis & tu pleures....
Ils font pour Aſtérie, il faut les conſerver.
Tremble, malheureux roi, tremble de t'en priver.
Aſtérie eſt le prix qu'il eſt temps que j'obtienne.
Elle n'eſt point ma fille.... apprends qu'elle eſt la tienne.

TEUCER.

O Ciel !

DICTIME.

O Providence !

AZEMON.

Oui, reçois de ma main
Ces gages, ces écrits témoins de ſon deſtin,

(*il tire de la caſſette un écrit qu'il donne à Teucer, qui l'examine en tremblant.*)

Ce Pyrope éclatant qui brilla ſur ſa mère,
Quand le ſort des combats, à nous deux ſi contraire,
T'enleva ton épouſe & qu'il la fit périr :
Voilà cette rançon que je venais t'offrir.
Je te l'avais bien dit, elle eſt plus précieuſe
Que tous les vains tréſors de ta cour ſomptueuſe.

ACTE QUATRIEME. 59

TEUCER *s'écriant.*

Ma fille !

DICTIME.

Justes Dieux !

TEUCER, *embrassant Azémon.*

Ah, mon libérateur !
Mon père ! mon ami ! mon seul consolateur !

AZEMON.

De la nuit du tombeau mes mains l'avaient sauvée ;
Comme un gage de paix je l'avais élevée :
Je l'ai vu croître en grâce, en beautés, en vertus ;
Je te la rends. Les dieux ne la demandent plus.

TEUCER *à Dictime.*

Ma fille !... Allons, fuis-moi.

DICTIME.

Quels momens !

TEUCER.

Ah ! peut-être
On l'entraîne à l'autel ! & déjà le grand-prêtre....
Gardes qui me suivez, secondez votre roi....

(*on entend la trompette.*)

Ouvrez-vous, temple horrible ! (*) ah ! qu'est-ce que je vois !
Ma fille !

PHARES.

Qu'elle meure !

TEUCER.

Arrête ! qu'elle vive !

AZEMON.

Astérie !

PHARES *à Teucer.*

Oses-tu délivrer ma captive !

(*) Il enfonce la porte ; le temple s'ouvre. On voit *Pharès* entouré de sacrificateurs. *Astérie* est à genoux aux pieds de l'autel : elle se retourne vers *Pharès* en étendant la main, & en le regardant avec horreur ; & *Pharès*, le glaive à la main, est prêt à frapper.

TEUCER.
Misérable! oses-tu lever ce bras cruel!...
Dieux béniſſez les mains qui briſent votre autel.
C'était l'autel du crime.

(il renverſe l'autel & tout l'appareil du ſacrifice.)

PHARES.
　　　　　　　　Ah! ton audace impie,
Sacrilége tyran, ſera bientôt punie.

ASTERIE à *Teucer*.
Sauveur de l'innocence, auguſte protecteur,
Eſt-ce vous dont le bras équitable & vengeur
De mes jours malheureux a renoué la trame!
Ah! ſi vous les ſauvez, ſauvez ceux de Datame;
Etendez juſqu'à lui vos ſecours bienfeſans.
Je ne ſuis qu'une eſclave.

DICTIME.
　　　　　　　O bienheureux momens!

TEUCER.
Vous eſclave! ô mon ſang! ſang des rois! fille chère!
Ma fille! ce vieillard t'a rendue à ton père.

ASTERIE.
Qui? moi!

TEUCER.
　　　　　Mêle tes pleurs aux pleurs que je répands,
Goûte un deſtin nouveau dans mes embraſſemens;
Image de ta mère à mes vieux ans rendue,
Joins ton ame étonnée à mon ame éperdue.

ASTERIE.
O mon Roi!

TEUCER.
　　　　　Dis mon père.... il n'eſt point d'autre nom.

ASTERIE.
Hélas! eſt-il bien vrai, généreux Azemon?

ACTE QUATRIEME.

AZEMON.

J'en atteste les dieux.

TEUCER.

Tout est connu.

ASTERIE.

Mon père!

TEUCER à ses gardes.

Qu'on délivre Datame en ce moment prospère.....
Vous, écoutez.

ASTERIE.

O Ciel! ô destins inouïs!
Oui, si je suis à vous, Datame est votre fils.
Je vois, je reconnais votre ame paternelle.

DICTIME.

Seigneur, voyez déjà la faction cruelle
Dans le fond de ce temple environner Pharès :
Déjà de la vengeance ils font tous les apprêts;
On court de tous côtés. Des troupes fanatiques
Vont le fer dans les mains inonder ces portiques.
Regardez Mérione, on marche autour de lui;
Tout votre ami qu'il est, il paraît leur appui.
Est-ce là ce héros que j'ai vu devant Troye?
Quelle fureur aveugle à mes yeux se déploie?
L'inflexible Pharès a-t-il dans tous les cœurs
Des poisons de son ame allumé les ardeurs?
Il n'entendit jamais la voix de la nature.
Il va vous accuser de fraude, d'imposture.
Datame en sa puissance, & de ses fers chargé,
A reçu son arrêt, & doit être égorgé.

ASTERIE.

Datame! ah! prévenez le plus grand de ses crimes.

TEUCER.

Va, ni lui ni ses dieux n'auront plus de victimes :

Va, l'on ne verra plus de pareils attentats. (*h*)
DICTIME.
Tranquille, il frapperait votre fille en vos bras;
Et le peuple à genoux, témoin de son supplice,
Des dieux dans son trépas bénirait la justice.
TEUCER.
Quand il saura quel sang sa main voulut verser,
Le barbare, crois-moi, n'osera m'offenser.
Quoi que Datame ait fait, je veux qu'on le révère.
Tout prend dans ce moment un nouveau caractère:
Je ferai respecter les droits des nations.
DICTIME.
Ne vous attendez pas dans ces émotions
Que l'orgueil de Pharès s'abaisse à vous complaire:
Il atteste les lois, mais il prétend les faire.
TEUCER.
Il y va de sa vie; & j'aurais de ma main
Dans ce temple, à l'hôtel immolé l'inhumain,
Si le respect des dieux n'eût vaincu ma colère.
Je n'étais point armé contre le sanctuaire;
Mais tu verras qu'enfin je fais être obéi.
S'il ne me rend Datame, il en sera puni;
Dût sous l'autel sanglant tomber mon trône en cendre.
(*à Astérie.*)
Je cours y donner ordre, & vous pouvez m'attendre.
ASTERIE.
Seigneur!... sauvez Datame,... approuvez notre amour:
Mon sort est en tout temps de vous devoir le jour.
TEUCER *au héraut.*
Prends soin de ce vieillard qui lui servit de père
Sur les sauvages bords d'une terre étrangère;
Veille sur elle.

Acte Quatrieme.

Azemon.
O Roi ! ce n'est qu'en ton pays
Que ton cœur paternel aura des ennemis....
    (*Teucer sort avec Dictime & ses gardes.*)
O toi, Divinité qui régis la nature,
Tu n'as pas foudroyé cette demeure impure
Qu'on ose nommer temple, & qu'avec tant d'horreur
Du sang des nations on souille en ton honneur !
C'est en ces lieux de mort, en ce repaire infame
Qu'on allait immoler Astérie & Datame !
Providence éternelle, as-tu veillé sur eux ?
Leur as-tu préparé des destins moins affreux ?
Nous n'avons point d'autels où le faible t'implore ; (13)
Dans nos bois, dans nos champs, je te vois, je t'adore ;
Ton temple est comme toi dans l'univers entier.
Je n'ai rien à t'offrir, rien à sacrifier.
C'est toi qui donnes tout. Ciel ! protége une vie
Qu'à celle de Datame, hélas, j'avais unie !
Asterie.
S'il nous faut périr tous, si tel est notre sort,
Nous savons vous & moi comme on brave la mort :
Vous me l'avez appris ; vous gouvernez mon ame ;
Et je mourrai du moins entre vous & Datame.

Fin du quatrième acte.

ACTE V.

SCENE PREMIERE.

**TEUCER, AZEMON, ASTERIE, MERIONE,
LE HERAUT., Suite.**

Teucer au héraut.

Allez ; dites-leur bien que dans leur arrogance,
Trop long-temps pour faibleſſe ils ont pris ma clémence,
Que de leurs attentats mon courage eſt laſſé,
Que cet autel affreux par mes mains renverſé
Eſt mon plus digne exploit & mon plus grand trophée ;
Que de leurs factions enfin l'hydre étouffée,
Sur mon trône avili, ſur ma triſte maiſon
Ne diſtillera plus les flots de ſon poiſon :
(1) Il faut changer de lois, il faut avoir un maître.
       (*le héraut ſort.*)
  (*à Mérione.*)
Et vous qui ne ſavez ce que vous devez être,
Vous, qui toujours douteux entre Pharès & moi,
Vous êtes cru trop grand pour ſervir votre roi,
Prétendez-vous encore, orgueilleux Mérione,
Que vous pouvez abattre ou ſoutenir mon trône ?
Ce roi dont vous oſez vous montrer ſi jaloux,
Pour vaincre & pour régner n'a pas beſoin de vous :
Votre audace aujourd'hui doit être détrompée.
Ou pour, ou contre moi, tirez enfin l'épée.

ACTE CINQUIEME.

Il faut dans le moment, les armes à la main,
Me combattre ou marcher sous votre souverain.

MERIONE.

S'il faut servir vos droits, ceux de votre famille,
Ceux qu'un retour heureux accorde à votre fille,
Je vous offre mon bras, mes trésors & mon sang ;
Mais si vous abusez de ce suprême rang
Pour fouler à vos pieds les lois de la patrie,
Je la défends, Seigneur, au péril de ma vie.
Père & monarque heureux, vous avez résolu
D'usurper malgré nous un empire absolu,
De courber sous le joug de la grandeur suprême
Les ministres des dieux, & les grands, & moi-même ;
Des vils Cydoniens vous osez vous servir
Pour opprimer la Crète & pour nous asservir :
Mais de quelque grand nom qu'en ces lieux on vous nomme,
(*k*) Sachez que tout l'Etat l'emporte sur un homme.

TEUCER.

Tout l'Etat est dans moi.... Fier & perfide ami,
Je ne vous connais plus que pour mon ennemi :
Courez à vos tyrans.

MERIONE.

Vous le voulez ?

TEUCER.

J'espère
Vous punir tous ensemble. Oui, marchez, téméraire ;
Oui, combattez sous eux ; je n'en suis point jaloux :
Je les méprise assez pour les joindre avec vous.

(*Mérione sort.*)

(*à Azemon.*)
Et toi, cher étranger, toi, dont l'ame héroïque
M'a forcé malgré moi d'aimer ta république,
Toi, sans qui j'eusse été dans ma triste grandeur
Un exemple éclatant d'un éternel malheur;
Toi par qui je suis père, attends sous ces ombrages
Ou le comble ou la fin de mes sanglans outrages.
Va, tu me reverras mort ou victorieux.

(*il sort.*)

AZEMON.

Ah! tu deviens mon roi.... Rendez-moi, justes Dieux,
Avec mes premiers ans la force de le suivre!
Que ce héros triomphe ou je cesse de vivre!
Datame & tous les siens, dans ces lieux rassemblés,
N'y feraient-ils venus que pour être immolés!
Que devient Astérie?... Ah! mes douleurs nouvelles
Me font encor verser des larmes paternelles.

SCENE II.

ASTERIE, AZEMON, Gardes.

ASTERIE.

Ciel! où porter mes pas, & quel sera mon sort!

AZEMON.

Garde-toi d'avancer vers les champs de la mort.
Ma fille!... de ce nom mon amitié t'appelle;
Digne sang d'un vrai roi, fuis l'enceinte cruelle,
Fuis le temple exécrable où les couteaux levés
Allaient trancher les jours que j'avais conservés:
Tremble.

ACTE CINQUIEME.

ASTERIE.

Qui ? moi trembler ! vous qui m'avez conduite,
Ce n'était pas ainsi que vous m'aviez instruite.
Le roi, Datame & vous, vous êtes en danger,
C'est moi seule, c'est moi qui dois le partager.

AZEMON.

Ton père le défend.

ASTERIE.

Mon devoir me l'ordonne.

AZEMON.

Sans armes & sans force, hélas ! tout m'abandonne.
Aux combats autrefois ces lieux m'ont vu courir :
Va, nous ne pouvons rien.

ASTERIE, *voulant sortir.*

Ne puis-je pas mourir ?

AZEMON, *se mettant au devant d'elle.*

Tu n'en fus que trop près.

ASTERIE.

Cette mort que j'ai vue
Sans doute était horrible à mon ame abattue :
Inutile au héros qui vivait dans mon cœur,
J'expirais en victime & tombais sans honneur.
La mort avec Datame est du moins généreuse ;
La gloire adoucira ma destinée affreuse.
Les filles de Cydon, toujours dignes de vous,
Suivent dans les combats leurs parens, leurs époux ;
Et quand la main des dieux me donne un roi pour père,
Quand je connais mon sang, faut-il qu'il dégénère ?
Les plaintes, les regrets & les pleurs sont perdus.
Reprenez avec moi vos antiques vertus ;
Et s'il en est besoin, raffermissez mon ame.
J'ai honte de pleurer sans secourir Datame. (*l*)

E 2

SCENE III.

Les Personnages précédens, DATAME.

DATAME.

IL apporte à tes pieds sa joie & sa douleur.

ASTERIE.

Que dis-tu ?

AZEMON.

Quoi ! mon fils ?

ASTERIE.

Teucer n'est pas vainqueur !

DATAME.

Il l'est, n'en doutez pas ; je suis le seul à plaindre.

ASTERIE.

Vous vivrez tous les deux. Qu'aurais-je encor à craindre ?
O Ciel ! ô Providence ! enfin triomphe aussi
De tous ces dieux affreux que l'on adore ici.

DATAME.

Il avait à combattre en ce jour mémorable
Des tyrans de l'Etat le parti redoutable,
Les archontes, Pharès, un peuple furieux
Qui trahissant son père a cru servir ses dieux.
Nous entendions leurs cris, tels que sur nos rivages
Les sifflemens des vents appellent les orages,
Et nous étions réduits au désespoir honteux
De ne pouvoir mourir en combattant contr'eux.
 Teucer a pénétré dans la prison profonde,
Où cachés aux rayons du grand astre du monde,

ACTE CINQUIEME.

On nous avait chargés du poids honteux des fers
Pour être avec toi-même en sacrifice offerts,
Ainsi que leurs agneaux, leurs béliers, leurs genisses,
Dont le sang, disent-ils, plaît à leurs dieux propices.
Il nous arme à l'instant. Je reprends mon carquois,
Mes dards, mes javelots dont ma main tant de fois
Moissonna dans nos champs leur troupe fugitive.
Bientôt de ces Crétois une foule craintive
Fuit & laisse un champ libre au héros que je sers.
La foudre est moins rapide en traversant les airs.
Il vole à ce grand chef, à ce fier Mérione,
Il l'abat à ses pieds; aux fers on l'abandonne,
On l'enchaîne à mes yeux. Ceux qui le glaive en main
Couraient pour le venger l'accompagnent soudain;
Je les vois sous mes coups roulans dans la poussière.
Tout couvert de leur sang je vole au sanctuaire,
A cette enceinte horrible & si chère aux Crétois,
Où de leur Jupiter les détestables lois
Avaient proscrit ta tête en holocauste offerte,
Où des voiles de mort indignement couverte
On t'a vue à genoux, le front ceint d'un bandeau,
Prête à verser ton sang sous les coups d'un bourreau:
Ce bourreau sacrilége était Pharès lui-même;
Il conservait encor l'autorité suprême
Qu'un délire sacré lui donna si long-temps
Sur les serfs odieux de ce temple habitans.
Ils l'entouraient en foule ardens à le défendre,
Appelant Jupiter qui ne peut les entendre,
Et poussant jusqu'au ciel des hurlemens affreux.
Je les écarte tous, je vole au milieu d'eux;
Je l'atteins, je le perce, il tombe & je m'écrie,
Barbare, je t'immole à ma chère Astérie.

De ma juste vengeance & d'amour transporté,
J'ai traîné jusqu'à toi son corps ensanglanté ;
Tu peux le voir, tu peux jouir de ta victime ;
Tandis que tous les siens étonnés de leur crime
Sont tombés en silence, & saisis de terreur,
Le front dans la poussière aux pieds de leur vainqueur.

AZEMON.

Mon fils ! je meurs content.

ASTERIE.

O nouvelle patrie !
Ce jour est donc pour moi le plus beau de ma vie !
Cher amant ! cher époux !

DATAME.

J'ai ton cœur, j'ai ta foi ;
Mais ce jour de ta gloire est horrible pour moi.

ASTERIE.

Est-il quelque danger que mon amant redoute ?
Non, Datame est heureux.

DATAME.

Je l'eusse été sans doute,
Lorsque dans nos forêts & parmi nos égaux
Ton grand cœur attendri donnait à mes travaux
Sur cent autres guerriers la noble préférence ;
Quand ta main fut le prix de ma persévérance,
Je me croyais à toi. La fille d'Azémon
Pouvait avec plaisir s'honorer de mon nom.
Tu le fais, digne ami, ta bonté paternelle
Encourageait l'amour qui m'enflamma pour elle. (*m*)

ACTE CINQUIEME.

AZEMON.
Et je dois l'approuver encor plus que jamais.
ASTERIE.
Tes exploits, mon eſtime & tes nouveaux bienfaits
Seraient-ils un obſtacle au ſuccès de ta flamme?
Qui dans le monde entier peut m'ôter à Datame?
DATAME.
Au ſortir du combat, à ton père, à ton roi,
J'ai demandé ta main, j'ai réclamé ta foi,
Non pas comme le prix de mon faible ſervice,
Mais comme un bien ſacré fondé ſur la juſtice,
Un bien qui m'appartient puiſque tu l'as promis.
Sanglant, environné de morts & d'ennemis,
Je vivais, je mourais pour la ſeule Aſtérie.
ASTERIE.
Hé bien, eſt-il en Crète une ame aſſez hardie
Pour t'oſer diſputer l'objet de ton amour?
DATAME.
Ceux qu'on appelle grands dans cette étrange cour,
Et qui ſemblent prétendre à cet honneur inſigne,
Déclarent qu'un ſoldat ne peut en être digne....
S'ils oſaient devant moi....
AZEMON.
     Reſpectable ſoldat,
Aſtérie eſt ta femme, ou Teucer eſt ingrat.
ASTERIE.
Il ne peut l'être.
DATAME.
    On dit que dans cette contrée
La majeſté des rois ſerait déshonorée.

Je ne m'attendais pas que d'un pareil affront,
Dans les champs de la Crète, on pût couvrir mon front.

ASTERIE.

Il fait rougir le mien.

DATAME.

     La main d'une princesse
Ne peut favoriser qu'un prince de la Grèce.
Voilà leurs lois, leurs mœurs.

ASTERIE.

      Elles font à mes yeux
Ce que la Crète entière a de plus odieux.
De ces fameuses lois, qu'on vante avec étude,
La première en ces lieux ferait l'ingratitude?...
La loi qui m'immolait à leurs dieux en fureur
Ne fut pas plus injuste, & n'eut pas plus d'horreur.
Je respecte mon père, & je me sens peut-être
Digne du sang des rois où j'ai puisé mon être,
Je l'aime; il m'a deux fois ici donné le jour;
Mais je jure par lui, par toi, par mon amour
Que s'il tentait la foi que ce cœur t'a donnée,
Si du plus grand des rois il m'offrait l'hymenée,
Je lui préférerais Datame & mes déserts:
Datame est mon seul bien dans ce vaste univers.
Je foulerais aux pieds trône, sceptre, couronne.
Datame est plus qu'un roi.

ACTE CINQUIEME.

SCENE IV & dernière.

Les Personnages précédens, TEUCER, MERIONE *enchaîné*, Cydoniens, Soldats, Peuple.

TEUCER.

Ton père te le donne,
Il est à toi. Nos lois se taisent devant lui.

ASTERIE.

Ah ! vous seul êtes juste.

TEUCER.

Oui, tout change aujourd'hui ;
Oui, je détruis en tout l'antique barbarie :
Commençons tous les trois une nouvelle vie.
Qu'Azémon soit témoin de vos nœuds éternels,
Ma main va les former à de nouveaux autels.
Soldats, livrez ce temple aux fureurs de la flamme :
(*on voit le temple en feu, & une partie qui tombe dans le fond du théâtre.*)
Pour mon digne héritier reconnaissez Datame,
Reconnaissez ma fille, & servez-nous tous trois
Sous de plus justes dieux, sous de plus saintes lois.

(*à Astérie.*)

Le peuple en apprenant de qui vous êtes née,
En détestant la loi qui vous a condamnée,
Eperdu, consterné, rentre dans son devoir,
Abandonne à son prince un suprême pouvoir.... (14)

(à *Mérione*.)

Vis, mais pour me servir, superbe Mérione :
Ton maître t'a vaincu, ton maître te pardonne.
La cabale & l'envie avaient pu t'éblouir ;
Et ton seul châtiment sera de m'obéir....
  Braves Cydoniens, goûtez des jours prospères :
Libres, ainsi que moi, ne soyez que mes frères :
Aimez les lois, les arts ; ils vous rendront heureux....
  Honte du genre humain, sacrifices affreux,
Périsse pour jamais votre indigne mémoire,
Et qu'aucun monument n'en conserve l'histoire !...
  Nobles, soyez soumis & gardez vos honneurs....
Prêtres & Grands, & Peuple, adoucissez vos mœurs ;
Servez Dieu désormais dans un plus digne temple ;
Et que la Grèce instruite imite votre exemple.

DATAME.

Demi-Dieu sur la terre, ô grand Homme ! ô grand Roi !
Règne, règne à jamais sur mon peuple & sur moi.
Je ne méritais pas le trône où l'on m'appelle ;
Mais j'adore Astérie, & me crois digne d'elle.

Fin du cinquième & dernier acte.

NOTES

SUR

LES LOIS DE MINOS.

(1) *Ils n'ont choisi des rois que pour les outrager.*

IL ne faut pas s'imaginer qu'il y eût en Grèce un seul roi despotique. La tyrannie asiatique était en horreur ; ils étaient les premiers magistrats, comme encore aujourd'hui vers le septentrion nous voyons plusieurs monarques assujettis aux lois de leur république. On trouve une grande preuve de cette vérité dans l'Oedipe de *Sophocle*, quand *Oedipe* en colère contre *Créon* crie *Thèbes*; *Créon* dit : *Thèbes, il m'est permis comme à vous de crier* Thèbes, Thèbes. Et il ajoute *qu'il serait bien fâché d'être roi ; que sa condition est beaucoup meilleure que celle d'un monarque ; qu'il est plus libre & plus heureux.* Vous verrez les mêmes sentimens dans l'Electre d'*Euripide*, dans les Suppliantes, & dans presque toutes les tragédies grecques. Leurs auteurs étaient les interprètes des opinions & des mœurs de toute la nation.

(2) *En pleurant sur un fils par lui-même immolé.*

Le parricide consacré d'*Idoménée* en Crète n'est pas le premier exemple de ces sacrifices abominables qui ont souillé autrefois presque toute la terre. Voyez les notes suivantes.

(3) *Ont vu d'un œil tranquille égorger Polixène.*

Les poëtes & les historiens disent qu'on immola *Polixène* aux mânes d'*Achille*; & *Homère* décrit le divin *Achille* sacrifiant de sa main douze citoyens troyens aux mânes de *Patrocle*. C'est à peu près l'histoire des premiers barbares que nous avons trouvés dans l'Amérique septentrionale. Il paraît, par tout ce qu'on nous raconte des anciens temps de la Grèce, que ses habitans n'étaient que des sauvages superstitieux & sanguinaires, chez lesquels il y eut quelques *Bardes* qui chantèrent des dieux ridicules & des guerriers très-grossiers vivans de rapine ; mais ces *Bardes* étalèrent des images frappantes & sublimes, qui subjuguent toujours l'imagination.

(4) *Elle est encor barbare.*

Il faut bien que les peuples d'Occident, à commencer par les Grecs, fussent des barbares du temps de la guerre de Troye. *Euripide*, dans un fragment qui nous est resté de la tragédie des Crétois, dit que dans leur île les prêtres mangeaient de la chair crue aux fêtes nocturnes de *Bacchus*. On sait d'ailleurs que dans plusieurs de ces antiques orgies *Bacchus* était surnommé *mangeur de chair crue*.

Mais ce n'était pas seulement dans l'usage de cette nourriture que consistait alors la barbarie grecque. Il ne faut qu'ouvrir les poëmes d'*Homère* pour voir combien les mœurs étaient féroces.

C'est d'abord un grand roi qui refuse avec outrage de rendre à un prêtre sa fille dont ce prêtre apportait la rançon ; c'est *Achille* qui traite ce roi de lâche & de chien. *Diomède* blesse *Vénus* & *Mars* qui revenaient d'Ethiopie où ils avaient soupé avec tous les dieux. *Jupiter* qui a déjà pendu sa femme une fois, la menace de la pendre encore. *Agamemnon* dit aux Grecs assemblés que *Jupiter machine contre lui la plus noire des perfidies*. Si les dieux sont perfides, que doivent être les hommes !

Et que dirons-nous de la générosité d'*Achille* envers *Hector* ? *Achille* invulnérable, à qui les dieux ont fait une armure défensive très-inutile ; *Achille* secondé par *Minerve* ; dont *Platon* fit depuis le *Logos* divin, le verbe; *Achille* qui ne tue *Hector* que parce que la Sagesse, fille de *Jupiter*, le *Logos*, a trompé ce héros par le plus infâme mensonge, & par le plus abominable prestige. *Achille* enfin ayant tué si aisément pour tout exploit le pieux *Hector*, ce prince mourant prie son vainqueur de rendre son corps sanglant à ses parens : *Achille* lui répond, *je voudrais te hacher par morceaux, & te manger tout cru*. Cela pourrait justifier les prêtres crétois, s'ils n'étaient pas faits pour servir d'exemple.

Achille ne s'en tient pas là ; il perce les talons d'*Hector*, y passe une lanière, & le traîne ainsi par les pieds dans la campagne. *Homère* ne dormait pas quand il chantait ces exploits de cannibales ; il avait la fiévre chaude, & les Grecs étaient atteints de la rage.

Voilà pourtant ce qu'on est convenu d'admirer de l'Euphrate au mont Atlas, parce que ces horreurs absurdes furent célébrées dans une langue harmonieuse, qui devint la langue universelle.

(5) *Ces durs Cydoniens.*

La petite province de Cydon est au nord de l'île de Crète. Elle défendit long-temps sa liberté, & fut enfin assujettie par les Crétois, qui le furent ensuite à leur tour par les Romains, par les empereurs grecs, par les Sarrazins, par les croisés, par les Vénitiens, par les Turcs. Mais par qui les Turcs le seront-ils ?

NOTES.

(6) *Le temple de Gortine.*

La ville de Gortine était la capitale de la Crète, où l'on avait élevé le fameux temple de *Jupiter*.

(7) *De sept ans en sept ans.*

Le but de cette tragédie est de prouver qu'il faut abolir une loi quand elle est injuste.

L'histoire ancienne, c'est-à-dire, la fable, a dit depuis long-temps que ce grand législateur *Minos*, propre fils de *Jupiter*, & tant loué par le divin *Platon*, avait institué des sacrifices de sang humain.

Ce bon & sage législateur immolait tous les ans sept jeunes athéniens : du moins *Virgile* le dit :

> *In foribus lethum Androgæi tùm pendere pœnas*
> *Cecropidæ jussi, miserûm septena quotannis*
> *Corpora natorum.*

Ce qui est aujourd'hui moins rare qu'un tel sacrifice, c'est qu'il y a vingt opinions différentes de nos profonds scholiastes sur le nombre des victimes, & sur le temps où elles étaient sacrifiées au monstre prétendu, connu sous le nom de *Minotaure*, monstre qui était évidemment le petit-fils du sage *Minos*.

Quel qu'ait été le fondement de cette fable, il est très-vraisemblable qu'on immolait des hommes en Crète, comme dans tant d'autres contrées. *Sanchoniathon*, cité par *Eusèbe*, (a) prétend que cet acte de religion fut institué de temps immémorial. Ce *Sanchoniathon* vivait long-temps avant l'époque où l'on place *Moïse*, & huit cents ans après *Thaut*, l'un des législateurs de l'Egypte, dont les Grecs firent depuis le premier *Mercure*.

Voici les paroles de *Sanchoniathon*, traduites par *Philon de Biblos*, rapportées par *Eusèbe*.

,, Chez les anciens, dans les grandes calamités, les chefs de l'Etat ache-
,, taient le salut du peuple, en immolant aux dieux vengeurs les plus chers
,, de leurs enfans. *Iloüs* (ou *Chronos* selon les Grecs, ou *Saturne* que les
,, Phéniciens appellent *Israël*, & qui fut depuis placé dans le ciel) sacrifia
,, ainsi son propre fils dans un grand danger où se trouvait la république.
,, Ce fils s'appelait *Jeüd* ; il l'avait eu d'une fille nommée *Annobret*, & ce
,, nom de *Jeüd* signifie en phénicien *premier né*. ,,

Telle est la première offrande à l'Etre éternel, dont la mémoire soit restée parmi les hommes ; & cette première offrande est un parricide.

(a) *Préparation évangélique*, Liv. I.

NOTES.

Il est difficile de savoir précisément si les Brachmanes avaient cette coutume avant les peuples de Phénicie & de Syrie; mais il est malheureusement certain que dans l'Inde ces sacrifices sont de la plus haute antiquité, & qu'ils n'y sont pas encore abolis de nos jours, malgré les efforts des mahométans.

Les Anglais, les Hollandais, les Français qui ont déserté leur pays pour aller commercer & s'égorger dans ces beaux climats, ont vu très-souvent de jeunes veuves riches & belles se précipiter par dévotion sur le bûcher de leurs maris, en repoussant leurs enfans qui leur tendaient les bras, & qui les conjuraient de vivre pour eux. C'est ce que la femme de l'amiral *Roussel* vit, il n'y a pas long-temps, sur les bords du Gange. *Tantùm relligio potuit suadere malorum !*

Les Egyptiens ne manquaient pas de jeter en cérémonie une fille dans le Nil, quand ils craignaient que ce fleuve ne parvînt pas à la hauteur nécessaire.

Cette horrible coutume dura jusqu'au règne de *Ptolomée Lagus*; elle est probablement aussi ancienne que leur religion & leurs temples. Nous ne citons pas ces coutumes de l'antiquité pour faire parade d'une science vaine, mais c'est en gémissant de voir que les superstitions les plus barbares semblent un instinct de la nature humaine, & qu'il faut un effort de raison pour les abolir.

Lycaon & *Tantale*, servant aux dieux leurs enfans en ragoût, étaient deux pères superstitieux, qui commirent un parricide par piété. Il est beau que les mythologistes aient imaginé que les dieux punirent ce crime, au lieu d'agréer cette offrande.

S'il y a quelque fait avéré dans l'histoire ancienne, c'est la coutume de la petite nation connue depuis en Palestine sous le nom de *Juifs*. Ce peuple, qui emprunta le langage, les rites & les usages de ses voisins, non-seulement immola ses ennemis aux différentes divinités qu'il adora, jusqu'à la transmigration de Babylone, mais il immola ses enfans mêmes. Quand une nation avoue qu'elle a été très-long-temps coupable de ces abominations, il n'y a pas moyen de disputer contr'elle; il faut la croire.

Outre le sacrifice de *Jephté*, qui est assez connu, les Juifs avouent qu'ils brûlaient leurs fils & leurs filles en l'honneur de leur dieu *Moloc*, dans la vallée de Tophet. *Moloc* signifie à la lettre le Seigneur : *ædificaverunt excelsa in Tophet, quæ est in valle filiorum Hennon, ut incenderent filios suos & filias suas igne.* (b) ,, Ils ont bâti des hauts lieux en Tophet, qui est dans la vallée ,, des enfans d'Hennon, pour y mettre en cendre leurs fils & leurs filles ,, par le feu. ,,

Si les Juifs jetaient souvent leurs enfans dans le feu pour plaire à la divinité, ils nous apprennent aussi qu'ils les fesaient mourir quelquefois dans

(b) *Jérémie*, chap. VII, v. 31.

l'eau. Ils leur écrasaient la tête à coups de pierre, au bord des ruisseaux. (c)
„ Vous immolez aux dieux vos enfans dans des torrens sous des pierres. „

Il s'est élevé une grande dispute entre les savans sur le premier sacrifice de trente-deux filles, offert au dieu *Adonaï*, après la bataille gagnée par la horde juive sur la horde madianite, dans le petit désert de Madian arabe, sous le commandement d'*Eléazar*, du temps de *Moïse* : on ne sait pas positivement en quelle année.

Le livre sacré, intitulé (d) *les Nombres*, nous dit que les Juifs ayant tué dans le combat tous les mâles de la horde madianite, & cinq rois de cette horde, avec un prophète ; & *Moïse* leur ayant ordonné après la bataille de tuer toutes les femmes, toutes les veuves & tous les enfans à la mamelle, on partagea ensuite le butin qui était de *quarante mille neuf cents livres en or*, à compter le *ficle* à six francs de notre monnaie d'aujourd'hui : plus, six cents soixante & quinze mille brebis, soixante & douze mille bœufs, soixante & un mille ânes, trente-deux mille filles vierges ; le tout étant le reste des dépouilles, & les vainqueurs étant au nombre de douze mille, dont il n'y en eut pas un de tué.

Or, du butin partagé entre tous les Juifs, il y eut trente-deux filles pour la part du seigneur.

Plusieurs commentateurs ont jugé que cette part du seigneur fut un holocauste, un sacrifice de ces trente-deux filles, puisqu'on ne peut dire qu'on les voua aux autels, attendu qu'il n'y eut jamais de religieuses chez les Juifs, & que s'il y avait eu des vierges consacrées en Israël, on n'aurait pas pris des madianites pour le service de l'autel : car il est clair que ces madianites étaient impurs, puisqu'ils n'étaient pas juifs. On a donc conclu que ces trente-deux filles avaient été immolées. C'est un point d'histoire que nous laissons aux doctes à discuter.

Ils ont prétendu aussi que le massacre de tout ce qui était en vie dans Jérico fut un véritable sacrifice ; car ce fut un anathème, un vœu, une offrande, & tout se fit avec la plus grande solemnité. Après sept processions augustes autour de la ville pendant sept jours, on fit sept fois le tour de la ville, les lévites portant l'arche d'alliance, & devant l'arche sept autres prêtres sonnant du cornet. A la septième procession de ce septième jour, les murs de Jérico tombèrent d'eux-mêmes. Les Juifs immolèrent tout dans cette cité, vieillards, enfans, femmes, filles, animaux de toute espèce, comme il est dit dans l'histoire de *Josué*.

Le massacre du roi *Agag* fut incontestablement un sacrifice, puisqu'il fut immolé par le prêtre *Samuel* qui le dépeça en morceaux avec un couperet, malgré la promesse & la foi du roi *Saül* qui l'avait reçu à rançon comme son prisonnier de guerre.

(c) *Isaïe*, chap. LVII.
(d) *Nombres*, chap. XXXI.

Vous verrez dans l'*Essai sur l'histoire de l'esprit & des mœurs des nations* les preuves que les Gaulois & les Teutons, ces Teutons dont *Tacite* fait semblant d'aimer tant les mœurs honnêtes, fesaient de ces exécrables sacrifices aussi communément qu'ils couraient au pillage, & qu'ils s'enivraient de mauvaise bière.

La détestable superstition de sacrifier des victimes humaines semble être si naturelle aux peuples sauvages qu'au rapport de *Procope*, un certain *Théodebert*, petit-fils de *Clovis*, & roi du pays Messin, immola des hommes pour avoir un heureux succès dans une course qu'il fit en Lombardie pour la piller. Il ne manquait que des *Bardes* tudesques pour chanter de tels exploits.

Ces sacrifices du roi messin étaient probablement un reste de l'ancienne superstition des Francs ses ancêtres. Nous ne savons que trop à quel point cette exécrable coutume avait prévalu chez les anciens *Welches* que nous appelons *Gaulois*; c'était-là cette simplicité, cette bonne foi, cette naïveté gauloise que nous avons tant vantée. C'était le bon temps quand des Druides, ayant pour temples des forêts, brûlaient les enfans de leurs concitoyens dans des statues d'osier plus hideuses que ces druides mêmes.

Les sauvages des bords du Rhin avaient aussi des espèces de Druidesses, des sorcières sacrées, dont la dévotion consistait à égorger solemnellement des petits garçons & des petites filles dans de grands bassins de pierre, dont quelques-uns subsistent encore, & que le professeur *Schœpflin* a dessinés dans son *Alzatia illustrata*. Ce sont-là les monumens de cette partie du monde, ce sont-là nos antiquités. Les *Phidias*, les *Praxitèles*, les *Scopas*, les *Mirons* en ont laissé de différentes.

Jule-César ayant conquis tous ces pays sauvages voulut les civiliser: il défendit aux druides ces actes de dévotion, sous peine d'être brûlés eux-mêmes, & fit abattre les forêts où ces homicides religieux avaient été commis. Mais ces prêtres persistèrent dans leurs rites: ils immolèrent en secret des enfans, disant qu'il vaut mieux obéir à Dieu qu'aux hommes; que *César* n'était grand pontife qu'à Rome; que la religion druidique était la seule véritable, & qu'il n'y avait point de salut sans brûler de petites filles dans de l'osier, ou sans les égorger dans des grandes cuves.

Nos sauvages ancêtres ayant laissé dans nos climats la mémoire de ces coutumes, l'inquisition n'eut pas de peine à les renouveler. Les bûchers qu'elle alluma furent de véritables sacrifices. Les cérémonies les plus augustes de la religion, processions, autels, bénédictions, encens, prières, hymnes chantées à grands chœurs, tout y fut employé; & ces hymnes étaient les propres cantiques de ces mêmes infortunés que nous y traitons & que nous appelons nos pères & nos maîtres.

Ce sacrifice n'avait nul rapport à la jurisprudence humaine; car assurément ce n'était pas un crime contre la société de manger, dans sa maison, les portes bien fermées, d'un agneau cuit avec des laitues amères, le 14 de la lune de mars. Il est clair qu'en cela on ne fait de mal à personne;

mais

mais on péchait contre Dieu qui avait aboli cette ancienne cérémonie par l'organe de ses nouveaux ministres.

On voulait donc venger Dieu, en brûlant ces juifs entre un autel & une chaire de vérité, dressés exprès dans la place publique. L'Espagne bénira, dans les siècles à venir, celui qui a émoussé le couteau sacré & le sacrilège de l'inquisition. Un temps viendra enfin où l'Espagne aura peine à croire que l'inquisition ait existé.

Plusieurs moralistes ont regardé la mort de *Jean Hus* & de *Jérôme de Prague* comme le plus pompeux sacrifice qu'on ait jamais fait sur la terre. Les deux victimes furent conduites au bûcher solemnel par un électeur palatin, & par un électeur de Brandebourg : quatre-vingt princes ou seigneurs de l'Empire y assistèrent. L'empereur *Sigismond* brillait au milieu d'eux, *comme le soleil au milieu des astres*, selon l'expression d'un savant prélat allemand. Des cardinaux, vêtus de longues robes traînantes, teintes en pourpre, rebrassées d'hermine, couverts d'un immense chapeau aussi de pourpre, auquel pendaient quinze houppes d'or, siégeaient sur la même ligne que l'empereur, au-dessus de tous les princes. Une foule d'évêques & d'abbés étaient au-dessous, ayant sur leurs têtes de hautes mitres étincelantes de pierres précieuses. Quatre cents docteurs, sur un banc plus bas, tenaient des livres à la main : vis-à-vis on voyait vingt-sept ambassadeurs de toutes les couronnes de l'Europe, avec tout leur cortége. Seize mille gentilshommes remplissaient les gradins hors de rang, destinés pour les curieux.

Dans l'arène de ce vaste cirque étaient placés cinq cents joueurs d'instrumens qui se faisaient entendre alternativement avec la psalmodie. Dix-huit mille prêtres de tous les pays de l'Europe écoutaient cette harmonie ; & sept cents dix-huit courtisannes magnifiquement parées, entremêlées avec eux, (quelques auteurs disent dix-huit cents,) composaient le plus beau spectacle que l'esprit humain ait jamais imaginé.

Ce fut dans cette auguste assemblée qu'on brûla *Jean* & *Jérôme* en l'honneur du même JESUS-CHRIST qui ramenait la brebis égarée sur ses épaules ; & les flammes, en s'élevant, dit un auteur du temps, allèrent réjouir le ciel empirée.

Il faut avouer, après un tel spectacle, que lorsque le picard *Jean Chauvin* offrit le sacrifice de l'espagnol *Michel Servet*, dans une pile de fagots verds, c'était donner les marionnettes après l'opéra.

Tous ceux qui ont immolé ainsi d'autres hommes, pour avoir eu des opinions contraires aux leurs, n'ont pu certainement les sacrifier qu'à Dieu.

Que *Polieucte* & *Néarque*, animés d'un zèle indiscret, aillent troubler une fête qu'on célèbre pour la prospérité de l'empereur ; qu'ils brisent les autels, les statues dont les débris écrasent les femmes & les enfans, ils ne sont coupables qu'envers les hommes qu'ils ont pu tuer ; & quand on les condamne à mort, ce n'est qu'un acte de justice humaine : mais quand il

Théâtre. Tom. VI.   F

ne s'agit que de punir des dogmes erronés, des propositions mal-sonnantes, c'est un véritable sacrifice à la Divinité.

On pourrait encore regarder comme un sacrifice notre St Barthélemi, (dont nous célébrons l'anniversaire dans cette année centenaire 1772,) s'il y avait eu plus d'ordre & de dignité dans l'exécution.

Ne fut-ce pas un vrai sacrifice que la mort d'*Anne Dubourg*, prêtre & conseiller au parlement, également respecté dans ces deux ministères? N'a-t-on pas vu d'autres barbaries plus atroces, qui soulèveront long-temps les esprits attentifs & les cœurs sensibles dans l'Europe entière? N'a-t-on pas vu dévouer à une mort affreuse, & à la torture plus cruelle que la mort, deux enfans qui ne méritaient qu'une correction paternelle? Si ceux qui ont commis cette atrocité ont des enfans, s'ils ont eu le loisir de réfléchir sur cette horreur, si les reproches qui ont frappé leurs oreilles de toutes parts ont pu amollir leurs cœurs, peut-être verseront-ils quelques larmes en lisant cet écrit. Mais aussi n'est-il pas juste que les auteurs de cet horrible assassinat public soient à jamais en exécration au genre humain?

(8) . . . . . *n'accepta point le sang d'Iphigénie.*

Plusieurs anciens auteurs assurent qu'*Iphigénie* fut en effet sacrifiée; d'autres imaginèrent la fable de *Diane* & de la biche. Il est encore plus vraisemblable que dans ces temps barbares un père ait sacrifié sa fille qu'il ne l'est qu'une déesse, nommée *Diane*, ait enlevé cette victime, & mis une biche à sa place; mais cette fable prévalut : elle eut cours dans toute l'Asie comme dans la Grèce, & servit de modèle à d'autres fables.

(9) *S'il naquit parmi vous, s'il lance le tonnerre.*

Les Crétois disaient *Minos* fils de dieu, comme les Thébains disaient *Bacchus* & *Hercule* fils de dieu, comme les Argiens le disaient de *Castor* & de *Pollux*, les Romains de *Romulus*; comme enfin les Tartares l'ont dit de *Gengis-kan*, comme toute la fable l'a chanté de tant de héros & de législateurs, ou de gens qui ont passé pour tels.

Les doctes ont examiné sérieusement si *Jupiter*, le maître des dieux & le père de *Minos*, était né véritablement en Crète, & si ce *Jupiter* avait été enterré à Gortis, ou Gortine, ou Cortine.

C'est dommage que *Jupiter* soit un nom latin. Les doctes ont prétendu encore que ce nom latin venait de *Jovis*, dont on avait fait *Jovis pater*, *Jov-piter*, *Jupiter*, & que ce *Jov* venait de *Jeova* ou *Hiao*, ancien nom de Dieu en Syrie, en Egypte, en Phénicie.

Ceux qu'on appelle théologiens, dit *Cicéron*, comptent trois *Jupiter*, deux d'Arcadie & un de Crète. (a) *Principio Joves tres numerant ii qui theologi appellantur.*

(a) *De naturâ Deorum.* Lib. III.

NOTES.

Il est à remarquer que tous les peuples qui ont admis ce *Jupiter*, ce *Jov*, l'ont tous armé du tonnerre. Ce fut l'attribut réservé au souverain des dieux en Asie, en Grèce, à Rome; non pas en Egypte, parce qu'il n'y tonne presque jamais. La théologie dont parle *Cicéron* ne fut pas établie par les philosophes. Celui qui a dit:

Primus in orbe deos fecit timor, ardica cœlo
Fulmina cùm caderent,

n'a pas eu tort. Il y a bien plus de gens qui craignent qu'il n'y en a qui raisonnent & qui aiment. S'ils avaient raisonné, ils auraient conçu que Dieu, l'auteur de la nature, envoie la rosée comme le tonnerre & la grêle; qu'il a fait des lois suivant lesquelles le temps est serein dans un canton tandis qu'il est orageux dans un autre, & que ce n'est point du tout par mauvaise humeur qu'il fait tomber la foudre à Babylone, tandis qu'il ne la lance jamais sur Memphis. La résignation aux ordres éternels & immuables de la providence universelle est une vertu, mais l'idée qu'un homme frappé du tonnerre est puni par les dieux n'est qu'une pusillanimité ridicule.

(10) *Par des amours affreux étonna la nature.*

Non-seulement *Platon* & *Aristote* attestent que *Minos*, ce lieutenant de police des enfers, autorisa l'amour des garçons, mais les aventures de ses deux filles ne supposent pas qu'elles eussent reçu une excellente éducation. N'admirez-vous pas les scholiastes qui, pour sauver l'honneur de *Pasiphaë*, imaginèrent qu'elle avait été amoureuse d'un gentilhomme crétois nommé *Tauros*, que *Minos* fit mettre à la bastille de Crète, sous la garde de *Dédale*?

Mais n'admirez-vous pas davantage les Grecs qui imaginèrent la fable de la vache d'airain ou de bois, dans laquelle *Pasiphaë* s'ajusta si bien que le vrai taureau dont elle était folle y fut trompé?

Ce n'était pas assez de mouler cette vache, il fallait qu'elle fût en chaleur, ce qui était difficile. Quelques commentateurs de cette fable abominable ont osé dire que la reine fit entrer d'abord une genisse amoureuse dans le creux de cette statue, & se mit ensuite à sa place. L'amour est ingénieux, mais voilà un bien exécrable emploi du génie. Il est vrai qu'à la honte, non pas de l'humanité, mais d'une vile espèce d'hommes brute & dépravée, ces horreurs ont été trop communes, témoin le fameux *novimus & qui te* de *Virgile*; témoin le bouc qui eut les faveurs d'une belle égyptienne de Mendès, lorsqu'*Hérodote* était en Egypte; témoin les lois juives portées contre les hommes & les femmes qui s'accouplent avec les animaux, & qui ordonnent qu'on brûle l'homme & la bête; témoin la notoriété publique de ce qui se passe encore en Calabre; témoin l'avis nouvellement imprimé d'un bon prêtre luthérien de Livonie, qui exhorte les jeunes garçons de Livonie & d'Estonie à ne plus tant frequenter les genisses, les ânesses, les brebis & les chèvres.

La grande difficulté est de savoir au juste si ces conjonctions affreuses ont jamais pu produire quelques monstres. Le grand nombre des amateurs du merveilleux, qui prétendent avoir vu des fruits de ces accouplemens, & surtout des singes avec les filles, n'est pas une raison invincible pour qu'on les admette ; ce n'est pas non plus une raison absolue de les rejeter. Nous ne connaissons pas assez tout ce que peut la nature. *St Jérôme* rapporte des histoires de centaures & de satyres, dans son livre des *Pères du désert*. *St Augustin*, dans son trente-troisième sermon à ses frères du désert, a vu des hommes sans tête, qui avaient deux gros yeux sur leur poitrine, & d'autres qui n'avaient qu'un œil au milieu du front ; mais il faudrait avoir une bonne attestation pour toute l'histoire de *Minos*, de *Pasiphaë*, de *Thésée*, d'*Ariane*, de *Dédale* & d'*Icare*. On appelait autrefois *esprits forts* ceux qui avaient quelque doute sur cette tradition.

On prétend qu'*Euripide* composa une tragédie de Pasiphaë ; elle est du moins comptée parmi celles qui lui sont attribuées, & qui sont perdues. Le sujet était un peu scabreux ; mais quand on a lu Polyphême, on peut croire que Pasiphaë fut mise sur le théâtre.

(11) *Tout noble dans notre île a le droit respecté, &c.*

C'est le *liberum veto* des Polonais ; droit cher & fatal, qui a causé beaucoup plus de malheurs qu'il n'en a prévenu. C'était le droit des tribuns de Rome ; c'était le bouclier du peuple entre les mains de ses magistrats. Mais quand cette arme est entre les mains de quiconque entre dans une assemblée, elle peut devenir une arme offensive trop dangereuse, & faire périr toute une république. Comment a-t-on pu convenir qu'il suffirait d'un ivrogne pour arrêter les délibérations de cinq ou six mille sages, supposé qu'un pareil nombre de sages puisse exister ? Le feu roi de Pologne, *Stanislas Lekzinski*, dans son loisir en Lorraine, écrivit souvent contre ce *liberum veto*, & contre cette anarchie dont il prévit les suites. Voici les paroles mémorables qu'on trouve dans son livre intitulé *la voix du citoyen*, imprimé en 1749. ,, Notre ,, tour viendra sans doute, où nous serons la proie de quelque fameux ,, conquérant ; peut-être même les puissances voisines s'accorderont-elles à ,, partager nos Etats : ,, (page 19.) la prédiction vient de s'accomplir. Le démembrement de la Pologne est le châtiment de l'anarchie affreuse dans laquelle un roi sage, humain, éclairé, pacifique, a été assassiné dans sa capitale, & n'a échappé à la mort que par un prodige. Il lui reste un royaume plus grand que la France, & qui pourra devenir un jour florissant, si on peut y détruire l'anarchie, comme elle vient d'être détruite dans la Suède, & si la liberté peut y subsister avec la royauté.

(12) *N'est qu'un lieu de carnage.*

C'était à l'entrée du temple qu'on tuait les victimes. Le sanctuaire était réservé pour les oracles, les consultations & les autres simagrées. Les bœufs, les moutons, les chèvres étaient immolés dans le *Périptère*.

Ces temples des anciens, excepté ceux de *Vénus* & de *Flore*, n'étaient au fond que des boucheries en colonnades. Les aromates qu'on y brûlait étaient absolument nécessaires pour dissiper un peu la puanteur de ce carnage continuel. Mais quelque peine qu'on prît pour jeter au loin les restes des cadavres, les boyaux, la fiente de tant d'animaux, pour laver le pavé couvert de sang, de fiel, d'urine & de fange, il était bien difficile d'y parvenir.

L'historien *Flavien Josephe* dit qu'on immola deux cents cinquante mille victimes en deux heures de temps, à la pâque qui précéda la prise de Jérusalem. On sait combien ce *Josephe* était exagérateur; quelles ridicules hyperboles il employa pour faire valoir sa misérable nation; quelle profusion de prodiges impertinens il étala; avec quel mépris ces mensonges furent reçus par les Romains; comme il fut relancé par *Appion*, & comme il répondit par de nouvelles hyperboles à celles qu'on lui reprochait. On a remarqué qu'il aurait fallu plus de cinquante mille prêtres bouchers pour examiner, pour tuer en cérémonie, pour dépecer, pour partager tant d'animaux. Cette exagération est inconcevable, mais enfin il est certain que les victimes étaient nombreuses dans cette boucherie comme dans toutes les autres. L'usage de réserver les meilleurs morceaux pour les prêtres était établi par toute la terre connue, excepté dans les Indes & dans les pays au-delà du Gange. C'est ce qui a fait dire à un célèbre poëte anglais:

The priests eat rost-beef, and the people stare.

Les prêtres sont à table, & le sot peuple admire.

On ne voyait dans les temples que des étaux, des broches, des grils, des couteaux de cuisine, des écumoires, de longues fourchettes de fer, des cuillers ou des cuillères à pot, de grandes jarres pour mettre la graisse, & tout ce qui peut inspirer le dégoût & l'horreur. Rien ne contribuait plus à perpétuer cette dureté & cette atrocité de mœurs, qui porta enfin les hommes à sacrifier d'autres hommes, & jusqu'à leurs propres enfans; mais les sacrifices de l'inquisition, dont nous avons tant parlé, ont été cent fois plus abominables. Nous avons substitué les bourreaux aux bouchers.

Au reste, de toutes les grosses masses appelées *temples* en Egypte & à Babylone, & du fameux temple d'Ephèse regardé comme la merveille des temples, aucun ne peut être comparé en rien à St Pierre de Rome, pas même à St Paul de Londres, pas même à Ste Geneviève de Paris, que bâtit aujourd'hui M. *Soufflot*, & auquel il destine un dôme plus svelte que celui de St Pierre, & d'un artifice admirable. Si les anciennes nations revenaient au monde, elles préféreraient sans doute les belles musiques de nos églises à des boucheries, & les sermons de *Tillotson* & de *Massillon* à des augures.

(13) *Le monde avec lenteur marche vers la sagesse.*

A ne juger que par les apparences, & suivant les faibles conjectures humaines, par quelle multitude épouvantable de siècles & de révolutions n'a-t-il pas fallu passer avant que nous eussions un langage tolérable, une nourriture facile, des vêtemens & des logemens commodes ? nous sommes d'hier, & l'Amérique est de ce matin.

Notre occident n'a aucun monument antique ; & que sont ceux de la Syrie, de l'Egypte, des Indes, de la Chine ! toutes ces ruines se sont élevées sur d'autres ruines. Il est très-vraisemblable que l'île Atlantide (dont les îles Canaries sont des restes,) étant engloutie dans l'Océan, fit refluer les eaux vers la Grèce, & que vingt déluges locaux détruisirent tout, vingt fois avant que nous existassions. Nous sommes des fourmis qu'on écrase sans cesse, & qui se renouvellent ; & pour que ces fourmis rebâtissent leur habitation, & pour qu'elles inventent quelque chose qui ressemble à une police & à une morale, que de siècles de barbarie ! quelle province n'a pas ses sauvages !

Tout philosophe peut dire :

In qua scribebam barbara terra fuit.

(14) *Nous n'avons point d'autels où le faible t'implore.*

Plusieurs peuples furent long-temps sans temples & sans autels, & surtout les peuples *Nomades*. Les petites hordes errantes, qui n'avaient point encore de ville forte, portaient de village en village leurs dieux dans des coffres, sur des charrettes traînées par des bœufs ou par des ânes, ou sur le dos des chameaux, ou sur les épaules des hommes. Quelquefois leur autel était une pierre, un arbre, une pique.

Les Iduméens, les peuples de l'Arabie-Pétrée, les Arabes du désert de Syrie, quelques Sabéens portaient dans des cassettes les représentations grossières d'une étoile.

Les Juifs, très-long-temps avant de s'emparer de Jérusalem, eurent le malheur de porter sur une charrette l'idole du dieu *Moloc*, & d'autres idoles dans le désert : *portatis tabernaculum Moloc vestri*, (a) *& imaginem idolorum vestrorum sidus dei vestri, quæ fecistis vobis.*

Il est dit, dans l'histoire des *Juges*, qu'un *Jonathan*, fils de *Gersam* fils aîné de *Moïse*, fut le prêtre d'une idole portative que la tribu de Dan (b) avait dérobée à la tribu d'Ephraïm.

Les petits peuples n'avaient donc que des dieux de campagne, (s'il est permis de se servir de ce mot,) tandis que les grandes nations s'étaient

(a) *Amos*, chap. V, v. 26.
(b) *Juges*, chap. XVIII.

NOTES.

signalées, depuis plufieurs fiècles, par des temples magnifiques. *Hérodote* vit l'ancien temple de Tyr, qui était bâti douze cents ans avant celui de *Salomon*. Les temples d'Egypte étaient beaucoup plus anciens. *Platon*, qui voyagea long-temps dans ce pays, parle de leurs ftatues qui avaient dix mille ans d'antiquité, ainfi que nous l'avons déjà remarqué ailleurs, fans pouvoir trouver de raifons dans les livres profanes, ni pour le nier, ni pour le croire.

Voici les propres paroles de *Platon* au fecond livre des lois : ,, Si on veut ,, y faire attention, on trouvera en Egypte des ouvrages de peinture & de ,, fculpture, faits depuis dix mille ans, qui ne font pas moins beaux que ,, ceux d'aujourd'hui, & qui furent exécutés précifément fuivant les mêmes ,, règles. Quand je dis dix mille ans, ce n'eft pas une façon de parler, c'eft ,, dans la vérité la plus exacte. ,,

Ce paffage de *Platon*, qui ne furprit perfonne en Grèce, ne doit pas nous étonner aujourd'hui. On fait que l'Egypte a des monumens de fculpture & de peinture qui durent depuis plus de quatre mille ans au moins. Et dans un climat fi fec & fi égal, ce qui a fubfifté quarante fiècles en peut fubfifter cent, humainement parlant.

Les chrétiens qui, dans les premiers temps, étaient des hommes fimples retirés de la foule, ennemis des richeffes & du tumulte, des efpèces de thérapeutes, d'effèniens, de caraïtes, de brachmanes ; (fi on peut comparer le faint au profane) les chrétiens, dis-je, n'eurent ni temples ni autels pendant plus de cent quatre-vingts ans. Ils avaient en horreur l'eau luftrale, l'encens, les cierges, les proceffions, les habits pontificaux. Ils n'adoptèrent ces rites des nations, ne les épurèrent & ne les fanctifièrent qu'avec le temps. *Nous fommes par-tout, excepté dans les temples*, dit *Tertullien. Athénagore, Origène, Tatien, Théophile* déclarent qu'il ne faut point de temple aux chrétiens. Mais celui de tous qui en rend raifon avec le plus d'énergie eft *Minutius Felix*, écrivain du troifième fiècle de notre ère vulgaire.

Putatis autem nos occultare quod colimus, fi delubra & aras non habemus ? Quod enim fimulacrum Deo fingam, cùm fi rectè exiftimes fit Dei homo ipfe fimulacrum ? Templum quod extruam, cùm totus hic mundus, ejus opere fabricatus, eum capere non poffit ; & cùm homo latiùs maneam, intra unam ædiculam vim tantæ majeftatis includam ? Nonne meliùs in noftra dedicandus eft mente, in noftro imò confecrandus eft pectore.

,, Penfez-vous que nous cachions l'objet de notre culte, pour n'avoir ni ,, autel ni temple ? Quelle image pourrions-nous faire de Dieu, puifqu'aux ,, yeux de la raifon l'homme eft l'image de Dieu même ? Quel temple lui ,, éléverai-je lorfque le monde qu'il a conftruit ne peut le contenir ? Com,, ment enfermerai-je la majefté de Dieu dans une maifon, quand, moi qui ,, ne fuis qu'un homme, je m'y trouverais trop ferré ? Ne vaut-il pas mieux ,, lui dédier un temple dans notre efprit, & le confacrer dans le fond de ,, notre cœur ? ,,

Cela prouve que non-seulement nous n'avions alors aucun temple, mais que nous n'en voulions point ; & qu'en cachant aux Gentils nos cérémonies & nos prières, nous n'avions aucun objet de nos adorations à dérober à leurs yeux.

Les chrétiens n'eurent donc des temples que vers le commencement du règne de *Dioclétien*, ce héros guerrier & philosophe qui les protégea dix-huit années entières, mais séduit enfin & devenu persécuteur. Il est probable qu'ils auraient pu obtenir long-temps auparavant, du sénat & des empereurs, la permission d'ériger des temples, comme les Juifs avaient celle de bâtir des synagogues à Rome ; mais il est encore plus probable que les Juifs, qui payaient très-chèrement ce droit, empêchèrent les chrétiens d'en jouir. Ils les regardaient comme des diffidens, comme des frères dénaturés, comme des branches pourries de l'ancien tronc. Ils les persécutaient, les calomniaient avec une fureur implacable.

Aujourd'hui plusieurs sociétés chrétiennes n'ont point de temples ; tels sont les primitifs nommés *Quakres*, les anabaptistes, les dunkards, les piétistes, les moraves & d'autres. Les primitifs même de Pensilvanie n'y ont point érigé de ces temples superbes qui ont fait dire à *Juvénal* :

Dicite pontifices in sancto quid facit aurum ?

& qui ont fait dire à *Boileau*, avec plus de hardiesse & de sévérité :

Le prélat, par la brigue aux honneurs parvenu,
Ne fut plus qu'abuser d'un ample revenu ;
Et pour toute vertu fit, au dos d'un carrosse,
A côté d'une mître armorier sa crosse.

Mais *Boileau*, en parlant ainsi, ne pensait qu'à quelques prélats de son temps, ambitieux ou avares, ou persécuteurs : il oubliait tant d'évêques généreux, doux, modestes, indulgens, qui ont été les exemples de la terre.

Nous ne prétendons pas inférer de-là que l'Egypte, la Chaldée, la Perse, les Indes aient cultivé les arts depuis les milliers de siècles que tous ces peuples s'attribuent. Nous nous en rapportons à nos livres sacrés, sur lesquels il ne nous est pas permis de former le moindre doute.

(15) *Un suprême pouvoir.*

On n'entend pas ici par suprême pouvoir cette autorité arbitraire, cette tyrannie que le jeune *Gustave troisième*, si digne de ce grand nom de *Gustave*, vient d'abjurer & de proscrire solemnellement en rétablissant la concorde, &

en fefant régner les lois avec lui. On entend par fuprême pouvoir cette autorité raifonnable, fondée fur les lois mêmes, & tempérée par elles ; cette autorité jufte & modérée, qui ne peut facrifier la liberté & la vie d'un citoyen à la méchanceté d'un flatteur, qui fe foumet elle-même à la juftice, qui lie inféparablement l'intérêt de l'Etat à celui du trône, qui fait d'un royaume une grande famille gouvernée par un père. Celui qui donnerait une autre idée de la monarchie ferait coupable envers le genre humain.

Fin des Notes.

VARIANTES

DES LOIS DE MINOS.

MÉRIONE.

(*a*) Tout pouvoir a son terme & cède au préjugé.
TEUCER.
Il le faut abolir, quand il est trop barbare.
MÉRIONE.
Mais la loi de Minos contre vous se déclare.

(*b*)   TEUCER, DICTIME.
TEUCER.
Ainsi le fanatisme & la sédition
Animeront toujours ma triste nation ;
Ce conseil de guerriers contre moi se déclare.
On affecte, &c.

(*c*) Savez-vous que Datame, envoyé par un père
Pour venir proposer une paix salutaire,
Est encore en ces lieux aux meurtres destinés ?
ASTÉRIE.
Quel trouble a pénétré dans mes sens étonnés !
Datame !... Il est connu du grand roi de la Crète !
Datame est parmi vous...
TEUCER.
           Dans votre ame inquiète, &c.

(*d*) . . . .
Parlez, son amitié m'en deviendra plus chère.
ASTÉRIE.
Seigneur, l'hymen encor ne nous a point unis ;
Mais Datame a ma foi ; ce guerrier m'est promis :
Nos sermens sont communs, &c.

(*e*) Délivrer Astérie, & partir avec elle.
Son père & son amant viennent la demander.
Sans elle point de paix ; rien ne peut s'accorder.

VARIANTES.

Sans elle, en ce séjour, on ne m'eût vu descendre
Que pour l'ensanglanter & le réduire en cendre.

Ces vers terminaient la scène.

(f)   TEUCER.

Exige un bras d'airain toujours levé sur eux.
Je sauvais Astérie, & je voulais encore
Détruire pour jamais un temple que j'abhorre.
Il n'y faut plus penser, nos amis incertains
Sont loin de seconder nos généreux desseins.
Ils n'entreprendront point un combat téméraire,
Pour les jours d'un soldat & ceux d'une étrangère.

(g) L'auteur a supprimé les quatre vers suivans.

Les dieux me sont témoins que si j'avais voulu
Exercer sur la Crète un pouvoir absolu,
Ç'eût été pour sauver ma triste république
D'une loi détestable & d'un joug tyrannique.
Que je vous porte envie, &c.

(h)   DATAME.
        Ah! prévenez ce crime épouvantable.
           TEUCER.
Je sais que le faux zèle est toujours implacable;
Mais je ne craindrai plus de pareils attentats.

(i) . . . .
Je suis roi, je suis père, & veux agir en maître.

(k) Sachez qu'un peuple entier l'emporte sur un homme.

(l)   ASTERIE.
           Ne puis-je pas mourir?
La mort avec Datame est du moins glorieuse.
La gloire adoucira ma destinée affreuse.
J'irai, j'imiterai ces compagnes de Mars
Qu'Ilion vit combattre aux pieds de ses remparts,
Que Teucer admira, qui vivront d'âge en âge.
Pour de plus chers objets je ferai davantage.

Dois-je ici des tyrans attendre en paix les coups
Levés fur mon amant, fur mon père & fur vous ?
Ceffez de me contraindre & d'avilir mon ame :
J'ai honte de pleurer fans fecourir Datame.

(*m*) Quand ton cœur fut à moi, la fille d'Azémon
Pouvait avec plaifir s'honorer de fon nom.
Le flambeau de l'hymen porté par la victoire
Eût de nos deux maifons éternifé la gloire.
Les lauriers de ton père allaient s'unir aux miens,
Refpectés & chéris de nos concitoyens.
Tu le fais, Azémon : ta bonté paternelle
Approuva cet amour qui m'enflamma pour elle.

DATAME.

(*n*) Après avoir détruit de funeftes erreurs,
Ta préfence, grand prince, a fubjugué nos cœurs.
Je ne méritais pas le trône où tu m'appelles ;
Mais j'adore Aftérie : il me rend digne d'elle.
Demi-Dieu fur la terre ! ô grand homme ! ô grand roi !
Règne, règne à jamais fur mon peuple & fur moi.
Aux fermens que je fais également fidelle,
Brûlant d'amour pour toi, pour mon roi plein de zèle,
Puiffé-je, en l'imitant, juftifier fon choix !
Mais toujours fon fujet, fuivre toujours fes lois.

Fin des Variantes.

DOM PEDRE,

TRAGEDIE.

Non repréfentée.

EPITRE
DEDICATOIRE
A M. DALEMBERT,

SECRETAIRE PERPETUEL DE L'ACADEMIE FRANÇAISE, MEMBRE DE L'ACADEMIE DES SCIENCES, &c.

Par l'éditeur de la tragédie de **Dom Pèdre.**

MONSIEUR,

Vous êtes assurément une de ces ames privilégiées dont l'auteur de Dom Pèdre parle dans son discours. (*a*) Vous êtes de ce petit nombre d'hommes qui savent embellir l'esprit géométrique par l'esprit de la littérature. L'académie française a bien senti en vous choisissant pour son secrétaire perpétuel, & en rendant cet hommage à la profondeur des mathématiques, qu'elle en rendait un autre au bon goût & à la vraie éloquence. Elle vous a jugé comme l'académie des sciences a jugé Monsieur le marquis *de Condorcet;* & tout le public a pensé comme ces deux compagnies respectables. Vous faites tous deux revivre ces anciens

(1) Voyez le discours historique & critique qui suit.

temps où les plus grands philosophes de la Grèce enseignaient les principes de l'éloquence & de l'art dramatique.

Permettez, Monsieur, que je vous dédie la tragédie de mon ami, qui, étant actuellement trop éloigné de la France, ne peut avoir l'honneur de vous la présenter lui-même. Si je mets votre nom à la tête de cette pièce, c'est parce que j'ai cru voir en elle un air de vérité assez éloigné des lieux communs & de l'emphase que vous réprouvez.

Le jeune auteur en y travaillant sous mes yeux, il y a un mois, dans une petite ville, loin de tout secours, n'était soutenu que par l'idée qu'il travaillait pour vous plaire.

Ut caneret paucis ignoto in pulvere verum.

Il n'a point ambitionné de donner cette pièce au théâtre. Il sait très-bien qu'elle n'est qu'une esquisse; mais les portraits ressemblent : c'est pourquoi il ne la présente qu'aux hommes instruits. Il me disait d'ailleurs que le succès au théâtre dépend entièrement d'un acteur ou d'une actrice; mais qu'à la lecture il ne dépend que de l'arrêt équitable & sévère d'un juge & d'un écrivain tel que vous. Il sait qu'un homme de goût ne tolère aujourd'hui ni déclamation ampoulée de rhétorique, ni fade déclaration d'amour à ma princesse, encore moins ces insipides barbaries en style visigoth, qui déchirent l'oreille sans jamais parler à la raison & au sentiment, deux choses qu'il ne faut jamais séparer.

Il désespérait de parvenir à être aussi correct que l'académie l'exige, & aussi intéressant que les loges

le

A M. D'ALEMBERT. 97

le défirent. Il ne fe diffimulait pas la difficulté de conftruire une pièce d'intrigue & de caractère, & la difficulté encore plus grande de l'écrire en vers. Car enfin, Monfieur, les vers dans les langues modernes étant privés de cette mefure harmonieufe des deux feules belles langues de l'antiquité, il faut avouer que notre poëfie ne peut fe foutenir que par la pureté continue du ftyle.

Nous répétions fouvent enfemble ces deux vers de *Boileau*, qui doivent être la règle de tout homme qui parle ou qui écrit :

Sans la langue, en un mot, l'auteur le plus divin
Eft toujours, quoi qu'il faffe, un méchant écrivain.

& nous entendions par les défauts du langage non-feulement les folécifmes & les barbarifmes dont le théâtre a été infecté, mais l'obfcurité, l'impropriété, l'infuffifance, l'exagération, la féchereffe, la dureté, la baffeffe, l'enflure, l'incohérence des expreffions. Quiconque n'a pas évité continuellement tous ces écueils ne fera jamais compté parmi nos poëtes.

Ce n'eft que pour apprendre à écrire tolérablement en vers français que nous nous fommes enhardis à offrir cet ouvrage à l'académie en vous le dédiant. J'en ai fait imprimer très-peu d'exemplaires, comme dans un procès par écrit on préfente à fes juges quelques mémoires imprimés que le public lit rarement.

Je demande pour le jeune auteur l'arrêt de tous les académiciens qui ont cultivé affidument notre langue. Je commence par le philofophe inventeur, qui, ayant fait une defcription fi vraie & fi éloquente

Théâtre. Tom. VI.   G

du corps humain, connaît l'homme moral auffi-bien qu'il obferve l'homme phyfique. (*)

Je veux pour juge le philofophe profond qui a percé jufque dans l'origine de nos idées, fans rien perdre de fa fenfibilité. (**)

Je veux pour juge l'auteur du fiége de Calais, qui a communiqué fon enthoufiafme à la nation, & qui, ayant lui-même compofé une tragédie de Dom Pèdre, doit regarder mon ami comme le fien, & non comme un rival.

Je veux pour juge l'auteur de Spartacus, qui a vengé l'humanité dans cette pièce remplie de traits dignes du grand *Corneille* : car la véritable gloire eft dans l'approbation des maîtres de l'art. Vous avez dit que rarement un amateur raifonnera de l'art avec autant de lumière *(b)* qu'un habile artifte : pour moi, j'ai toujours vu que les artiftes feuls rendaient une exacte juftice.... quand ils n'étaient pas jaloux.

. . . . . . C'eft aux efprits bien faits
A voir la vertu pleine en fes moindres effets ;
C'eft d'eux feuls qu'on reçoit la véritable gloire. (c)

Et je vous avouerai que j'aimerais mieux le feul fuffrage de celui qui a reffufcité le ftyle de *Racine* dans Mélanie, que de me voir applaudi un mois de fuite au théâtre. (*d*)

(*) M. *de Buffon.*
(**) M. l'abbé de *Condillac.*
(*b*) Effai fur les gens de lettres.
(*c*) Acte V des Horaces.
(*d*) J'ofe dire hardiment que je n'ai point vu de pièce mieux écrite que Mélanie. Ce mérite fi rare a été fenti par les étrangers qui apprennent notre langue par principes & par l'ufage. L'héritier de la plus vafte monarchie de notre hémifphère, étonné de n'entendre que très-difficilement le

A M. D'ALEMBERT.

Je préfente la tragédie de Dom Pèdre à l'académicien qui a fait parler fi dignement *Bélifaire* dans fon admirable quinzième chapitre dicté par la vertu la plus pure, comme par l'éloquence la plus vraie ; & que tous les princes doivent lire pour leur inftruction & pour notre bonheur. Je la foumets à la faine critique de ceux qui, dans des difcours couronnés par l'académie, ont apprécié avec tant de goût les grands hommes du fiècle de *Louis XIV*. Je m'en remets entièrement à la décifion de l'auteur éclairé du poëme de la peinture, qui feul a donné les vraies règles de l'art qu'il chante, & qui le connaît à fond, ainfi que celui de la poëfie.

Je m'en rapporte au traducteur de *Virgile*, feul digne de le traduire parmi tous ceux qui l'ont tenté ; à l'illuftre auteur des faifons, fi fupérieur à *Thomfon* & à fon fujet ; tous juges irréfragables dans l'art des vers très-peu connu, & qui ont été proclamés pour jamais dans le temple de la gloire par les cris mêmes de l'envie.

Je fuis bien perfuadé que le jeune homme qui met fur la fcène Dom Pèdre & Guefclin préfèrerait aux applaudiffemens paffagers du parterre l'approbation réfléchie de l'officier auffi inftruit de cet art que de celui de la guerre, qui, ayant fait parler fi noblement le célèbre connétable de *Bourbon*, & le plus célèbre chevalier *Bayard*, a donné l'exemple à notre auteur de ne point prodiguer fa pièce fur le théâtre. (*)

jargon de quelques-uns de nos auteurs nouveaux, & d'entendre avec autant de plaifir que de facilité cette pièce de Mélanie, & l'éloge de Fénélon, a répandu fur l'auteur les bienfaits les plus honorables : il a fait par goût ce que *Louis XIV* fit autrefois par un noble amour de la gloire.

(*) M. *de Guibert*.

Il souhaite, sans doute, d'être jugé par le peintre de *François I*, d'autant plus que ce savant & profond historien sait mieux que personne que si on dut appeler le roi *Charles V* habile, ce fut *Henri de Transtamare* qu'on dut nommer *cruel*.

J'attends l'opinion des deux académiciens philosophes, vos dignes confrères, (*e*) qui ont confondu de lâches & sots délateurs, par une réponse aussi énergique que sage & délicate, & qui savent juger comme écrire.

Voilà, Monsieur, l'aréopage dont vous êtes l'organe, & par qui je voudrais être condamné ou absous, si jamais j'osais faire à mon tour une tragédie, dans un temps où les sujets des pièces de théâtre semblent épuisés, dans un temps où le public est dégoûté de tous ses plaisirs, qui passent comme ses affections; dans un temps où l'art dramatique est prêt à tomber en France après le grand siècle de *Louis XIV*, & à être entièrement sacrifié aux ariettes, comme il l'a été en Italie après le siècle des *Médicis*.

Je vous dis à peu près ce que disait *Horace*.

> *Plotius & Varius, Mæcenas Virgiliusque,*
> *Valgius & probet hæc Octavius, optimus atque*
> *Fuscus, & hæc utinam viscorum laudet uterque, &c.*

Et voyez, s'il vous plaît, comme *Horace* met *Virgile*

(*e*) MM. *Suard* & l'abbé *Arnaud*. *NB.* Il nous est tombé entre les mains depuis peu une réponse de M. l'abbé *Arnaud* à je ne sais quelle prétendue dénonciation de je ne sais quel prétendu théologien, devant je ne sais quel prétendu tribunal. Cette réponse m'a paru très-supérieure à tous les ouvrages polémiques de l'autre *Arnaud*.

à côté de *Mécène*. Ce même sentiment échauffait *Ovide* dans les glaces qui couvraient les bords du Pont-Euxin, lorsque, dans sa dernière élégie *de ponto*, il daigna essayer de faire rougir un de ces misérables folliculaires qui insultent à ceux qu'ils croient infortunés ; & qui sont assez lâches pour calomnier un citoyen au bord de son tombeau.

Combien de bons écrivains dans tous les genres sont-ils cités par *Ovide* dans cette élégie ! Comme il se console par le suffrage des *Cotta*, des *Messala*, des *Tuscus*, des *Marius*, des *Gracchus*, des *Varus* & de tant d'autres dont il consacre les noms à l'immortalité ! Comme il inspire pour lui la bienveillance de tout honnête homme, & l'horreur pour un regratier qui ne sait être que détracteur !

Le premier des poëtes italiens, & peut-être du monde entier, l'*Arioste*, (*f*) nomme dans son quarante-sixième chant tous les gens de lettres de son temps, pour lesquels il travaillait, sans avoir pour objet la multitude. Il en nomme dix fois plus que je n'en désigne ; & l'Italie n'en trouva pas la liste trop longue. Il n'oublie point les dames illustres dont le suffrage lui était si cher.

Boileau, ce premier maître dans l'art difficile des vers français, *Boileau* moins galant que l'*Arioste*, dit dans sa belle épître à son ami l'inimitable *Racine* :

> Et qu'importe à nos vers que Perrin les admire,
> Que l'auteur de Jonas s'empresse pour les lire ?
> Pourvu qu'ils sachent plaire au plus puissant des rois,
> Qu'à Chantilli Condé les lise quelquefois,

(*f*) On ne le connaît guère en France que par des traductions très-insipides en prose. C'est le maître du *Tasse* & de *la Fontaine*.

Qu'Enghien en soit touché, que Colbert & Vivone,
Que la Rochefoucauld, Marsillac & Pompone,
Et cent autres qu'ici je ne puis faire entrer,
A leurs traits délicats se laissent pénétrer.

J'avoue que j'aime mieux le *Mœcenas Virgiliusque*, dans *Horace*, que le *plus puissant des rois* dans *Boileau*; parce qu'il est plus beau, ce me semble, & plus honnête, de mettre *Virgile* & le premier ministre de l'empire sur la même ligne, quand il s'agit du goût, que de préférer le suffrage de *Louis XIV* & du grand *Condé* à celui des *Coras* & des *Perrins*; ce qui n'était pas un grand effort. Mais enfin, Monsieur, vous voyez que depuis *Horace* jusqu'à *Boileau*, la plupart des grands poëtes ne cherchent à plaire qu'aux esprits bien faits.

Puisque *Boileau* désirait avec tant d'ardeur l'approbation de l'immortel *Colbert*, pourquoi ne travaillerions-nous pas à mériter celle d'un homme qui a commencé son ministère mieux que lui, qui est beaucoup plus instruit que lui dans tous les arts que nous cultivons, & dont l'amitié vous a été si précieuse depuis long-temps, ainsi qu'à tous ceux qui ont eu le bonheur de le connaître? (*) Pourquoi n'ambitionnerions-nous pas les suffrages de ceux qui ont rendu des services essentiels à la patrie, soit par une paix nécessaire, soit par de très-belles actions à la guerre, ou par un mérite moins brillant & non moins utile dans les ambassades, ou dans des parties essentielles du ministère?

Si ce même *Boileau* travaillait pour plaire aux

(*) M. *Turgot*.

la Rochefoucaulds de son siècle, nous blâmerait-on de souhaiter le suffrage des personnes qui font aujourd'hui tant d'honneur à ce nom ? à moins que nous ne fussions tout-à-fait indignes d'occuper un moment leurs loisirs !

Y a-t-il un seul homme de lettres en France qui ne se sentît très-encouragé par le suffrage de deux de vos confrères, dont l'un a semblé rappeler le siècle des *Médicis* en cueillant les fleurs du Parnasse avant de siéger dans le Vatican, (*) & l'autre, dans un rang non moins illustre, est toujours favorisé des muses & des grâces, lorsqu'il parle dans vos assemblées, & qu'il y lit ses ouvrages ? (**) c'est en ce sens qu'*Horace* a dit :

Principibus placuisse viris non ultima laus est.

Je dis dans le même sens à un homme d'un grand nom, auteur d'un livre profond de la félicité publique : mon ami doit être trop heureux si vous ne désapprouvez pas Dom Pèdre ; c'est à vous de juger les rois & les connétables : j'en dis autant au magistrat qui entre aujourd'hui dans l'académie. Puisse-t-il être chargé un jour du soin de cette félicité publique ! (***)

J'ajouterai encore que le divin *Arioste* ne se borne pas à nommer les hommes de son temps qui fesaient honneur à l'Italie, & pour lesquels il écrivait ; il nomme l'illustre *Julie de Gonzague*, & la veuve immortelle du marquis de *Pescara*, & des princesses de la maison d'*Est* & de *Malatesta*, & des *Borgia*, des

─────────
(*) M. le cardinal *de Bernis*.
(**) M. le duc *de Bernis*.
(***) M. *de Malherbe*.

Sforzes, des *Trivulces*, & furtout des dames célèbres feulement par leur efprit, leur goût & leurs talens. On en pourrait faire autant en France, fi on avait un *Ariofte*. Je vous nommerais plus d'une dame dont le fuffrage doit décider avec vous du fort d'un ouvrage, fi je ne craignais d'expofer leur mérite & leur modeftie aux farçafmes de quelques pédans groffiers, qui n'ont ni l'un ni l'autre, ou de quelques futiles petits maîtres qui penfent ridiculifer toute vertu par une plaifanterie.

Si un folliculaire dit que je n'ai donné de fi juftes éloges à ceux que je prends pour juges de mon ami qu'afin de les lui rendre favorables, je réponds d'avance que je confirme ces éloges fi mon ami eft condamné. J'ai demandé pour lui une décifion, & non des louanges.

Les folliculaires me diront encore que mon ami n'eft pas fi jeune; mais je ne leur montrerai pas fon extrait-baptiftère. Ils voudront deviner fon nom; car c'eft un très-grand plaifir de fatirifer les gens en perfonne; mais fon nom ne rendrait la pièce ni meilleure ni plus mauvaife.

Le vôtre, Monfieur, nous eft auffi cher que vous l'avez rendu illuftre; & après votre amitié, vos ouvrages font la plus grande confolation de ma vie. Agréez ou pardonnez cet hommage.

DISCOURS

HISTORIQUE ET CRITIQUE

Sur la tragédie de Dom Pèdre.

Il est très-inutile de favoir quel est le jeune auteur de cette tragédie nouvelle qui, dans la foule des pièces de théâtre dont l'Europe est accablée, ne pourra être lue que d'un très-petit nombre d'amateurs qui en parcourront quelques pages. Lorsque l'art dramatique est parvenu à fa perfection chez une nation éclairée, on le néglige. On se tourne avec raison vers d'autres études. Les *Ariflotes* & les *Platons* fuccèdent aux *Sophocles* & aux *Euripides*. Il est vrai que la philofophie devrait former le goût, mais souvent elle l'émouffe; & fi vous exceptez quelques ames privilégiées, quiconque est profondément occupé d'un art est d'ordinaire insensible à tout le reste.

S'il est encore quelques esprits qui confentent à perdre une demi-heure dans la lecture d'une tragédie nouvelle, on doit leur dire d'abord que ce n'est point celle de M. *du Belloy* qu'on leur préfente. L'illustre auteur du siége de Calais a donné au théâtre de Paris une tragédie de Pierre le cruel, mais ne l'a point imprimée. Il y a long-temps que l'auteur de Dom Pèdre avait esquissé quelque chose d'un plan de ce fujet. M. *du Belloy* qui le fut eut la condescendance de lui écrire qu'il renonçait en ce cas à le traiter. Dès ce moment l'auteur de Dom Pèdre n'y pensa plus, & il n'y a travaillé fur un plan nouveau que fur la fin de 1774, lorsque M. *du Belloy* a paru persister à ne point publier son ouvrage.

Après ce petit éclaircissement, dont le seul but est de montrer les égards que de véritables gens de lettres se doivent, nous donnons ce discours historique & critique tel que nous l'avons de la main même de l'auteur de Dom Pèdre.

Henri de Transtamare, l'un des nombreux bâtards du roi de Castille *Alfonse*, onzième du nom, fit à son frère & à son roi Dom *Pèdre* une guerre qui n'était qu'une révolte, en se fesant déclarer roi légitime de Castille par sa faction. *Guesclin*, depuis connétable de France, l'aida dans cette entreprise.

Cet illustre *Guesclin* était alors précisément ce qu'on appelait en Italie & en Espagne un *Condottiero*. Il rassembla une troupe de bandits & de brigands, avec lesquels il rançonna d'abord le pape *Urbain IV* dans Avignon. Il fut entièrement défait à Navarette par le roi Dom *Pèdre* & par le grand *Prince noir*, souverain de Guienne, dont le nom est immortel. C'était ce même prince qui avait pris le roi *Jean* à Poitiers, & qui prit du *Guesclin* à Navarette. *Henri de Transtamare* s'enfuit en France. Cependant le parti des bâtards subsista toujours en Espagne. *Transtamare*, protégé par la France, eut le crédit de faire excommunier le roi son frère par le pape qui siégeait encore dans Avignon, & qui depuis peu était lié d'intérêt avec *Charles V* & avec le bâtard de Castille. Le roi Dom *Pèdre* fut solemnellement déclaré *Bulgare & incrédule;* ce sont les termes de la sentence; & ce qui est encore plus étrange, c'est que le prétexte était que le roi avait des maîtresses.

Ces anathèmes étaient alors aussi communs que les intrigues d'amour chez les excommuniés, & chez les excommunians; & ces amours se mêlaient aux guerres les plus cruelles. Les armes des papes étaient plus dangereuses qu'aujourd'hui. Les princes les plus adroits disposaient de ces armes. Tantôt des souverains en étaient frappés, & tantôt ils en frappaient. Les seigneurs féodaux les achetaient à grand prix.

La détestable éducation qu'on donnait alors aux hommes de tout rang & sans rang, & qu'on leur donna si long-temps, en fit des brutes féroces, que le fanatisme déchaînait contre tous les gouvernemens. Les princes se fesaient un devoir sacré de l'usurpation. Un rescrit donné dans une ville d'Italie en une langue ignorée de la multitude conférait un royaume en Espagne & en Norwège; & les ravisseurs des Etats, les déprédateurs les plus inhumains, plongés dans tous les crimes, étaient réputés saints, & souvent invoqués, quand ils s'étaient fait revêtir en mourant d'une robe de frère prêcheur, ou de frère mineur.

M. *Thomas*, dans son discours à l'académie, a dit *que les temps d'ignorance furent toujours les temps des férocités*. J'aime à répéter des paroles si vraies, dont il vaut mieux être l'écho que le plagiaire.

Transtamare revint en Espagne une bulle dans une main, & l'épée dans l'autre. Il y ranima son parti. Le grand *Prince noir* était malade à la mort dans Bordeaux; il ne pouvait plus secourir Dom *Pèdre*.

Guesclin fut envoyé une seconde fois en Espagne par le roi *Charles V*, qui profitait du triste état où le *Prince noir* était réduit. *Guesclin* prit Dom *Pèdre* prisonnier dans la bataille de Montiel, entre Tolède &

Séville. Ce fut immédiatement après cette journée que *Henri de Tranſtamare*, entrant dans la tente de *Gueſclin*, où l'on gardait le roi ſon frère déſarmé, s'écria : *Où eſt ce juif, fils de P.... qui ſe diſait roi de Caſtille* ; & il l'aſſaſſina à coups de poignard.

L'aſſaſſin qui n'avait d'autre droit à la couronne que d'être lui-même ce juif bâtard, titre qu'il oſait donner au roi légitime, fut cependant reconnu roi de Caſtille ; & ſa maiſon a régné toujours en Eſpagne, ſoit dans la ligne maſculine, ſoit par les femmes.

Il ne faut pas s'étonner après cela ſi les hiſtoriens ont pris le parti du vainqueur contre le vaincu. Ceux qui ont écrit l'hiſtoire en Eſpagne & en France n'ont pas été des *Tacites* ; & M. *Horace Walpole*, envoyé d'Angleterre en Eſpagne, a eu bien raiſon de dire, dans ſes doutes ſur *Richard III*, comme nous l'avons remarqué ailleurs : *Quand un roi heureux accuſe ſes ennemis, tous les hiſtoriens s'empreſſent de lui ſervir de témoins*. Telle eſt la faibleſſe de trop de gens de lettres ; non qu'ils ſoient plus lâches & plus bas que les courtiſans d'un prince criminel & heureux, mais leurs lâchetés ſont durables.

Si quelque vieux leude de *Charlemagne* s'aviſait autrefois de lire un manuſcrit de *Frédegaire*, ou du moine de *St Gall*, il pouvait s'écrier : Ah, le menteur ! mais il s'en tenait là ; perſonne ne relevait l'ignorance & l'abſurdité du moine : il était cité dans les ſiècles ſuivans ; il devenait une autorité, & Dom *Ruinart* rapportait ſon témoignage dans ſes actes ſincères. C'eſt ainſi que toutes les légendes du moyen âge ſont remplies des plus ridicules fables ; & l'hiſtoire ancienne aſſurément n'en eſt pas exempte.

Ceux qui mentent ainsi au genre humain sont encore animés souvent par la sottise de la rivalité nationale. Il n'y a guère d'historien anglais qui ait manqué l'occasion de faire la satire des Français, & quelquefois avec un peu de grossièreté. *Véli* & *Villaret* dénigrent les Anglais autant qu'ils le peuvent. *Mezeray* n'épargna jamais les Espagnols, un *Tite-Live* ne pouvait connaître cette partialité ; il vivait dans un temps où sa nation existait seule dans le monde connu, *Romanos, rerum dominos*, toutes les autres étaient à ses pieds. Mais aujourd'hui que notre Europe est partagée entre tant de dominations qui se balancent toutes ; aujourd'hui que tant de peuples ont leurs grands hommes en tout genre, quiconque veut trop flatter son pays court risque de déplaire aux autres, si par hasard il en est lu, & doit peu s'attendre à la reconnaissance du sien. On n'a jamais tant aimé la vérité que dans ce temps-ci : il ne reste plus qu'à la trouver.

Dans les querelles qui se sont élevées si souvent entre toutes les cours de l'Europe, il est bien difficile de découvrir de quel côté est le droit ; & quand on l'a reconnu, il est dangereux de le dire. La critique qui aurait dû, depuis près d'un siècle, détruire les préjugés sous lesquels l'histoire est défigurée, a servi plus d'une fois à substituer de nouvelles erreurs aux anciennes. On a tant fait que tout est devenu problématique, depuis la loi salique jusqu'au système de *Lass* ; & à force de creuser, nous ne savons plus où nous en sommes.

Nous ne connaissons pas seulement l'époque de la création des sept électeurs en Allemagne, du parlement en Angleterre, de la pairie en France. Il n'y a pas une seule maison souveraine dont on puisse fixer l'origine. C'est dans l'histoire que le chaos est le commencement de tout. Qui pourra remonter à la source de nos usages & de nos opinions populaires ?

Pourquoi donna-t-on le surnom de *bon* à ce roi *Jean* qui commença son règne par faire mourir en sa présence son connétable sans forme de procès; qui assassina quatre principaux chevaliers dans Rouen; qui fut vaincu par sa faute; qui céda la moitié de la France, & ruina l'autre ?

Pourquoi donna-t-on à ce Dom *Pèdre*, roi légitime de Castille, le nom de *cruel*, qu'il fallait donner au bâtard *Henri de Transtamare*, assassin de Dom *Pèdre* & usurpateur ?

Pourquoi appelle-t-on encore *bien-aimé* ce malheureux *Charles VI* qui déshérita son fils en faveur d'un étranger, ennemi & oppresseur de sa nation, & qui plongea tout l'Etat dans la subversion la plus horrible dont on ait conservé la mémoire ? Tous ces surnoms, ou plutôt tous ces sobriquets, que les historiens répètent sans y attacher de sens, ne viennent-ils pas de la même cause qui fait qu'un marguillier qui ne sait pas lire répète les noms d'*Albert le grand*, de *Grégoire thaumaturge*, de *Julien l'Apostat*, sans savoir ce que ces noms signifient ? Telle ville fut appelée la *sainte* ou la *superbe*, dans laquelle il n'y eut ni sainteté ni grandeur; tel vaisseau fut nommé le *foudroyant*, l'*invincible*, qui fut pris en sortant du port.

L'histoire n'ayant donc été trop souvent que le

récit des fables & des préjugés, quand on entreprend une tragédie tirée de l'histoire, que fait-on ? l'auteur choisit la fable ou le préjugé qui lui plaît davantage ; celui-ci dans sa pièce pourra regarder *Scévola* comme le respectable vengeur de la liberté publique, comme un héros qui punit sa main de s'être méprisé en tuant un autre que le fatal ennemi de Rome ; celui-là pourra ne se représenter *Scévola* que comme un vil espion, un assassin fanatique, un *Poltrot*, un *Balthazar Gerard*, un *Jacques Clément*. Des critiques penseront qu'il n'y a point eu de *Scévola*, & que c'est une fable, ainsi que toutes les histoires des premiers temps de tout peuple sont des fables, & ces critiques pourront bien avoir raison. Tel espagnol ne verra dans *François I* qu'un capitaine très-courageux & très-imprudent, mauvais politique, & manquant à sa parole. Un professeur du collége royal le mettra dans le ciel pour avoir protégé les lettres. Un luthérien d'Allemagne le plongera en enfer pour avoir fait brûler des luthériens dans Paris, tandis qu'il les soudoyait dans l'Empire ; & si les ex-jésuites font encore des pièces de théâtre, ils ne manqueront pas de dire avec *Daniel* : *qu'il aurait fait aussi brûler le dauphin, si ce dauphin n'avait pas cru aux indulgences, tant ce grand roi avait de piété.*

Nous avons une tragi-comédie espagnole, où *Pierre*, que nous appelons le *cruel*, n'est jamais appelé que le *justicier*, titre que lui donna toujours *Philippe II*. J'ai connu un jeune homme qui avait fait une tragédie d'Adonias & de Salomon. Il y représentait *Salomon* comme le plus barbare & le plus lâche de tous les parricides ou fratricides. Savez-vous bien, lui dit-on, que le Seigneur dans un songe lui donna la sagesse ? cela peut être, dit-il, mais il ne lui donna pas l'humanité à son réveil.

Il y a des déclamations de collége sous le nom d'histoires ou de drames, ou sous d'autres noms, dans lesquelles la nation qu'on célèbre est toujours la première du monde ; ses soldats mal payés les premiers héros du monde, quoiqu'ils se soient enfuis ; la ville capitale, qui n'avait guère que des maisons de bois, la première ville du monde ; le fauteuil à clous dorés, sur lequel un roi goth ou alain s'asseyait, le premier trône du monde ; & l'auteur qui se croit le premier dans sa sphère serait alors peut-être le plus sot homme du monde, s'il ne se trouvait des gens encore plus sots, qui font pour vingt sous la critique raisonnée de la pièce nouvelle ; critique qui s'en va le lendemain avec la pièce dans l'abyme de l'éternel oubli.

On élève aussi quelquefois au ciel d'anciens chevaliers défenseurs ou oppresseurs des femmes & des églises, superstitieux & débauchés, tantôt voleurs, tantôt prodigues, combattant à outrance les uns contre les autres pour l'honneur de quelques princesses qui avaient très-peu d'honneur. Tout ce qu'on peut faire de mieux (ce me semble) quand on s'amuse à les mettre sur la scène, c'est de dire avec *Horace* :

Seditione dolis, scelere, atque libidine, & ira,
Iliacos intra muros peccatur & extra.

FRAGMENT

FRAGMENT (*)
D'UN DISCOURS
HISTORIQUE ET CRITIQUE
SUR DOM PEDRE.

. . . .
. . . .

Les raisonneurs, qui sont comme moi sans génie, & qui dissertent aujourd'hui sur le siècle du génie, répètent souvent cette antithèse de *la Bruyère*, que *Racine* a peint les hommes tels qu'ils sont, & *Corneille* tels qu'ils devaient être. Ils répètent une insigne fausseté, car jamais ni *Bajazet* ni *Xipharès*, ni *Britannicus*, ni *Hippolyte* n'ont fait l'amour comme ils le font galamment dans les tragédies de *Racine*; & jamais *César* n'a dû dire, dans le Pompée de *Corneille*, à *Cléopâtre* qu'il n'avait combattu à Pharsale que pour mériter son amour avant de l'avoir vue; il n'a jamais dû lui dire que son *glorieux titre de premier du monde, à présent effectif, est ennobli par celui de captif* de la petite *Cléopâtre*, âgée de quinze ans, qu'on lui amena dans un paquet de linge. Ni *Cinna* ni *Maxime* n'ont dû être tels que *Corneille* les a peints. Le devoir de *Cinna* ne pouvait être d'assassiner *Auguste* pour plaire à une fille qui n'existait point. Le devoir de *Maxime* n'était pas d'être amoureux de cette même fille, & de trahir à la fois *Auguste*, *Cinna* & sa maîtresse. Ce n'était pas là ce *Maxime* à qui *Ovide* écrivait qu'il était digne de son nom. *Maxime qui tanti mensuram nominis imples*. Le devoir de *Félix* dans Polieucte n'était

(*) Ce fragment se trouvait imprimé à la suite de la tragédie de Dom Pèdre, dans les éditions précédentes.

Théâtre. Tom. VI.

pas d'être un lâche barbare qui fefait couper le cou
à fon gendre,

> Pour acquérir par-là de plus puiffans appuis,
> Qui me mettraient plus haut cent fois que je ne fuis.

On a beaucoup & trop écrit depuis *Ariftote* fur la tragédie. Les deux grandes règles font que les perfonnages intéreffent, & que les vers foient bons; j'entends d'une bonté propre au fujet. Ecrire en vers pour les faire mauvais eft la plus haute de toutes les fottifes.

On m'a vingt fois rebattu les oreilles de ce prétendu difcours de *Pierre Corneille* : *Ma pièce eft finie; je n'ai plus que les vers à faire.* Ce propos fut tenu par *Ménandre* plus de deux mille ans avant *Corneille*, fi nous en croyons *Plutarque* dans fa queftion, *fi les Athéniens ont plus excellé dans les armes que dans les lettres?* *Ménandre* pouvait à toute force s'exprimer ainfi, parce que des vers de comédie ne font pas les plus difficiles; mais dans l'art tragique, la difficulté eft prefque infurmontable, du moins chez nous.

Dans le fiècle paffé, il n'y eut que le feul *Racine* qui écrivit des tragédies avec une pureté & une élégance prefque continue ; & le charme de cette élégance a été fi puiffant que les gens de lettres & de goût lui ont pardonné la monotonie de fes déclarations d'amour, & la faibleffe de quelques caractères, en faveur de fa diction enchantereffe.

Je vois dans l'homme illuftre qui le précéda des fcènes fublimes, dont ni *Lopez de Véga*, ni *Calderon*, ni *Shakefpeare* n'avaient même pu concevoir la moindre idée, & qui font très-fupérieures à ce qu'on admira dans Sophocle & dans Euripide; mais auffi j'y vois des tas de barbarifmes & de folécifmes qui révoltent, & de froids raifonnemens alambiqués qui glacent; j'y vois enfin vingt pièces entières, dans lefquelles à peine y a-t-il un morceau qui demande grâce pour le reste. La preuve incontestable de cette vérité est, par exemple, dans les deux Bérénices de *Racine* & de *Corneille*. Le plan de ces deux pièces est également mauvais, également indigne du théâtre tragique. Ce défaut même va jusqu'au ridicule. Mais par quelle raison est-il impossible de lire la Bérénice de *Corneille*? par quelle raison est-elle au-dessous des pièces de *Pradon*, de *Rioupérous*, de *Danchet*, de *Péchantré*, de *Pellegrin*? & d'où vient que celle de *Racine* se fait lire avec tant de plaisir, à quelques fadeurs près? d'où vient qu'elle arrache des larmes?... c'est que les vers sont bons : ce mot comprend tout, sentiment, vérité, décence, naturel, pureté de diction, noblesse, force, harmonie, élégance, idées profondes, idées fines, surtout idées claires, images touchantes, images terribles, & toujours placées à propos. Otez ce mérite à la divine tragédie d'Athalie, il ne lui restera rien; ôtez ce mérite au quatrième livre de l'Enéide & au discours de *Priam* à *Achille* dans Homère, ils seront insipides. L'abbé *du Bos* a très-grande raison : la poësie ne charme que par les beaux détails.

Si tant d'amateurs savent par cœur des morceaux admirables des Horaces, de Cinna, de Pompée, de Polieucte & quatre vers d'Héraclius, c'est que ces vers sont très-bien faits; & si on ne peut lire ni Théodore ni Perth'arite, ni Dom Sanche d'Arragon, ni Attila, ni Agésilas, ni Pulchérie, ni la Toison d'or, ni Suréna, &c. &c. &c., c'est que presque tous les vers en sont détestables. Il faut être de bien mauvaise foi pour s'efforcer de les excuser contre sa conscience. Quelquefois même de misérables écrivains ont osé donner des éloges à cette foule de pièces aussi plates que barbares, parce qu'ils sentaient bien que les leurs étaient écrites dans ce goût : ils demandaient grâce pour eux-mêmes.

PERSONNAGES.

DOM PEDRE, roi de Castille.

TRANSTAMARE, frère du roi, bâtard légitimé.

DU GUESCLIN, général de l'armée française.

LEONORE DE LA CERDA, princesse du sang.

ELVIRE, confidente de *Léonore*.

ALMEDE,
MENDOSE,
ALVARE,
MONCADE,
} Officiers espagnols.

Suite.

La scène est dans le palais de Tolède.

DOM PEDRE,

ROI DE CASTILLE,

TRAGEDIE.

ACTE PREMIER.

SCENE PREMIERE.

TRANSTAMARE, ALMEDE.

TRANSTAMARE.

DE la cour de Vincenne aux remparts de Tolède
Tu m'es enfin rendu, cher & prudent Almède.
Reverrai-je en ces lieux ce brave du Guesclin ?
ALMEDE.
Il vient vous seconder.
TRANSTAMARE.
Ce mot fait mon destin.
Pour soutenir ma cause & me venger d'un frère,
Le secours des Français m'est encor nécessaire.
Des révolutions voici le temps fatal.
J'attends tout du roi Charle & de son général.
Qu'as-tu vu, qu'a-t-on fait ? Dis-moi ce qu'on prépare
Dans la cour de Vincenne au prince Transtamare ?
ALMEDE.
Charles était incertain. J'ai long-temps attendu
L'effet d'un grand projet qu'on tenait suspendu.

Le monarque éclairé, prudent avec courage,
(Chez les bouillans Français peut-être le seul sage,)
A tous ses courtisans dérobant ses secrets,
A pesé mes raisons avec ses intérêts.
Enfin il vous protége; & sur le bord du Tage
Ce valeureux Guesclin, ce héros de notre âge,
Suivi de son armée, arrive sur mes pas.

TRANSTAMARE.
Je dois tout à son roi.

ALMEDE.
Ne vous y trompez pas.
Charle, en vous soutenant au bord du précipice,
Vous tend par politique une main protectrice ;
En divisant l'Espagne, afin de l'affaiblir,
Il veut frapper dom Pèdre autant que vous servir :
Pour son intérêt seul il entreprend la guerre.
Dom Pèdre eut pour appui la superbe Angleterre;
Le fameux prince noir était son protecteur;
Mais ce guerrier terrible & de Guesclin vainqueur,
Au milieu de sa gloire achevant sa carrière,
Touche enfin dans Bordeaux à son heure dernière.
Son génie accablait & la France & Guesclin;
Et quand des jours si beaux touchent à leur déclin,
Ce français, dont le bras aujourd'hui vous seconde,
Demeure avec éclat seul en spectacle au monde.
Charle a choisi ce temps. L'Anglais tombe épuisé ;
L'Empire a trente rois, & languit divisé ;
L'Espagnol est en proie à la guerre civile ;
Charle est le seul puissant ; & d'un esprit tranquille
Ebranlant à son gré tous les autres Etats,
Il triomphe à Paris sans employer son bras.

Transtamare.
Qu'il exerce à loisir sa politique habile,
Qu'il soit prudent, heureux; mais qu'il me soit utile.
Almede.
Il vous promet Valence & les vastes pays
Que vous laissait un père, & qu'on vous a ravis ;
Il vous promet surtout la main de Léonore,
Dont l'hymen à vos droits va réunir encore
Ceux qui lui sont transmis par les rois ses aïeux.
Transtamare.
Léonore est le bien le plus cher à mes yeux.
Mon père, tu le sais, voulut que l'hymenée
Fit revivre par moi les rois dont elle est née.
Il avait gagné Rome, elle approuvait son choix ;
Et l'Espagne à genoux reconnaissait mes droits.
Dans un asile saint Léonore enfermée
Fuyait les factions de Tolède alarmée ;
Elle fuyait dom Pèdre.... Il la fait enlever.
De mes biens, en tout temps ardent à me priver,
Il la retient ici captive avec sa mère.
Voudrait-il seulement l'arracher à son frère ?
Croit-il, de tant d'objets trop heureux séducteur,
De ce cœur simple & vrai corrompre la candeur ?
Craindrait-il en secret les droits que Léonore
Au trône Castillan peut conserver encore ?
Prétend-il l'épouser, ou d'un nouvel amour
Etaler le scandale à son indigne cour ?
Veut-il des La Cerda déshonorer la fille,
La traîner en triomphe après Laure & Padille ?
Et d'un peuple opprimé, bravant les vains soupirs,
Insulter aux humains du sein de ses plaisirs ?

ALMEDE.

Les femmes, en tous lieux souveraines suprêmes,
Ont égaré des rois; & les cours sont les mêmes.
Mais peut-être Guesclin dédaignera d'entrer
Dans ces petits débats qu'il semblait ignorer.
Son esprit mâle & ferme, & même un peu sauvage,
Des faiblesses d'amour entend peu le langage.
Honoré par son roi du nom d'ambassadeur,
Il soutiendra vos droits avant que sa valeur
Se serve ici pour vous, dignement occupée,
Des dernières raisons, les canons & l'épée.
Mais jusque-là dom Pèdre est le maître en ces lieux.

TRANSTAMARE.

Lui le maître ! ah ! bientôt tu nous connaîtras mieux.
Il veut l'être en effet; mais un pouvoir suprême
S'élève & s'affermit au-dessus du roi même.
Dans son propre palais les états convoqués
Se sont en ma faveur hautement expliqués ;
Le Sénat Castillan me promet son suffrage.
A dom Pèdre égalé, je n'ai pas l'avantage
D'être né d'un hymen approuvé par la loi;
Mais tu sais qu'en Europe on a vu plus d'un roi,
Par soi-même élevé, faire oublier l'injure
Qu'une loi trop injuste a faite à la nature.
Tout est au plus heureux, & c'est la loi du sort.
Un bâtard échappé des pirates du Nord
A soumis l'Angleterre; & malgré tous leurs crimes,
Ses heureux descendans sont des rois légitimes ;
J'ose attendre en Espagne un aussi grand destin.

ALMEDE.

Guesclin vous le promet ; & je me flatte enfin

Que dom Pèdre à vos pieds peut tomber de son trône,
Si le Français l'attaque, & l'Anglais l'abandonne.

TRANSTAMARE.

Tout annonce sa chute ; on a su soulever
Les esprits mécontens qu'il n'a pu captiver.
L'opinion publique est une arme puissante ;
J'en aiguise les traits. La ligue menaçante
Ne voit plus dans son roi qu'un tyran criminel ;
Il n'est plus désigné que du nom de cruel :
Ne me demande point si c'est avec justice ;
Il faut qu'on le déteste, afin qu'on le punisse.
La haine est sans scrupule : un peuple révolté
Ecoute les rumeurs, & non la vérité.
On avilit ses mœurs, on noircit sa conduite,
On le rend odieux à l'Europe séduite,
On le poursuit dans Rome à ce vieux tribunal,
Qui par un long abus, peut-être trop fatal,
Sur tant de souverains étend son vaste empire.
Je l'y fais condamner ; & je puis te prédire
Que tu verras l'Espagne en sa crédulité
Exécuter l'arrêt dès qu'il sera porté :
Mais un soin plus pressant m'agite & me dévore.
A ses sacrés autels il ravit Léonore ;
De cette cour profane il faut bien la sauver.
Arrachons-la des mains qui m'en osent priver.
Sans doute il s'est flatté du grand art de séduire,
De sa vaine beauté, de ce frivole empire
Qu'il eut sur tant de cœurs aisés à conquérir ;
Tout cet éclat trompeur avec lui va périr.
Peut-être qu'aujourd'hui la guerre déclarée
Vers la princesse ici m'interdirait l'entrée.

Profitons du seul jour où je puis l'enlever.
Va m'attendre au Sénat ; je cours t'y retrouver :
Nous y concerterons tout ce que je dois faire
Pour ravir Léonore & le trône à mon frère.
La voici. Le destin favorise mes vœux.

SCENE II.

TRANSTAMARE, LEONORE, ELVIRE.

LEONORE.

Prince, en ces temps de trouble, en ces jours malheureux,
Je n'ai que ce moment pour vous parler encore.
Bientôt vous connaîtrez ce qu'était Léonore,
Quelle était sa conduite, & son nouveau devoir ;
Mais au palais du roi gardez de me revoir.
Je veux, je dois sauver d'une guerre intestine
Et vous, & tout l'Etat penchant vers sa ruine.
Le roi vient sur mes pas ; j'ignore ses projets ;
Il donne en frémissant quelques ordres secrets :
Il vous nomme, il s'emporte ; & vous devez connaître
Quel sort on se prépare en luttant contre un maître.
Je vous en avertis. Epargnez à ses yeux
D'un superbe ennemi l'aspect injurieux.
C'est ma seule prière.

TRANSTAMARE.
     Ah ! qu'osez-vous me dire ?
LEONORE.
Ce que je dois penser, ce que le ciel m'inspire.
TRANSTAMARE.
Quoi ! vous que ce ciel même a fait naître pour moi,
Dont mon père en mourant me destina la foi,

ACTE PREMIER.

Vous dont Rome & la France ont conclu l'hymenée,
Vous que l'Europe entière à moi seul a donnée,
Je ne vous reverrais que pour vous éviter ?
Vous ne me parleriez que pour mieux m'écarter !

LEONORE.

Le devoir, la raison, votre intérêt l'exige.
Tout ce que j'apperçois m'épouvante & m'afflige.
Seigneur, d'assez de sang nos champs sont inondés,
Et vous devez sentir ce que vous hasardez.

TRANSTAMARE.

Je sais bien que dom Pèdre est injuste, intraitable,
Qu'il peut m'assassiner.

LEONORE.

     Il en est incapable.
A l'insulter ainsi, c'est trop vous appliquer.
Puisse enfin la nature à tous deux s'expliquer !
Elle parle par moi, Seigneur, je vous conjure
De ne point faire au roi cette nouvelle injure.
Ménagez, évitez, votre frère offensé,
Violent comme vous, profondément blessé.
Ne vous efforcez point de le rendre implacable ;
Laissez-moi l'appaiser.

TRANSTAMARE.

    Non, chaque mot m'accable.
Je vous parle des nœuds qui nous ont engagés ;
Et vous me répondez que vous me protégez !
Je ne vous connais plus. Que cette cour altère
Vos premiers sentimens & votre caractère !

LEONORE.

Mes justes sentimens ne sont point démentis ;
Je chérirai le sang dont nous sommes sortis,

Et les rois nos aïeux vivront dans ma mémoire.
Pour la dernière fois si vous daignez m'en croire,
Dans son propre palais gardez-vous d'outrager
Celui qui règne encore, & qui peut se venger.

TRANSTAMARE.

Que vous importe à vous que mon aspect l'offense ?

LEONORE.

Je veux qu'envers un frère il use de clémence.

TRANSTAMARE.

La clémence en dom Pèdre ! épargnez-vous ce soin :
De la mienne bientôt il peut avoir besoin ;
Je n'en dirai pas plus ; mais quoi que j'exécute,
Léonore est un bien qu'un tyran me dispute :
Je n'ai rien entrepris que pour vous posséder ;
Vous me verrez mourir plutôt que vous céder.
Vous me verrez, Madame.

(il sort.)

SCENE III.

LEONORE, ELVIRE.

LEONORE.

Où me suis-je engagée !

ELVIRE.

Je frémis des périls où vous êtes plongée,
Entre deux ennemis qui, s'égorgeant pour vous,
Pourront dans le combat vous percer de leurs coups.
Promise à Transtamare, à son frère donnée,
Prête à former ces nœuds d'un secret hyménée,
Dans l'orage qui gronde en ce triste séjour,
Quelle cruelle fête, & quel temps pour l'amour !

LEONORE.

Elvire, il faut t'ouvrir mon ame toute entière.
Je voulais confacrer ma pénible carrière
Au vénérable afile où dans mes premiers jours
J'avais goûté la paix loin des perfides cours.
Le fombre Tranftamare, en cherchant à me plaire,
M'attachait encor plus à ma retraite auftère.
D'une mère fur moi tu connais le pouvoir ;
Elle a détruit ma paix, & changé mon devoir.
Dans les diffentions de l'Efpagne affligée,
Au parti de dom Pèdre en fecret engagée,
Pleine de cet orgueil qu'elle tient de fon fang,
Elle me précipite en ce fuprême rang :
Elle me donne au roi. Le puiffant Tranftamare
Ne pardonnera point le coup qu'on lui prépare.
Je replonge l'Efpagne en un trouble nouveau ;
De la guerre en tremblant j'allume le flambeau,
Moi, qui de tout mon fang aurais voulu l'éteindre.
Plus on croit m'élever, plus ma chute eft à craindre.
Le roi qui voit l'Etat contre lui conjuré
Cache encor mon fecret dans Tolède ignoré :
Notre cour le foupçonne, & paraît incertaine.
Je me vois expofée à la publique haine,
Aux fureurs des partis, aux bruits calomnieux ;
Et de quelques côtés que je tourne les yeux,
Ce trône m'épouvante.

ELVIRE.
     Ou je fuis abufée,
Ou votre ame à ce choix ne s'eft point oppofée.
Si les périls font grands, fi dans tous les états
Les cours ont leurs dangers, le trône a fes appas.

LEONORE.
Jamais le rang du roi n'éblouit ma jeunesse.
Peut-être que mon cœur avec trop de faiblesse
Admira sa valeur & ses grands sentimens.
Je sais quel fut l'excès de ses égaremens,
J'en frémis; mais son ame est noble & généreuse.
Elvire, elle est sensible autant qu'impétueuse :
Et s'il m'aime en effet, j'ose encore espérer
Que des jours moins affreux pourront nous éclairer.
L'auguste La Cerda, dont le ciel me fit naître,
M'inspira ce projet en me donnant un maître.
Ah ! si le roi voulait, si je pouvais un jour
Voir ce trône ébranlé raffermi par l'amour !
Si, comme je l'ai cru, les femmes étaient nées
Pour calmer des esprits les fougues effrénées,
Pour faire aimer la paix aux féroces humains,
Pour émousser le fer en leurs sanglantes mains !
Voilà ma passion, mon espoir & ma gloire.

ELVIRE.
Puissiez-vous remporter cette illustre victoire !
Mais elle est bien douteuse; & je vous vois marcher
Sur des feux que la cendre à peine a pu cacher.

LEONORE.
J'ai peu vu cette cour, Elvire, & je l'abhorre.
Quel séjour orageux ! mais il se peut encore
Que dans le cœur du roi je réveille aujourd'hui
Les premières vertus qu'on admirait en lui.
Ses maîtresses peut-être ont corrompu son ame ;
Le fonds en était pur.

ELVIRE.
 Il vient à vous, Madame :
Osez donc parler.

SCENE IV.

DOM PEDRE, LEONORE, ELVIRE.

LEONORE.

Sire, ou plutôt cher époux,
Souffrez que Léonore embrasse vos genoux.
(*il la retient.*)
Ma mère est votre sang, & sa main m'a donnée
Au maître généreux qui fait ma destinée.
Vous avez exigé qu'aux yeux de votre cour
Ce grand événement se cache encore un jour ;
Mais vous m'avez promis de m'accorder la grace
Qu'implorerait de vous mon excusable audace.
Puis-je la demander ?

DOM PEDRE.

N'ayez point la rigueur
De douter d'un empire établi sur mon cœur.
Votre couronnement d'un seul jour se diffère ;
Il me faut ménager un Sénat téméraire,
Un peuple effarouché : mais ne redoutez rien.
Parlez, qu'exigez-vous ?

LEONORE.

Votre bonheur, le mien,
Celui de la Castille, une paix nécessaire :
Seigneur, vous le savez, la princesse ma mère
M'a remise en vos mains dans un espoir si beau.
Les ans & les chagrins l'approchent du tombeau.
Je joins ici ma voix à sa voix expirante ;
Comme elle en ces momens la patrie est mourante

La discorde en fureur en ces lieux alarmés
Peut se calmer encor, Seigneur, si vous m'aimez.
Ne m'ouvrez point au trône un horrible passage
Parmi des flots de sang, au milieu du carnage ;
Et puissent vos sujets, bénissant votre loi,
Par vous rendus heureux vous aimer comme moi !

Dom Pedre.

Plus que vous ne pensez, votre discours me touche.
La raison, la vertu parlent par votre bouche.
Hélas ! vous êtes jeune ; & vous ne savez pas
Qu'un roi qui fait le bien ne fait que des ingrats.
Allez, des factieux n'aiment jamais leur maître.
Quoi qu'il puisse arriver, je le suis, je veux l'être.
Ils subiront mes lois ; mais daignez m'en donner ;
Vous pouvez tout sur moi, que faut-il ?

Leonore.
         Pardonner.

Dom Pedre.

A qui ?

Leonore.

Puis-je le dire ?

Dom Pedre.

Hé bien ?

Leonore.
        A Transtamare.

Dom Pedre.

Quoi ! vous me prononcez le nom de ce barbare !
Du criminel objet de mon juste courroux !

Leonore.

Peut-être il est puni puisque je suis à vous.

Alfonse

Alfonse votre père à fa main m'a promife,
Il lui donna Valence, & vous l'avez conquife.
Je lui portais pour dot d'affez vaftes Etats :
Il les efpère encore, & n'en jouira pas.
Sire, je ne veux point que la France jaloufe,
Votre Sénat, les grands, accufent votre époufe
D'avoir immolé tout à fon ambition,
Et de n'être en vos bras que par la trahifon.
De ces foupçons affreux la trifte ignominie
Empoifonnerait trop ma malheureufe vie.

Dom Pedre.

Ecoutez, je vous aime: & ce facré lien,
En vous donnant à moi, joint votre honneur au mien.
Sachez qu'il n'eft ici de perfide & de traître
Que ce prince rebelle, & qui s'obftine à l'être.
Trompé par une femme, & par l'âge affaibli,
Mettant près du tombeau tous mes droits en oubli,
Alfonse mauvais roi, non moins que mauvais père,
(Car je parle fans feinte, & ma bouche eft fincère.)
Alfonse, en égalant fon bâtard à fon fils,
Nous fit imprudemment pour jamais ennemis.
D'une province entière on fefait fon partage;
La moitié de mon trône était fon héritage.
Que dis-je! on vous donnait!... plus jufte poffeffeur,
J'ai repris tous mes biens des mains du raviffeur.
Le traître avec Guefclin vaincu dans Navarette,
Par une fauffe paix réparant fa défaite,
Attire à fon parti nos peuples aveuglés.
Il impofe au Sénat, aux Etats affemblés;
Faible dans les combats, puiffant dans les intrigues,
Artifan ténébreux de fraudes & de brigues,

Il domine en secret dans mon propre palais.
Il croit déjà régner.... Ne me parlez jamais
De ce dangereux fourbe & de ce téméraire :
Cessez.

LEONORE.

Je vous parlais, Seigneur, de votre frère.

DOM PEDRE.

Mon frère! Transtamare!... Il doit n'être à vos yeux
Qu'un opprobre nouveau du sang de nos aïeux,
Un enfant d'adultère, un rejeton du crime;
Et l'étrange intérêt qui pour lui vous anime
Est un coup plus cruel à mon esprit blessé
Que tous ses attentats qui m'ont trop offensé

LEONORE.

De quoi vous plaignez-vous, quand je le sacrifie,
Quand vous donnant mon cœur, & hasardant ma vie,
Mon sort à vos destins s'abandonne aujourd'hui?
Ma tendresse pour vous, & ma pitié pour lui
A vos yeux irrités font-elles une offense?
Je vous vois menacé des armes de la France :
Les Etats, le Sénat, unis contre vos droits
Ont élevé déjà leur redoutable voix.
M'est-il donc défendu de craindre un tel orage?

DOM PEDRE.

Non, mais rassurez-vous, du moins sur mon courage.

LEONORE.

Vous n'en avez que trop, & dans ces jours affreux,
Ce courage, peut-être, est funeste à tous deux.

DOM PEDRE.

Rien n'est funeste aux rois que leur propre faiblesse.

LEONORE.

Ainsi votre refus rebute ma tendresse !
A peine l'hymenée est prêt de nous unir.
Je vous déplais, Seigneur, en voulant vous servir.

DOM PEDRE.

Allez plaindre Dom Pèdre, & flatter Transtamare.

LEONORE.

Ah ! vous ne craignez point que mon esprit s'égare
Jusqu'à le comparer à Dom Pèdre, à mon roi.
Je vous parlais pour vous, pour l'Espagne & pour moi :
Je vois qu'il faut suspendre une plainte indiscrète ;
Qu'une femme est esclave, & qu'elle n'est point faite
Pour se jeter, Seigneur, entre le peuple & vous.
J'ai cru que la prière appaisait le courroux ;
Qu'on pouvait opposer à vos armes sanglantes
De la compassion les armes innocentes....
Mais je dois respecter de si grands intérêts....
J'avais trop présumé.... Je sors, & je me tais.

(elle sort.)

SCENE V.

DOM PEDRE *seul.*

Qu'une telle démarche & m'étonne & m'offense !
Transtamare avec elle est-il d'intelligence ?
M'aurait-elle trompé sous le voile imposteur
Qui fascinait mes yeux par sa fausse candeur ?
Croit-elle, en abusant du pouvoir de ses charmes,
Vaincre par sa faiblesse, & m'arracher mes armes ?
Est-ce amour ? est-ce crainte ? est-ce une trahison ?
Quels nouveaux attentats confondent ma raison !

Règné-je, juste Ciel ! & respiré-je encore ?
Tout m'abandonnerait !... & jusqu'à Léonore !....
Non.... je ne le crois point.... mais mon cœur est percé,
 Monarque malheureux, amant trop offensé,
Oppose à tant d'assauts un cœur inébranlable ;
Mais surtout garde-toi de la trouver coupable.

Fin du premier acte.

ACTE II.

SCENE PREMIERE.

LEONORE, ELVIRE.

LEONORE.

JE n'avais pas connu jusqu'à ce triste jour
Le danger d'être simple, & d'ignorer la cour.
Je vois trop qu'en effet il est des conjonctures
Où les cœurs les plus droits, les vertus les plus pures,
Ne servent qu'à produire un indigne soupçon.
Dans ces temps malheureux tout se tourne en poison.
Au fond de mes déserts pourquoi m'a-t-on cherchée ?
Au séjour de la paix pourquoi suis-je arrachée ?
Ah ! si l'on connaissait le néant des grandeurs,
Leurs tristes vanités, leurs fantômes trompeurs,
Qu'on en détesterait le brillant esclavage !

ELVIRE.

Ne pensez qu'à Dom Pèdre, au nœud qui vous engage ;
Songez que dans ces temps de trouble & de terreur
De lui seul après tout dépend votre bonheur.

LEONORE.

Le bonheur ! ah, quel mot ta bouche me prononce !
Le bonheur ! à nos yeux l'illusion l'annonce,
L'illusion l'emporte & s'enfuit loin de nous.
Mon malheur, chère Elvire, est d'aimer mon époux ;
Il m'entraîne en tombant, il me rend la victime
D'un peuple qui le hait, d'un Sénat qui l'opprime,

De Tranſtamare enfin, dont la témérité
Oſe me reprocher une infidélité;
Comme ſi de mon cœur s'étant rendu le maître,
Par ma lâche inconſtance il eût ceſſé de l'être,
Et ſi déjà formée aux vices de la cour,
Je trahiſſais ma foi par un nouvel amour!
C'eſt-là ſurtout, c'eſt-là l'inſupportable injure
Dont j'ai le plus ſenti la profonde bleſſure.

SCENE II.

LEONORE, ELVIRE, TRANSTAMARE, Suite.

TRANSTAMARE.

Oui, je vous pourſuivrai dans ces murs odieux,
Souillés par mes tyrans, & pleins de nos aïeux.
Ces lieux où des Etats l'autorité ſacrée
A toute heure à mes pas donne une libre entrée;
Où ce roi croit dicter ſes ordres abſolus,
Que déjà dans Tolède on ne reconnaît plus.
C'eſt dans le Sénat même aſſis pour le détruire,
C'eſt au temple, en un mot, que je veux vous conduire;
C'eſt là qu'eſt votre honneur & votre ſureté,
C'eſt là que votre amant vous rend la liberté.

LEONORE.

De tant de violence indignée & ſurpriſe,
Fidelle à mes devoirs, à mon maître ſoumiſe,
Mais écoutant encore un reſte de pitié
Que cet excès d'audace a mal juſtifié,
Je voulais vous ſervir, vous rapprocher d'un frère,
Rappeler de la paix quelque ombre paſſagère.

De ces vœux mal conçus mon cœur fut occupé ;
Mais tous deux à l'envi vous l'avez détrompé.
Dans ces triftes momens, tout ce que je puis dire,
C'eft que mon fang, mon Dieu, ce jour que je refpire,
Ce palais où je fuis, tout m'impofe la loi
De chérir ma patrie, & d'obéir au roi.

Transtamare.

Il n'eft point votre roi ; vous êtes mon époufe ;
Vous n'échapperez point à ma fureur jaloufe ;
Oui vous m'appartenez : la pompe des autels,
L'appareil des flambeaux, les fermens folemnels,
N'ajoutent qu'un vain fafte aux promeffes facrées,
Par un père & par vous dès l'enfance jurées.
Ces nœuds, ces premiers nœuds dont nous fommes liés,
N'ont point été par vous encor défavoués :
Rome les confacra ; rien ne peut les diffoudre.
N'attirez point fur vous les éclats de fa foudre.
Quoi ! l'air empoifonné que nous refpirons tous
A-t-il dans ce palais pénétré jufqu'à vous ?
Pourriez-vous préférer à ce nœud refpectable
La vanité trompeufe & l'orgueil méprifable
De captiver un roi dont tant d'autres beautés
Partageaient follement les infidélités ?
Vous n'avilirez point le fang qui vous fit naître
Jufqu'à leur difputer la conquête d'un traître,
D'un monarque flétri par d'indignes amours ;
Et qui, fi l'on en croit de fidelles difcours,
Jaloux fans être tendre, a dans fa frénéfie
De fa femme au tombeau précipité la vie.

Leonore.

Quoi ! vous cherchez fans ceffe à le calomnier ?

TRANSTAMARE.
Et vous vous abaissez à le justifier !
Tremblez de partager le poids insupportable
Dont la haine publique a chargé ce coupable.
Il faut me suivre, il faut dans les bras du Sénat....
LEONORE.
Si vous entrepreniez cet horrible attentat,
Si vous osiez jamais....

SCENE III.

LEONORE, TRANSTAMARE *sur le devant avec sa suite*, DOM PEDRE *dans le fond avec la sienne*, MENDOSE.

DOM PEDRE *à Mendose, dans l'enfoncement.*

Tu vois ce téméraire,
Qui jusqu'en ma maison vient braver ma colère ;
Ce protégé de Charle. Il vient à ses vainqueurs
Apporter des Français les insolentes mœurs....
Aux yeux de la princesse il ose ici paraître !
Sans frein, sans retenue, il marche, il parle en maître....
    Comte, un tel entretien ne vous est point permis.
Dans la foule des grands, à votre rang admis,
Vous pourrez dans les jours de pompe solemnelle
Vous présenter de loin prosterné devant elle.
Entrez dans le Sénat, prenez place aux Etats ;
La loi vous le permet ; je ne vous y crains pas.
Vous y pouvez trâmer vos cabales secrètes ;
Mais respectez ces lieux, & songez qui vous êtes,

TRANSTAMARE.

Le fils du dernier roi prend plus de liberté ;
Il s'explique en tous lieux ; il peut être écouté ;
Il peut offrir sans crainte un pur & noble hommage
Rome, le roi de France, & des grands le suffrage,
Ont quelque poids encore, & pourront balancer
Tout ce qu'à ma poursuite on voudrait opposer.
Léonore est à moi, sa main fut mon partage.

DOM PEDRE.

Et moi je vous défends d'y penser davantage.

TRANSTAMARE.

Vous me le défendez ?

DOM PEDRE.

Oui.

TRANSTAMARE.

De mes ennemis
Les ordres quelquefois m'ont trouvé peu soumis.

DOM PEDRE.

Mais quelquefois aussi, malgré Rome & la France,
En Castille on punit la désobéissance.

TRANSTAMARE.

Le Sénat & mon bras m'affranchissent assez
De ce grand châtiment dont vous me menacez.

DOM PEDRE.

Ils vous ont mal servi dans les champs de la gloire.
Vous devriez du moins en garder la mémoire.

TRANSTAMARE.

Les temps sont bien changés. Vos maîtres & les miens,
Les Etats, le Sénat, tous les vrais citoyens,
Ont enfin rappelé la liberté publique :
On ne redoute plus ce pouvoir tyrannique,

Ce monstre, votre idole, horreur du genre humain,
Que votre orgueil trompé veut rétablir en vain.
Vous n'êtes plus qu'un homme avec un titre auguste,
Premier sujet des lois, & forcé d'être juste.

DOM PEDRE.

Hé bien, crains ma justice, & tremble en tes desseins.

TRANSTAMARE.

S'il en est une au ciel, c'est pour vous que je crains :
Gardez-vous de lasser sa longue patience.

DOM PEDRE, *tirant à moitié son épée.*

Tu mets à bout la mienne avec tant d'insolence.
Perfide ! défends-toi contre ce fer vengeur.

TRANSTAMARE, *mettant aussi la main à l'épée.*

Sire, oseriez-vous bien me faire cet honneur ?

LEONORE *se jetant entr'eux, tandis que Mendose & Almède
les séparent.*

Arrêtez, inhumains ! Cessez, barbares frères....
Cieux toujours offensés ! destins toujours contraires !
Verrai-je en tous les temps ces deux infortunés
Prêts à souiller leurs mains du sang dont ils sont nés !
N'entendront-ils jamais la voix de la nature ?

DOM PEDRE.

Ah ! je n'attendais pas cette nouvelle injure,
Et que pour dernier trait Léonore aujourd'hui
Pût en nous égalant me confondre avec lui.
C'en est trop.

LEONORE.

  Quoi ! c'est vous qui m'accusez encore !

DOM PEDRE.

Et vous me trahiriez, vous, dis-je, Léonore !

ACTE SECOND. 139

LEONORE.

Et vous me reprochez dans ce désordre affreux
De vouloir épargner un crime à tous les deux !
Vous me connaissez mal : apprenez l'un & l'autre
Quels sont mes sentimens, & mon sort, & le vôtre.
Transtamare, sachez que vous n'aurez enfin,
Quand vous seriez mon roi, ni mon cœur, ni ma main.
Sire, tombe sur moi la justice éternelle
Si jusqu'à mon trépas je ne vous suis fidelle.
Mais la guerre civile est horrible à mes yeux ;
Et je ne puis me voir entre deux furieux,
Misérable sujet de discorde & de haine,
Toujours dans la terreur, & toujours incertaine,
Si le seul de vous deux qui doit régner sur moi
Ne me fait pas l'affront de douter de ma foi.
Vous m'arrachiez, Seigneur, au solitaire asile
Où mon cœur loin de vous était du moins tranquille.
Je me vois exilée en ce cruel séjour,
Dans cet antre sanglant que vous nommez la cour.
Je la fuis ; je retourne à la tombe sacrée
Où j'étais morte au monde, & du monde ignorée.
Qu'une autre se complaise à nourrir dans les cœurs
Les tourmens de l'amour & toutes ses fureurs,
A mêler sans effroi ses langueurs tyranniques
Aux tumultes sanglans des discordes publiques ;
Qu'elle se fasse un jeu du malheur des humains,
Et des feux de la guerre attisés par ses mains ;
Qu'elle y mette à son gré sa gloire & son mérite :
Cette gloire exécrable est tout ce que j'évite.
Mon cœur qui la déteste est encore étonné
D'avoir fui cette paix pour qui seule il est né ;

Cette paix qu'on regrette au milieu des orages.
Je vais loin de Tolède, & de ces grands naufrages,
M'ensevelir, vous plaindre, & servir à genoux
Un maître plus puissant & plus clément que vous.
(*elle sort.*)

SCENE IV.

DOM PEDRE, TRANSTAMARE, Suite.

DOM PEDRE.

ELLE échappe à ma vue, elle fuit, & sans peine!
J'ai soupçonné son cœur, j'ai mérité sa haine.
(*à sa suite.*)
Léonore!.... courez, qu'on vole sur ses pas;
Mes amis, suivez-la, qu'on ne la quitte pas;
Veillez avec les miens sur elle & sur sa mère....
  Toi, qui t'ose parer du saint nom de mon frère,
Va, rends grâce à ce sang par toi déshonoré,
Rends grâce à mes sermens : j'ai promis, j'ai juré
De respecter ici la liberté publique.
Tu m'osais reprocher un pouvoir tyrannique!
Tu vis, c'en est assez pour me justifier;
Tu vis, & je suis roi!... Garde-toi d'oublier
Qu'il me reste en Espagne encor quelque puissance.
Cabale avec les tiens dans Rome & dans la France,
Intrigue en ton Sénat, soulève les Etats,
Va, mais attends le prix de tes noirs attentats.
  TRANSTAMARE, *en sortant avec sa suite.*
Sire, j'attends beaucoup de la clémence auguste
Du frère le plus tendre, & du roi le plus juste.

SCENE V.

DOM PEDRE, MENDOSE.

Dom Pedre.

Tremblez, tyrans des rois ; le châtiment vous suit.
Que dis-je ! malheureux ! à quoi suis-je réduit !
J'ai laissé de ses pleurs Léonore abreuvée,
Ainsi que mes sujets contre moi soulevée.
Quoi ! toujours de mes mains j'ourdirai mes malheurs !
C'était donc mon destin d'éloigner tous les cœurs !
J'ai d'une tendre épouse affligé l'innocence,
Mon peuple m'abandonne & le français s'avance,
Prêt de faire une reine, & d'aller aux combats,
A tant de soins pressans mon cœur ne suffit pas.
Allons... il faut porter le fardeau qui m'accable.

Mendose.

Sire, vous permettez qu'un ami véritable,
(Je hasarde ce nom si rare auprès des rois)
Libre en ses sentimens s'ouvre à vous quelquefois.
Vos soldats, il est vrai, s'approchent de Tolède ;
Mais les grands, le Sénat, que Transtamare obsède,
Les organes des lois du peuple révérés,
De la religion les ministres sacrés,
Tout s'unit, tout menace, un dernier coup s'apprête,
Déjà même Guesclin dirigeant la tempête
Marche aux rives du Tage, & vient y rallumer
La foudre qui s'y forme & va tout consumer.
Peut-être il serait temps qu'un peu de politique
Tempérât prudemment ce courage héroïque ;

Que vous attendiffiez, chaque jour offenfé,
Le moment de punir fans avoir menacé.
De vos fiers ennemis nourriffant l'infolence,
Vous les avertiffez de fe mettre en défenfe.
De Léonore ici je ne vous parle pas :
L'amour bien mieux que moi, finira vos débats.
Vous êtes violent, mais tendre, mais fincère ;
Seigneur, un mot de vous calmera fa colère.
Mais quand le péril preffe & peut vous accabler,
Avec vos oppreffeurs il faut diffimuler.

DOM PEDRE.

A ma franchife, ami, cet art eft trop contraire ;
C'eft la vertu du lâche.... Ah ! d'un maître févère,
D'un cruel, d'un tyran, s'ils m'ont donné le nom,
Je veux le mériter à leur confufion.
Trop heureux les humains dont les ames dociles
Se livrent mollement aux paffions tranquilles !
Ma vie eft un orage ; & dans les flots plongé,
Je me plais dans l'abyme où je fuis fubmergé.
Rien ne me changera, rien ne pourra m'abattre.

MENDOSE.

Mon Prince, à vos côtés vous m'avez vu combattre,
Vous m'y verrez mourir. Mais portez vos regards
Sur ces gouffres profonds ouverts de toutes parts ;
Voyez de vos rivaux la fatale induftrie,
Par des bruits menfongers féduifant la patrie,
S'appliquant fans relâche à vous rendre odieux,
Tromper l'Europe entière, & croire armer les cieux ;
Des fuperftitions faire parler l'idole,
Vous pourfuivre à Paris, vous perdre au Capitole.
Et par le feul mépris vous avez repouffé
Tous ces traits qu'on vous lance, & qui vous ont bleffé !

Vous laissez l'imposture attaquant votre gloire
Jusque dans l'avenir flétrir votre mémoire !

DOM PEDRE.

Ah ! dure iniquité des jugemens humains !
Fantômes élevés par des caprices vains !
J'ai dédaigné toujours votre vile fumée ;
Je foule aux pieds l'erreur qui fait la renommée.
On ne m'a vu jamais fatiguer mes esprits
A chercher un suffrage à Rome ou dans Paris.
J'ai vaincu, j'ai bravé la rumeur populaire.
Je ne me sens point né pour flatter le vulgaire.
Ou tombons, ou régnons. L'heureux est respecté ;
Le vainqueur devient cher à la postérité,
Et les infortunés sont condamnés par elle.
Rome de Transtamare embrasse la querelle ;
Rome sera pour moi quand j'aurai combattu,
Quand on verra ce traître à mes pieds abattu
Me rendre en expirant ma puissance usurpée.
Je ne veux plus de droits que ceux de mon épée....
Mais quel jour ! Léonore !... Il devait être heureux....
Pour son couronnement quel appareil affreux !
Que ce triomphe, hélas, peut devenir horrible !
Je me fefais, cruelle, un plaisir trop sensible
De détruire un rival au fond de votre cœur,
C'est là que j'aspirais à régner en vainqueur.....
On m'ose disputer mon trône & Léonore !
Allons, ils sont à moi ; je les possède encore.

SCENE VI.

DOM PEDRE, MENDOSE, ALVARE.

ALVARE.

Le Sénat Castillan vous demande, Seigneur

DOM PEDRE.

Il me demande? moi!

ALVARE.

Nous attendons l'honneur
De vous voir présider à l'auguste assemblée
Par qui l'Espagne enfin se verra mieux réglée.
Le prince votre frère a déjà préparé
L'édit qui sous vos yeux doit être déclaré.

DOM PEDRE.

Qui? mon frère!

ALVARE.

Au Sénat que faut-il que j'annonce?

DOM PEDRE.

Je suis son roi. Sortez.... & voilà ma réponse.

ALVARE.

Vous apprendrez la leur.

SCENE VII.

ACTE SECOND.

SCENE VII.

DOM PEDRE, MENDOSE, Suite.

Dom Pedre *à sa suite.*

He bien, vous le voyez,
Les ordres de mes rois me sont signifiés;
Transtamare les signe, il commande, il est maître;
On me traite en sujet!... je serais fait pour l'être,
Pour servir enchaîné, si le même moment
Qui voit de tels affronts ne voit leur châtiment.
(*à Moncade.*)
Chef de ma garde, à moi!... je connais ton audace.
Serviras-tu ton roi, qu'on trahit, qu'on menace,
Qu'on ose mépriser?

MONCADE.

Comme vous j'en rougis;
Mon cœur est indigné. Commandez, j'obéis.

DOM PEDRE.

Ne ménageons plus rien; fais saisir Transtamare,
Et le perfide Alméde, & l'insolent Alvare:
Tu seras soutenu. Mes valeureux soldats
Aux portes de Tolède avancent à grands pas.
Etonnons par ce coup ces graves téméraires
Qui détruisent l'Espagne & s'en disent les pères.
Leur siége est-il un temple? & grâce aux préjugés,
Est-ce le Capitole où les rois sont jugés?
Nous verrons aujourd'hui leur audace abaissée.
Va, d'autres intérêts occupent ma pensée.
Exécute mon ordre au milieu du Sénat,
Où le traître à présent règne avec tant d'éclat.

Théâtre. Tom. VI. K

MONCADE.

Cette entreprise est juste, aussi-bien que hardie;
Et je vais l'accomplir au péril de ma vie.
Mais craignez de vous perdre.

DOM PEDRE.

A ce point confondu,
Si je ne risque tout, crois-moi, tout est perdu.

MENDOSE.

Arrêtez un moment... daignez songer encore
Que vous bravez des lois qu'à Tolède on adore.

DOM PEDRE.

Moi! je respecterais ces gothiques ramas
De privilèges vains que je ne connais pas,
Eternels alimens de troubles, de scandales,
Que l'on ose appeler nos lois fondamentales;
Ces tyrans féodaux, ces barons sourcilleux,
Sous leurs rustiques toits indigens orgueilleux;
Tous ces nobles nouveaux, ce Sénat anarchique,
Erigeant la licence en liberté publique;
Ces Etats désunis dans leurs vastes projets,
Sous les débris du trône écrasant les sujets!
Ils aiment Transtamare, ils flattent son audace;
Ils voudraient l'opprimer, s'il régnait en ma place.
Je les punirai tous. Les armes d'un Sénat
N'ont pas beaucoup de force en un jour de combat.

MENDOSE.

Souvent le fanatisme inspire un grand courage.

DOM PEDRE.

Ah! l'honneur & l'amour en donnent davantage.

Fin du second acte.

ACTE III.

SCÈNE PREMIÈRE.

DOM PEDRE, MENDOSE.

MENDOSE.

Il est entre vos mains surpris & désarmé.
Disposez de ce tigre avec peine enfermé,
Prêt à dévorer tout, si l'on brise sa chaîne.
Des grands de la Castille une troupe hautaine
Rassemble avec éclat ce cortége nombreux
D'écuyers, de vassaux qu'ils traînent après eux;
Restes encor puissans de cette barbarie
Qui vint des flancs du Nord inonder ma patrie.
Ils se sont réunis à ce grand tribunal
Qui pense que leur prince est au plus leur égal;
Ils soulèvent Tolède à leur voix trop docile.

DOM PEDRE.

Je le sais.... Mes soldats sont enfin dans la ville.

MENDOSE.

Le tonnerre à la main nous pouvons l'embraser,
Frapper les citoyens, mais non les appaiser.
Animé par les grands tout un peuple en alarmes
Porte aux murs du palais des flambeaux & des armes;
Jusqu'en votre maison je vois autour de vous
Des courtisans ingrats vous servant à genoux;
Mais servant encor plus la cabale des traîtres,
Préférer Transtamare au pur sang de leurs maîtres:

La triste vérité ne peut se déguiser.

DOM PEDRE.

J'aime qu'on me la dise, & fais la mépriser.
Que m'importent ces flots dont l'inutile rage
Se dissipe en grondant & se brise au rivage ?
Que m'importent ces cris des vulgaires humains ?
La seule Léonore est tout ce que je crains.
Léonore !... crois-tu que son ame offensée
Rendue à mon amour ait pu dans sa pensée
Etouffer pour jamais le cuisant souvenir
D'un affront, dont sa haine aurait dû me punir ?

MENDOSE.

Vous l'avez assez vu, son retour est sincère.

DOM PEDRE.

Son ingénuité, qui dut toujours me plaire,
Laisse échapper des traits d'une mâle fierté
Qui joint un grand courage à sa simplicité.

MENDOSE.

Sa conduite envers vous était d'une ame pure.
Vertueuse sans art, ignorant l'imposture,
Voulant que ce grand jour fût un jour de bienfaits,
Au sein de la discorde elle a cherché la paix.
Ce cœur qui n'est pas né pour des temps si coupables
Se figurait des biens qui sont impraticables ;
Sa vertu la trompait. Je vois avec douleur
Que tout corrompt ici votre commun bonheur.
Quel parti prenez-vous, & que devra-t-on faire
De cet inébranlable & terrible adversaire

Qui dans sa prison même ose encor vous braver?

DOM PEDRE.

Léonore!... à ce point as-tu su captiver
Un cœur si détrompé, si las de tant de chaînes,
Dont le poids trop chéri fit ma honte & mes peines?
J'abjurais les amours & leurs folles erreurs.
Quoi! dans ces jours de sang & parmi tant d'horreurs,
Cette candeur naïve & sa noble innocence
Sur mon ame étonnée ont donc plus de puissance
Que n'en eurent jamais ces fatales beautés
Qui subjuguaient mes sens de leurs fers enchantés,
Et des séductions déployant l'artifice
Egaraient ma raison soumise à leur caprice!
Padille m'enchaînait & me rendait cruel;
Pour venger ses appas je devins criminel
Ces temps étaient affreux. Léonore adorée
M'inspire une vertu que j'avais ignorée.
Elle grave en mon cœur heureux de lui céder
Tout ce que tu m'as dit sans me persuader.
Je crois entendre un dieu qui s'explique par elle;
Et son ame à mes sens donne une ame nouvelle.

MENDOSE.

Si vous aviez plutôt formé ces chastes nœuds,
Votre règne sans doute eût été plus heureux.
On a vu quelquefois par des vertus tranquilles
Une reine écarter les discordes civiles.
Padille les fit naître; & j'ose présumer
Que Léonore seule aurait pu les calmer.
C'est Dom Pèdre, c'est vous, & non le roi qu'elle aime.
Les autres n'ont chéri que la grandeur suprême.

Elle revient vers vous, & je cours de ce pas
Contenir fi je puis le peuple & les foldats;
A vos ordres facrés toujours prêt à me rendre.

Dom Pedre.

Je te joindrai bientôt, cher ami, va m'attendre.

SCENE II.

DOM PEDRE, LEONORE.

Dom Pedre.

Vous pardonnez enfin; vos mains daignent orner
Ce fceptre que l'Efpagne avait dû vous donner.
Compagne de mes jours, trop orageux, trop fombres,
Vous feule éclaircirez la noirceur de leurs ombres.
Les farouches efprits, que je n'ai pu gagner,
Haïront moins Dom Pèdre en vous voyant régner.
Dans ces cœurs foulevés, dans celui de leur maître,
Le calme qui nous fuit pourra bientôt renaître.
Je fuis loin maintenant d'offrir à vos défirs
D'une brillante cour la pompe & les plaifirs;
Vous ne les cherchez pas. Le trône où je vous place
Eft entouré du crime, affiégé par l'audace;
Mais s'il touche à fa chûte, il fera relevé;
Et dans un fang impur heureufement lavé :
Ecrafant fous vos pieds la ligue terraffée,
Il reprendra par vous fa fplendeur éclipfée.

Leonore.

Vous connaiffez mon cœur; il n'a rien de caché.
Lorfque j'ai vu le vôtre à la fin détaché

ACTE TROISIEME.

Des indignes objets de votre amour volage,
J'ai sans peine à mon prince offert un pur hommage.
Vainement votre père expirant dans mes bras
Et prétendant régner au-delà du trépas,
Pour son fils Tranſtamare aveugle en ſa tendreſſe,
Avait en ſa faveur exigé ma promeſſe.
Bientôt par ma raiſon ſon ordre fut trahi ;
Et plus je vous ai vu, plus j'ai mal obéi.
Enfin, j'aimais Dom Pèdre en fuyant ſa couronne ;
Et je ne penſe pas que ſon cœur me ſoupçonne
D'avoir pu déſirer cette triſte grandeur,
Qui ſans vous aujourd'hui ne me ferait qu'horreur.
Mais ſi de mon hymen la fête eſt différée,
Si je ne règne pas, je ſuis déshonorée.
Vous pouvez par mépris pour la commune erreur
Braver la voix publique : & je la crains, Seigneur.
Je veux qu'on me reſpecte, & qu'après vos faibleſſes,
On ne me compte pas au rang de vos maîtreſſes.
Ma gloire s'en irrite : & dans ces triſtes jours
La retraite, ou le trône était mon ſeul recours.
Votre épouſe à vos yeux ſe ſent trop outragée.

Dom Pedre.

Avant la fin du jour vous en ſerez vengée.

Leonore.

Je ne prétends pas l'être. Ecoutez ſeulement
Tous les juſtes ſujets de mon reſſentiment.
J'ai peu du cœur humain la fatale ſcience ;
Mais j'ouvre enfin les yeux. Ma prompte expérience
M'apprend ce qu'on éprouve à la ſuite des rois.
Je vois comme on s'empreſſe à condamner leur choix :

On accuse de tout quiconque a pu leur plaire.
De l'estrade des grands descendant au vulgaire,
Le mensonge sans frein, sans pudeur, sans raison,
S'accroît de bouche en bouche, & s'enfle de poison.
C'est moi, si l'on en croit votre cour téméraire,
C'est moi dont l'artifice a perdu votre frère,
C'est moi qui l'ai plongé dans la captivité
Pour garder ma conquête avec impunité.
Vous dirai-je encor plus ? une troupe effrénée,
Qui devrait souhaiter, bénir mon hymenée,
D'une voix mensongère insulte à nos amours :
Mon oreille a frémi de leurs affreux discours.
Je vois lancer sur vous des regards de colère.
On déteste le roi qu'on dut chérir en père.
Pouvez-vous endurer tant d'horribles clameurs
De menaces, de cris, & surtout tant de pleurs?
Pour la dernière fois écartez de ma vue
Ce spectacle odieux qui m'indigne & me tue.
Faut-il passer mes jours à gémir, à trembler?
Détournez ces fléaux unis pour m'accabler.
Il en est encor temps. Le castillan rebelle,
Pour peu qu'il soit flatté, par orgueil est fidelle.
Ah! si vous opposiez au glaive des Français
Le plus beau bouclier, l'amour de vos sujets !
En spectacle à l'Espagne, en butte à tant d'envie,
Je ne puis supporter l'horreur d'être haïe.
Je crains en vous parlant de réveiller en vous
L'affreuse impression d'un sentiment jaloux.
Je puis aller trop loin, je m'emporte, mais j'aime,
Consultez votre gloire; & jugez-vous vous-même.

DOM PEDRE.

J'ai pesé chaque mot, & je prends mon parti.

Acte Troisieme.

(à sa suite.)

Déchainez Transtamare, & qu'on l'amène ici.

Leonore.

Prenez garde, cher Prince, arrêtez.... sa présence
Peut vous porter encore à trop de violence.
Craignez.

Dom Pedre.

C'est trop de crainte; & vous vous abusez.

Leonore.

J'en ressens, il est vrai.... C'est vous qui la causez

SCENE III.

DOM PEDRE, LEONORE, TRANSTAMARE, Suite.

Dom Pedre.

Approche, malheureux, dont la rage ennemie
Attaqua tant de fois mon honneur & ma vie.
Esclave des Français qui t'es cru mon égal,
Audacieux amant qui t'es cru mon rival,
Ton œil se baisse enfin, ta fierté me redoute;
Tu mérites la mort, tu l'attends.... mais écoute.
 Tu connais cet usage en Espagne établi,
Qu'aucun roi de mon sang n'ose mettre en oubli.
A son couronnement une nouvelle reine,
Opposant sa clémence à la justice humaine,
Peut sauver à son gré l'un de ces criminels
Que pour être en exemple au reste des mortels

L'équité vengeresse au supplice abandonne.
Voici ta reine enfin.

    T R A N S T A M A R E.
   Léonore !
  D O M   P E D R E.
       Elle ordonne
Que malgré tes forfaits, malgré toutes les lois,
Et malgré l'intérêt des peuples & des rois,
Ton monarque outragé daigne te laisser vivre :
J'y consens.... Vous, Soldats, soyez prêts à le suivre.
Vous conduirez ses pas dès ce même moment
Jusqu'aux lieux destinés pour son bannissement.
Veillez toujours sur lui, mais sans lui faire outrage,
Sans me faire rougir de mon juste avantage.
Tout indigne qu'il est du sang dont il est né,
Ménagez de mon père un reste infortuné....
En est-ce assez, Madame, êtes-vous satisfaite ?

    L É O N O R E.

Il faudra qu'à vos pieds ce fier Sénat se jette.
Continuez, Seigneur, à mêler hautement
Une sage clémence au juste châtiment.
Le Sénat apprendra bientôt à vous connaître,
Il saura révérer, & même aimer un maître ;
Vous le verrez tomber aux genoux de son roi.

    T R A N S T A M A R E.

Léonore, on vous trompe ; & le Sénat & moi
Nous ne descendons point encore à ces bassesses.
Vous pouvez, d'un tyran ménageant les tendresses,
Céder à cet éclat si trompeur & si vain
D'un sceptre malheureux qui tombe de sa main.

Il peut dans les débris d'un reste de puissance
M'insulter un moment par sa fausse clémence,
Me bannir d'un palais qui peut-être aujourd'hui
Va se voir habité par d'autres que par lui.
Il a dû se hâter. Jouissez, infidelle,
D'un moment de grandeur où le sort vous appelle.
Cet éclat vous aveugle, il passe, il vous conduit
Dans le fond de l'abyme où votre erreur vous suit.

Dom Pedre.

Qu'on le remène ; allez ; qu'il parte & qu'on le suive.

SCENE IV.

DOM PEDRE, LEONORE, MONCADE,
TRANSTAMARE, Suite.

Moncade.

Seigneur, en ce moment, Guesclin lui-même arrive.

Leonore.

O Ciel !

Transtamare (*en se retournant vers Dom Pèdre.*)

Je suis vengé plutôt que tu ne crois.
Va, je ne compte plus Dom Pèdre au rang des rois.
Frappe avant de tomber, verse le sang d'un frère :
Tu n'as que cet instant pour servir ta colère.
Ton heure approche, frappe. Oses-tu ?

Dom Pedre.

C'est en vain
Que tu cherches l'honneur de périr de ma main :

Tu n'en étais pas digne, & ton destin s'apprête ;
C'est le glaive des lois que je tiens sur ta tête.
(*on emmène Transtamare.*) (*à Moncade.*)
Qu'on l'entraîne......Et Guesclin?

MONCADE.

Il est près des remparts,
Le peuple impatient vole à ses étendards.
Il invoque Guesclin comme un dieu tutélaire.

LEONORE.

Quoi! je vous implorais pour votre indigne frère!
Mes soins trop imprudens voulaient vous réunir!
Je devais vous prier, Seigneur, de le punir.
Que faire, cher époux, dans ce péril extrême?

DOM PEDRE.

Que faire? le braver, couronner ce que j'aime,
Marcher aux ennemis, & dès ce même jour,
Au prix de tout mon sang mériter votre amour.

MONCADE.

Un chevalier français en ces murs le devance,
Et pour son général il demande audience....

DOM PEDRE.

Cette offre me surprend, je ne puis le céler :
Quoi! lorsqu'il faut combattre, un français veut parler?

MONCADE.

Il est ambassadeur & général d'armée.

DOM PEDRE.

Si j'en crois tous les bruits dont l'Espagne est semée,
Il est plus fier qu'habile; & dans cet entretien
L'orgueil de ce Breton pourrait choquer le mien.

ACTE TROISIEME. 157

Je connais fa valeur, & j'en prends peu d'alarmes ;
En Caftille, avec lui, j'ai mefuré mes armes ;
Il doit s'en fouvenir : mais puifqu'il veut me voir
Je fuis prêt en tout temps à le bien recevoir,
Soit au palais des rois, foit aux champs de la gloire.

(*à Léonore.*)

Enfin je vais chercher la mort ou la victoire.
Mais avant le combat hâtez-vous d'accepter
Le bandeau qu'après moi votre front doit porter.
Je pouvais, j'aurais dû dans cette augufte fête
De mon lâche ennemi vous préfenter la tête,
Sur fon corps tout fanglant recevoir votre main ;
Mais je ne ferai pas ce Dom Pedre inhumain,
Dont on croit pour jamais flétrir la renommée :
Et du pied de l'autel je vole à mon armée ;
Montrer aux nations que j'ai fu mériter
Ce trône & cette main qu'on m'ofe difputer.

Fin du troifième acte.

ACTE IV.

SCENE PREMIERE.

DOM PEDRE, MENDOSE.

MENDOSE.

Quoi ! vous vous exposiez à ce nouveau danger ?
Quoi ! Dom Pèdre, autrefois si prompt à se venger,
De ce grand ennemi n'a pas proscrit la tête !

DOM PEDRE.

Léonore a parlé, ma vengeance s'arrête.
Elle n'a pas voulu qu'aux marches de l'autel
Notre hymen fût souillé du sang d'un criminel.
Sans elle, cher ami, j'aurais été barbare,
J'aurais de ma main même immolé Tranſtamare;
Je l'aurais dû.... n'importe.

MENDOSE.

Et voilà ces Français
Dont le premier exploit, & le premier succès
Sont de vous enlever par un sanglant outrage
Ce prisonnier d'Etat qui vous servait d'otage.
Jugez de quel espoir le Sénat est flatté,
Comme il est insolent avec sécurité,
Comme au nom de Guesclin sa voix impérieuse
Conduit d'un peuple vain la fougue impétueuse !
Tandis que Léonore a du bandeau royal
(Présent si digne d'elle, & peut-être fatal)
Orné son front modeste où la vertu réside,
D'arrogans factieux une troupe perfide

ACTE QUATRIEME.

Abjurait votre empire, & presque sous vos yeux
Elevait Tranſtamare au rang de vos aïeux.
A peine ce Gueſclin touchait à nos rivages,
Tous les grands à l'envi, lui portant leurs hommages,
Accouraient dans ſon camp, le nommaient à grands cris
L'ange de la Caſtille envoyé de Paris.
Il commande, il s'érige un tribunal ſuprême,
Où lui ſeul va juger la Caſtille & vous-même.
Scipion fut moins fier & moins audacieux,
Quand il nous apporta ſes aigles & ſes dieux.
Mais ce qui me ſurprend, c'eſt qu'agiſſant en maître,
Il prétende appaiſer les troubles qu'il fait naître ;
Qu'il vienne en ce palais vous ayant inſulté,
Et qu'armé contre vous il propoſe un traité.

DOM PEDRE.

Il ne fait qu'obéir au roi qui me l'envoie.
L'orgueil de ce Gueſclin ſe montre & ſe déploie
Comme un reſſort puiſſant avec art préparé,
Qu'un maître induſtrieux fait mouvoir à ſon gré.
Dans l'Europe aujourd'hui tu ſais comme on les nomme ;
Charle a le nom de ſage, & Gueſclin de grand homme.
Et qui ſuis-je auprès d'eux, moi qui fus leur vainqueur ?
Je pourrais des Français punir l'ambaſſadeur,
Qui m'oſant outrager à ma foi ſe confie.
Plus d'un roi s'eſt vengé par une perfidie ;
Et les ſuccès heureux de ces grands coups d'état
Souvent à leurs auteurs ont donné quelque éclat :
Leurs flatteurs ont vanté cette infame prudence.
Ami, je ne veux point d'une telle vengeance.
Dans mes emportemens & dans mes paſſions
Je reſpecte plus qu'eux les droits des nations.

J'ai déjà sur Guesclin ce premier avantage ;
Et nous verrons bientôt s'il l'emporte en courage.
Un Français peut me vaincre, & non m'humilier.
Je suis roi, cher ami, mais je suis chevalier ;
Et si la politique est l'art que je méprise,
On rendra pour le moins justice à ma franchise.
Mais surtout Léonore est-elle en sureté ?

MENDOSE.

Vous avez donné l'ordre, il est exécuté.
La garde Castillane est rangée auprès d'elle,
Prête à fondre avec moi sur le parti rebelle.
Aux portes du palais les Africains placés
En défendent l'approche aux mutins dispersés.
Vos soldats sont postés dans la ville sanglante ;
Toute l'armée enfin frémit, impatiente,
Demande le combat, brûle de vous venger
Du lâche Transtamare, & d'un fier étranger.

DOM PEDRE.

Je n'ai point envoyé Transtamare au supplice !...
Mon épée est plus noble & m'en fera justice.
Sous les yeux de Guesclin je vais le prévenir.
Va, c'est dans les combats qu'il est beau de punir....
Je regrette, il est vrai, dans cette juste guerre,
Ce fameux prince noir, ce dieu de l'Angleterre,
Ce vainqueur de deux rois, qui meurt & qui gémit
Après tant de combats d'expirer dans son lit.
C'eût été pour ma gloire un moment plein de charmes
De le revoir ici compagnon de mes armes.
Je pleure ce grand homme ; & Dom Pèdre aujourd'hui
Heureux ou malheureux sera digne de lui....

Mais

ACTE QUATRIEME.

Mais je vois s'avancer une foule étrangère
Qui se joint sous mes yeux aux drapeaux de l'Ibère,
Et qui semble annoncer un ministre de paix :
C'est Guesclin qui s'avance au gré de mes souhaits.
Ami, près de ton roi, prends la première place.
Voyons quelle est son offre, & quelle est son audace.

SCENE II.

DOM PEDRE *se place sur son trône*, MENDOSE *à côté de lui avec quelques grands d'Espagne.* GUESCLIN, *après avoir salué le roi qui se lève, s'assied vis-à-vis de lui. Les gardes sont derrière le trône du roi, & des officiers français derrière la chaise de Guesclin.*

GUESCLIN.

SIRE, avec sureté, je me présente à vous,
Au nom d'un roi puissant, de son honneur jaloux,
Qui d'un vaste royaume est aujourd'hui le père,
Qui l'est de ses voisins, qui l'est de votre frère,
Et dont la généreuse & prudente équité
N'a fait verser de sang que par nécessité.
J'apporte au nom de Charle ou la paix ou la guerre.
Faut-il ensanglanter, faut-il calmer la terre ?
C'est à vous de choisir. Je viens prendre vos lois.

DOM PEDRE.

Vous-même expliquez-vous, déterminez mon choix.
Mais dans votre conduite on pourrait méconnaître
Cette rare équité de votre auguste maître,
Qui, sans m'en avertir dévastant mes Etats,
Me demande la paix par vingt mille soldats.

Sont-ce là les traités qu'à Vincenne on prépare?...
(*il se lève, Guesclin se lève aussi.*)
De quel droit osez-vous m'enlever Transtamare?

GUESCLIN.

Du droit que vous aviez de le charger de fers.
Vous l'avez opprimé, Seigneur, & je le sers.

DOM PEDRE.

De tous nos différends vous êtes donc l'arbitre?

GUESCLIN.

Mon roi l'est.

DOM PEDRE.

Je voudrais qu'il méritât ce titre.
Mais vous! qui vous fait juge entre mon peuple & moi?

GUESCLIN.

Je vous l'ai déjà dit, votre allié, mon roi,
Que votre père Alfonse en fermant la paupière
Chargea d'exécuter sa volonté dernière.
Le vainqueur des Anglais sur le trône affermi,
Et quand vous le voudrez, en un mot, votre ami.

DOM PEDRE.

De l'amitié des rois l'univers se défie:
Elle est souvent perfide, elle est souvent trahie.
Mais quel prix y met-il?

GUESCLIN.

La justice, Seigneur.

DOM PEDRE.

Ces grands mots consacrés de justice, d'honneur,
Ont des sens différens qu'on a peine à comprendre.

GUESCLIN.

J'en serai l'interprète, & vous allez m'entendre.

Rendez à votre frère, injustement proscrit,
Léonore & les biens qu'un père lui promit,
Tous ses droits reconnus d'un Sénat toujours juste,
Dans Rome confirmés par un pouvoir auguste;
Des Etats castillans n'usurpez point les droits;
Pour qu'on vous obéisse, obéissez aux lois:
C'est-là ce qu'à ma cour on déclare équitable,
Et Charle est à ce prix votre ami véritable.

D O M P E D R E.

Instruit de ses desseins, & non pas effrayé,
Je préfère sa haine à sa fausse amitié.
S'il feint de protéger l'enfant de l'adultère,
Le rebelle insolent qu'il appelle mon frère,
Je sais qu'il n'a donné ces secours dangereux
Que pour mieux s'agrandir en nous perdant tous deux.
Divisez pour régner, voilà sa politique:
Mais il en est une autre où Dom Pèdre s'applique;
C'est de vaincre : & Guesclin ne doit pas l'ignorer.
Agent de Transtamare, osez-vous déclarer
Que vous lui destinez la main de Léonore?...
Léonore est ma femme.... Apprenez plus encore:
Sachez que votre roi, qui semble m'accabler,
Des secrets de mon lit ne doit point se mêler;
Que de l'hymen des rois Rome n'est point le juge.
Je demeure surpris que pour dernier refuge,
Au tribunal de Rome on ose en appeler,
Et qu'un guerrier français s'abaisse à m'en parler.
Oubliez-vous, Monsieur, qu'on vous a vu vous-même,
Vous qui me vantez Rome, & son pouvoir suprême,
Extorquer ses tributs, rançonner ses Etats,
Et forcer son pontife à payer vos soldats?

GUESCLIN.

On dit qu'en tous les temps ma cour a su connaître
Et séparer les droits du monarque & du prêtre.
Mais peu fait pour toucher ces ressorts délicats,
Je combats pour mon prince, & je ne l'instruis pas.
Qu'on ait lancé sur vous ce qu'on nomme anathème,
Que l'épouse d'un frère ou vous craigne ou vous aime,
Je n'examine point ces intrigues des cours,
Ces abus des autels, encor moins vos amours.
Vous ne voyez en moi qu'un organe fidelle
D'un roi l'ami de Rome, & qui s'arme pour elle.
On va verser le sang; & l'on peut l'épargner:
Fléchissez, croyez-moi, si vous voulez régner.

DOM PEDRE.

J'entends, vous exigez ma prompte déférence
A ces rescrits de Rome émanés de la France.
Charle adore à genoux ces étonnans décrets,
Ou les foule à ses pieds suivant ses intérêts;
L'orgueil me les apporte au nom de l'artifice !
Vous m'offrez un pardon pourvu que j'obéisse !
Ecoutez.... Si j'allais, du même zèle épris,
Envoyer une armée aux remparts de Paris,
Si l'un de mes soldats disait à votre maître :
„ Sire, cédez le trône où dieu vous a fait naître,
„ Cédez le digne objet pour qui seul vous vivez;
„ Et de tous ces trésors à vos mains enlevés
„ Enrichissez un traître, un fils d'une étrangère,
„ Indigne de la France, indigne de son père.
„ Gardez-vous de donner vos ordres absolus
„ Pour former des soldats, pour lever des tributs,
„ Attendez humblement qu'un pontife l'ordonne;
„ Remettez au Sénat les droits de la couronne,

» Et Dom Pèdre à ce prix veut bien vous protéger... »
Votre maître, à ce point se sentant outrager,
Pourrait-il écouter sans un peu de colère
Ce discours insultant d'un soldat téméraire ?

GUESCLIN.

Je veux bien avouer que votre ambassadeur
S'expliquerait fort mal avec tant de hauteur.
Rien ne justifierait l'orgueil & l'imprudence
De donner des leçons & des lois à la France.
Charle s'en tient, Seigneur, à la foi des traités.
Songez aux derniers mots par Alfonse dictés ;
Ils ont rendu mon roi le tuteur & le père
De celui que Dom Pèdre eût dû traiter en frère.

DOM PEDRE.

Le tuteur d'un rebelle ! ah ! noble chevalier,
Qu'il vous coûte en secret de le justifier !
J'en appelle à vous-même, à l'honneur, à la gloire.
Votre prince est-il juste ?

GUESCLIN.
                    Un sujet doit le croire.
Je suis son général, & le sers contre tous,
Comme je servirais si j'étais né sous vous.
Je vous ai déclaré les arrêts qu'il prononce,
Je n'y veux rien changer, & j'attends la réponse ;
Donnez-la sans réserve ; il faut vous consulter.
Je viens pour vous combattre, & non pour disputer.
Vous m'appelez soldat ; & je le suis sans doute.
Ce n'est plus qu'en soldat que Guesclin vous écoute.
Cédez, ou prononcez votre dernier refus.

DOM PEDRE.

Vous l'aviez dû prévoir ; & vous n'en doutez plus.

Je vous refuse tout excepté mon estime.
Je considère en vous le guerrier magnanime,
Qui combat pour son roi par zèle & par honneur ;
Mais je ne puis en vous souffrir l'ambassadeur.
Portez à vos Français les ordres despotiques
De ce roi renommé parmi les politiques,
Qui du fond de Vincennes, à l'abri des dangers,
Sème en paix la discorde entre les étrangers.
Sa sourde ambition qu'on appelle prudence
Croit sur mon infortune établir sa puissance.
Il viole chez moi les droits des souverains,
Qu'il a dans ses Etats soutenus par vos mains.
Pour vous, noble instrument de sa froide injustice,
Vous, dont il acheta le sang & le service,
Vous, chevalier breton, qui m'osez présenter
Un combat généreux qu'il n'oserait tenter,
Votre valeur me plaît quoique très-indiscrette ;
Mais ressouvenez-vous des champs de Navarette.

GUESCLIN.

Sire, le prince anglais, je ne puis le nier,
Vainquit à Navarette, & m'y fit prisonnier ;
Je ne l'oublirai point. Une telle infortune
A de meilleurs guerriers en tout temps fut commune ;
Et je ne viens ici que pour la réparer.

DOM PEDRE.

Dans les champs de l'honneur hâtez-vous donc d'entrer.
Toujours prêt comme vous d'en ouvrir la barrière,
Et de recommencer cette noble carrière,
Je vous donne le choix & des lieux, & du temps ;
La route a dû lasser vos braves combattans.

ACTE QUATRIEME.

En quel jour, en quel lieu voulez-vous la bataille? (*a*)

GUESCLIN.

Dès ce moment, Seigneur, & sous cette muraille.
A vous voir d'assez près j'ai su les préparer :
Et cet honneur si grand ne peut se différer.

DOM PEDRE.

Marchons, & laissons là ces disputes frivoles,
Venez revoir encor les lances espagnoles.
Mais jusqu'à ce moment de nous deux souhaité,
Usez ici des droits de l'hospitalité....
Cher Mendose, ayez soin qu'une de vos escortes
Le guide avec honneur au-delà de nos portes.

(*à Guesclin.*)

Acceptez mon épée.

GUESCLIN.

Une telle faveur
Est pour un chevalier le comble de l'honneur.
Plût au ciel que je pusse avec quelque justice,
Sire, ne la tirer que pour votre service !

(*a*) C'était encore l'usage en ce temps-là. Le dernier exemple qu'on en connaisse fut celui de la bataille d'Azincourt, où les généraux français envoyèrent demander le jour & le lieu au roi d'Angleterre. Cet usage venait des peuples du Nord ; il y était très-ancien. *Bojorix*, roi ou général des Cimbres, demanda le jour & le lieu de la bataille à *Marius*, qui craignant qu'un refus ne parût aux Barbares une marque de timidité, & n'augmentât leur courage, lui assigna le surlendemain, & la plaine de Verceil.

Fin du quatrième acte.

ACTE V.

SCENE PREMIERE.

LEONORE, ELVIRE.

LEONORE.

Succomberai-je enfin fous tant de coups du fort ?
Une mère à mes yeux dans les bras de la mort...
Un époux que j'adore & que fa deftinée
Fait voler aux combats, du lit de l'hymenée....
Un peuple gémiffant dont les cris infenfés
M'imputent tous les maux fur l'Efpagne amaffés...
De Tranftamare enfin la détestable audace
Dont le fer me pourfuit, dont l'amour me menace...
Ai-je une ame affez forte, un cœur affez altier
Pour contempler mes maux & pour les défier ?
Avant que l'infortune accablât ma jeuneffe,
Je ne me connaiffais qu'en fentant ma faibleffe.
Peut-être qu'éprouvé par la calamité
Mon efprit s'affermit contre l'adverfité.
Il me femble du moins, au fort de cet orage,
Que plus j'aime Dom Pèdre & plus j'ai de courage.

ELVIRE.

Notre fexe, Madame, en montre quelquefois
Plus que ces chevaliers vantés par leurs exploits.
Surtout l'amour en donne ; & d'une ame timide
Ce maître impérieux fait une ame intrépide :

ACTE CINQUIEME.

Il développe en nous d'étonnantes vertus
Dont les germes cachés nous étaient inconnus.
L'amour élève l'ame, & faibles que nous sommes
Nous avons su donner des exemples aux hommes.

LEONORE.

Ah! je me trompe, Elvire, un noir abattement
A cette fermeté succède à tout moment....
Dom Pèdre, cher époux! que n'ai-je pu te suivre,
Et tomber avec toi si tu cesses de vivre!

ELVIRE.

A vaincre Transtamare il est accoutumé.
Que votre cœur sensible un moment alarmé
Reprenne son courage & sa mâle assurance.

LEONORE.

Oui, Dom Pèdre, il est vrai, me rend mon espérance.
Mais Guesclin!

ELVIRE.

Vous pourriez redouter sa valeur?

LEONORE.

Je brave Transtamare, & crains son protecteur.
Si Dom Pèdre est vaincu, sa mort est assurée.
Je le connais trop bien : sa main désespérée
Cherchera, je le vois, la mort de rang en rang,
Déchirera son sein, s'entr'ouvrira le flanc,
Plutôt que de tomber dans les mains d'un rebelle.

ELVIRE.

Détournez loin de vous cette image cruelle.
Reine, le ciel est juste, il ne donnera pas
Cet exemple exécrable à tous les potentats,

Qu'un traître, un révolté, l'enfant de l'adultère,
Opprime impunément son monarque & son frère.

LEONORE.

Quoique le ciel soit juste, il permet bien souvent
Que l'iniquité règne, & marche en triomphant :
Et si pour nous venger, Elvire, il ne nous reste
Que le recours du faible au jugement céleste,
Et l'espoir incertain qu'enfin dans l'avenir
Quand nous ne serons plus le ciel saura punir,
Cet avenir caché, si loin de notre vue,
Nous console bien peu quand le présent nous tue.
Pardonne, je m'égare; & le trouble & l'effroi,
Plus forts que la raison m'entraînent malgré moi.
Tu vois avec pitié ce passage rapide
De l'excès du courage au désespoir timide.
Telle est donc la nature !... il me faut donc lutter
Contre tous ses assauts !... & je veux l'emporter !

N'entends-tu pas de loin la trompette guerrière,
Les cris des malheureux roulans dans la poussière,
Des peuples, des soldats, les confuses clameurs,
Et les chants d'alégresse & les cris des vainqueurs ?...
Le tumulte redouble, & l'on me laisse, Elvire....
Je ne me soutiens plus.... on vient à moi....j'expire

ELVIRE.

C'est Mendose, c'est lui; c'est l'ami de son roi.
Il paraît consterné.

ACTE CINQUIEME.

SCENE II.

LEONORE, MENDOSE, ELVIRE.

MENDOSE.

Fiez-vous à ma foi,
Venez, Reine, cédez à nos destins contraires;
Fuyez, s'il en est temps, du palais de vos pères.
Il doit vous faire horreur.

LEONORE.

Ah! c'en est fait enfin!
Transtamare est vainqueur!

MENDOSE.

Non, c'est le seul Guesclin;
C'est Guesclin dont le bras & le puissant génie
Ont soumis la Castille à la France ennemie.
Henri de Transtamare indigne d'être heureux
Ne fait qu'en abuser.... & par un crime affreux...

LEONORE.

Quel crime? Ah juste Dieu!
(elle tombe dans son fauteuil.)

MENDOSE.

Si l'excès du courage
Suffisait dans les camps pour donner l'avantage,
Le roi, n'en doutez point, aurait vu sous ses pieds
Ses vainqueurs dans la poudre expirer foudroyés.
Mais il a négligé ce grand art de la guerre
Que le héros français apprit de l'Angleterre.

Guesclin avec le temps s'est formé dans cet art
Qui conduit la valeur, & commande au hasard.
Dom Pèdre était guerrier, & Guesclin capitaine.
Hélas! dispensez-moi, trop malheureuse Reine
Du récit douloureux d'un combat inégal,
Dont le triste succès à nos neveux fatal,
Fesant passer le sceptre en une autre famille,
A changé pour jamais le sort de la Castille.
Par sa valeur trompé, Dom Pèdre s'est perdu :
Sous son coursier mourant ce héros abattu
A bientôt du roi Jean subi la destinée.
Il tombe, on le saisit.

LEONORE.

Exécrable journée!
Tu n'es pas à ton comble? il vit du moins?

(en se relevant.)

MENDOSE.

Hélas!
Le généreux Guesclin le reçoit dans ses bras,
Il étanche son sang, il le plaint, le console,
Le sert avec respect, engage sa parole
Qu'il sera des vainqueurs en tout temps honoré,
Comme un prince absolu de sa cour entouré.
Alors il le présente à l'heureux Transtamare....
Dieu vengeur! qui l'eût cru?... le lâche, le barbare
Ivre de son bonheur, aveugle en son courroux,
A tiré son poignard, a frappé votre époux ;
Il foule aux pieds ce corps étendu sur le sable....
Fuyez, dis-je, évitez l'aspect épouvantable
De ce lâche ennemi, né pour vous opprimer,
De ce monstre assassin qui vous osait aimer.

ACTE CINQUIEME.

LEONORE.

Moi fuir !... & dans quels lieux !... ô cher & faint afile !
Où je devais mourir oubliée & tranquille,
Recevras-tu ma cendre ?

MENDOSE.

On peut à vos vainqueurs
Dérober leur victime, & leur cacher vos pleurs.
Tout bleffé que je fuis, le courage & le zèle
Donnent à la faibleffe une force nouvelle.

LEONORE.

C'en eft trop... cher Mendofe.... ayez foin de vos jours.

MENDOSE.

Le temps preffe, acceptez mes fidelles fecours,
Regagnons vos Etats, ces biens de vos ancêtres.

LEONORE.

Moi des biens, des Etats !... Je n'ai plus que des maîtres...
Mène-moi chez ma mère, au fond de ce palais,
Que j'expire avec elle, & que je meure en paix....
Ah ! Dom Pèdre !.... (*elle retombe.*)

SCENE III.

LEONORE, MENDOSE, TRANSTAMARE,
ELVIRE, Suite.

TRANSTAMARE.

Arretez. Qu'on garde l'infidelle,
Qu'on arrête Mendofe, & qu'on veille autour d'elle....
Madame, c'eft ici que je viens rappeler
Des fermens qu'un tyran vous a fait violer.

Vous n'êtes plus soumise au joug honteux d'un traître,
Qui perfide envers moi vous obligeait à l'être.
J'ajoute la Castille à tant d'autres Etats
Envahis par Dom Pèdre & gagnés par mon bras:
Le diadème & vous, vous êtes ma conquête.
Vainqueur de mon tyran, ma main est toujours prête
A mettre à vos genoux trois sceptres réunis,
Qu'aujourd'hui la valeur & le sort m'ont remis.
Rome me les donnait par ses décrets augustes
Que le succès confirme & rend encor plus justes.
J'ai pour moi le Sénat, le pontife, les grands,
Le jugement de dieu qui punit les tyrans. . . .
C'est lui qui me conduit au trône de Castille,
C'est lui qui de nos rois met en mes mains la fille,
Qui rend à Léonore un légitime époux,
Et qui sanctifira les droits que j'ai sur vous.
J'ai honte en ce moment de vous aimer encore.
Mais puisqu'un ennemi m'enleva Léonore,
Je reprends tous mes droits que vous avez trahis.
Lorsque j'ai combattu vous en étiez le prix.
Vous avez tant changé dans ce jour mémorable
Qu'un changement de plus ne vous rend point coupable.
Partagez ma fortune ou servez sous mes lois.

LÉONORE, *se soulevant sur le siége où elle est penchée.*

Entre ces deux partis il est un autre choix,
Qui demande peut-être un peu plus de courage. . . .
Il pourrait effrayer & mon sexe & mon âge. . . .
Il est coupable. . . . affreux . . . mais vous m'y réduisez. . .
Le voici.

(*elle se tue.*)

ACTE CINQUIEME.

SCENE IV & dernière.

LEONORE *renversée dans un fauteuil*, ELVIRE *la soutenant*, TRANSTAMARE & ALMEDE *auprès d'elle*, GUESCLIN & *la suite au fond du théâtre*.

GUESCLIN, *entrant au moment où Léonore parlait*.

Ciel ! mes yeux seraient-ils abusés ?
Dom Pèdre assassiné ! Léonore expirante !

TRANSTAMARE *courant à Léonore*.

Tu meurs !.... ô jour sanglant d'horreur & d'épouvante !

LEONORE.

Laisse-moi, malheureux ! que t'importent mes jours ?
Va, je hais ta pitié, j'abhorre ton secours....
(elle fait effort pour prononcer ces deux vers-ci.)
A ta seule clémence, ô Dieu ! je m'abandonne !
Pardonne-moi ma mort ; c'est lui qui me la donne.

TRANSTAMARE.

Où suis-je ? & qu'ai-je fait ?

GUESCLIN.

Deux crimes que le ciel
Aurait dû prévenir d'un supplice éternel....
Enfin, vous régnerez, barbare que vous êtes,
Vous jouirez en paix des horreurs que vous faites ;
Vous aurez des flatteurs à vous plaire assidus,
Des suppôts du mensonge à vos ordres vendus ;
Qui tous dissimulant une action si noire,
Se déshonoreront pour sauver votre gloire :

Moi, qui n'ai jamais fu ni feindre, ni plier,
Je vous dégrade ici du rang de chevalier.
Vous en êtes indigne, & ce coup détestable
Envers l'honneur & moi vous a fait trop coupable.
Tyran, fongez-vous bien qu'un frère infortuné,
Affaffiné par vous, vous avait pardonné !
Je retourne à Paris faire rougir mon maître
Qui vous a protégé ne pouvant vous connaître ;
Et je vous punirais fi j'ofais prévenir
Les ordres de mon roi qu'il me faut obtenir ;
Si je pouvais agir par ma propre conduite,
Si je livrais mon cœur au courroux qui l'irrite.
Puiffe Dieu par pitié pour vos trifles fujets
Vous donner des remords égaux à vos forfaits !
Puiffiez-vous expier le fang de votre frère !
Mais puifque vous régnez, mon cœur en défefpère.

TRANSTAMARE.

Je m'en dis encor plus.... Au crime abandonné....
Léonore & mon frère, & Dieu m'ont condamné.

Fin du cinquième & dernier acte.

LES PELOPIDES,

OU

ATRÉE ET THIESTE,

TRAGEDIE.

Non représentée.

AVERTISSEMENT
DES EDITEURS.

Nous imprimons ici la tragédie des Pélopides, telle que nous l'avons trouvée dans les papiers de M. *de Voltaire*. Il s'occupait dans ses derniers jours de corriger cette pièce, & de mettre la dernière main à celle d'Agathocle. Il travaillait dans ce même temps à un nouveau projet pour le dictionnaire de l'académie françaife ; & il préparait une nouvelle défenfe de *Louis XIV* & des hommes illuftres de fon fiècle, contre les imputations & les anecdotes fufpectes que renferment les mémoires de St *Simon*. Il voulait prévenir l'effet que ces mémoires pourraient produire s'ils devenaient publics dans un temps où il ne reftera plus perfonne affez voifin des événemens pour démentir avec avantage des faits avancés par un contemporain. Tels étaient, à plus de quatre-vingt-quatre ans, fon activité, fon amour pour la vérité, fon zèle pour l'honneur de fa patrie.

FRAGMENT
D'UNE LETTRE.

JE n'ai jamais cru que la tragédie dût être à l'eau-rose. L'églogue en dialogues, intitulée *Bérénice*, à laquelle Madame *Henriette* d'Angleterre fit travailler *Corneille* & *Racine*, était indigne du théâtre tragique : aussi *Corneille* n'en fit qu'un ouvrage ridicule ; & ce grand maître *Racine* eut beaucoup de peine, avec tous les charmes de sa diction éloquente, à sauver la stérile petitesse du sujet. J'ai toujours regardé la famille d'*Atrée*, depuis *Pélops* jusqu'à *Iphigénie*, comme l'attelier où l'on a dû forger les poignards de *Melpomène*. Il lui faut des passions furieuses, de grands crimes, des remords violens. Je ne la voudrais ni fadement amoureuse, ni raisonneuse. Si elle n'est pas terrible, si elle ne transporte pas nos ames, elle m'est insipide.

Je n'ai jamais conçu comment ces Romains, qui devaient être si bien instruits par la poëtique d'*Horace*, ont pu parvenir à faire de la tragédie d'*Atrée* & de *Thieste* une déclamation si plate & si fastidieuse. J'aime mieux l'horreur dont *Crébillon* a rempli sa pièce.

Cette horreur aurait fort réussi sans quatre défauts qu'on lui a reprochés. Le premier, c'est la rage qu'un homme montre de se venger d'une offense qu'on lui a faite il y a vingt ans. Nous ne nous intéressons à de telles fureurs, nous ne les pardonnons, que quand elles sont excitées par une injure récente qui doit troubler l'ame de l'offensé, & qui émeut la nôtre.

FRAGMENT D'UNE LETTRE.

Le second, c'est qu'un homme qui, au premier acte, médite une action détestable, & qui sans aucune intrigue, sans obstacle & sans danger l'exécute au cinquième, est beaucoup plus froid encore qu'il n'est horrible. Et quand il mangerait le fils de son frère, & son frère même, tout crus sur le théâtre, il n'en serait que plus froid & plus dégoûtant, parce qu'il n'a eu aucune passion qui ait touché, parce qu'il n'a point été en péril, parce qu'on n'a rien craint pour lui, rien souhaité, rien senti.

Inventez des ressorts qui puissent m'attacher.

Le troisième défaut est un amour inutile, qui a paru froid, & qui ne sert, dit-on, qu'à remplir le vide de la pièce.

Le quatrième vice, & le plus révoltant de tous, est la diction incorrecte du poëme. Le premier devoir, quand on écrit, est de bien écrire. Quand votre pièce serait conduite comme l'Iphigénie de *Racine*, les vers sont-ils mauvais, votre pièce ne peut être bonne.

Si ces quatre péchés capitaux m'ont toujours révolté; si je n'ai jamais pu, en qualité de prêtre des muses, leur donner l'absolution, j'en ai commis vingt dans cette tragédie des Pélopides. Plus je perds de temps à composer des pièces de théâtre, plus je vois combien l'art est difficile. Mais Dieu me préserve de perdre encore plus de temps à recorder des acteurs & des actrices! leur art n'est pas moins rare que celui de la poësie.

PERSONNAGES.

ATRÉE.

THIESTE.

EROPE, fille d'*Euristhée*, femme d'*Atrée*.

HIPPODAMIE, veuve de *Pélops*.

POLEMON, archonte d'Argos, ancien gouverneur d'*Atrée* & de *Thieste*.

MEGARE, nourrice d'*Erope*.

IDAS, officier d'*Atrée*.

La scène est dans le parvis du temple.

LES PELOPIDES,

OU ATRÉE ET THIESTE,

TRAGEDIE.

ACTE PREMIER.

SCENE PREMIERE.

HIPPODAMIE, POLEMON.

HIPPODAMIE.

Voila donc tout le fruit de tes foins vigilans !
Tu vois fi le fang parle au cœur de mes enfans.
En vain, cher Polémon, ta tendreffe éclairée
Guida les premiers ans de Thiefte & d'Atrée :
Ils font nés pour ma perte, ils abrègent mes jours.
Leur haine invétérée & leurs cruels amours
Ont produit tous les maux où mon efprit fuccombe.
Ma carrière eft finie, ils ont creufé ma tombe,
Je me meurs !

POLEMON.
Efpérez un plus doux avenir.
Deux frères divifés pourraient fe réunir.

Nos archontes sont las de la guerre intestine,
Qui des peuples d'Argos annonçait la ruine.
On veut éteindre un feu prêt à tout embraser,
Et forcer, s'il se peut, vos fils à s'embrasser.

HIPPODAMIE.

Ils se haïssent trop; Thieste est trop coupable;
Le sombre & dur Atrée est trop inexorable.
Aux autels de l'hymen, en ce temple, à mes yeux,
Bravant toutes les lois, outrageant tous les dieux,
Thieste n'écoutant qu'un amour adultère
Ravit entre mes bras la femme de son frère.
A garder sa conquête il ose s'obstiner.
Je connais bien Atrée, il ne peut pardonner.
Erope au milieu d'eux déplorable victime,
Des fureurs de l'amour, de la haine & du crime,
Attendant son destin du destin des combats,
Voit encor ses beaux jours entourés du trépas;
Et moi dans ce saint temple où je suis retirée,
Dans les pleurs, dans les cris, de terreurs dévorée,
Tremblante pour eux tous, je tends ces faibles bras
A des dieux irrités qui ne m'écoutent pas.

POLEMON.

Malgré l'acharnement de la guerre civile,
Les deux partis du moins respectent votre asile;
Et même entre mes mains vos enfans ont juré
Que ce temple à tous deux serait toujours sacré.
J'ose espérer bien plus. Depuis près d'une année
Que nous voyons Argos au meurtre abandonnée,
Peut-être ai-je amolli cette férocité
Qui de nos factions nourrit l'atrocité.

Le Sénat me seconde, on propose un partage
Des Etats que Pélops reçut pour héritage;
Thieste dans Micène, & son frère en ces lieux,
L'un de l'autre écartés n'auront plus sous leurs yeux
Cet éternel objet de discorde & d'envie
Qui désole une mère ainsi que la patrie.
L'absence affaiblira leurs sentimens jaloux;
On rendra dès ce jour Erope à son époux :
On rétablit des lois le sacré caractère.
Vos deux fils règneront en révérant leur mère.
Ce sont-là nos desseins. Puissent les dieux plus doux
Favoriser mon zèle & s'appaiser pour vous !

HIPPODAMIE.

Espérons : mais enfin, la mère des Atrides
Voit l'inceste autour d'elle avec les parricides.
C'est le sort de mon sang. Tes soins & ta vertu
Contre la destinée ont en vain combattu.
Il est donc en naissant des races condamnées,
Par un triste ascendant vers le crime entraînées,
Que formèrent des dieux les décrets éternels
Pour être en épouvante aux malheureux mortels !
La maison de Tantale eut ce noir caractère :
Il s'étendit sur moi... Le trépas de mon père
Fut autrefois le prix de mon fatal amour.
Ce n'est qu'à des forfaits que mon sang doit le jour.
Mes souvenirs affreux, mes alarmes timides,
Tout me fait frissonner au nom des Pélopides.

POLEMON.

Quelquefois la sagesse a maîtrisé le sort;
C'est le tyran du faible & l'esclave du fort.

Nous fefons nos deftins, quoi que vous puiffiez dire:
L'homme, par fa raifon fur l'homme a quelque empire.
Le remords parle au cœur, on l'écoute à la fin ;
Ou bien cet univers efclave du deftin,
Jouet des paffions l'une à l'autre contraires
Ne ferait qu'un amas de crimes néceffaires.
Parlez en reine, en mère; & ce double pouvoir
Rappellera Thiefte à la voix du devoir.

HIPPODAMIE.

En vain je l'ai tenté, c'eft-là ce qui m'accable.

POLEMON.

Plus criminel qu'Atrée il eft moins intraitable ;
Il connaît fon erreur.

HIPPODAMIE.

    Oui , mais il la chérit.
Je hais fon attentat. Sa douleur m'attendrit.
Je le blâme & le plains.

POLEMON.

    Mais la caufe fatale
Du malheur qui pourfuit la race de Tantale,
Erope, cet objet d'amour & de douleur ,
Qui devrait s'arracher aux mains d'un raviffeur,
Qui met la Grèce en feu par fes funeftes charmes !

HIPPODAMIE.

Je n'ai pu d'elle encore obtenir que des larmes:
Je m'en fuis féparée ; & fuyant les mortels
J'ai cherché la retraite aux pieds de ces autels.
J'y finirai des jours que mes fils empoifonnent.

POLEMON.

Quand nous n'agiffons point, les dieux nous abandonnent.

Ranimez un courage éteint par le malheur.
Argos m'honore encor d'un reste de faveur;
Le Sénat me consulte, & nos tristes provinces
Ont payé trop long-temps les fautes de leurs princes :
Il est temps que leur sang cesse enfin de couler.
Les pères de l'Etat vont bientôt s'assembler.
Ma faible voix du moins, jointe à ce sang qui crie,
Autant que pour mes rois sera pour ma patrie.
Mais je crains qu'en ces lieux, plus puissante que nous,
La haine renaissante, éveillant leur courroux,
N'oppose à nos conseils ses trames homicides.
Les méchans sont hardis; les sages sont timides.
Je les ferai rougir d'abandonner l'Etat;
Et pour servir les rois, je revole au Sénat.

HIPPODAMIE

Tu serviras leur mère. Ah! cours, & que ton zèle
Lui rende ses enfans qui sont perdus pour elle.

SCENE II.

HIPPODAMIE *seule*.

Mes fils, mon seul espoir, & mon cruel fléau,
Si vos sanglantes mains m'ont ouvert un tombeau,
Que j'y descende au moins, tranquille & consolée !
Venez fermer les yeux d'une mère accablée !
Qu'elle expire en vos bras sans trouble & sans horreur;
A mes derniers momens mêlez quelque douceur.
Le poison des chagrins trop long-temps me consume;
Vous avez trop aigri leur mortelle amertume.

SCENE III.

HIPPODAMIE, EROPE, MEGARÉ.

EROPE, *en entrant, pleurant & embraſſant Mégare.*

VA, te dis-je, Mégare, & cache à tous les yeux
Dans ces antres ſecrets ce dépôt précieux.

HIPPODAMIE.

Ciel! Erope, eſt-ce vous? qui? vous dans ces aſiles!

EROPE.

Cet objet odieux des diſcordes civiles,
Celle à qui tant de maux doivent ſe reprocher,
Sans doute à vos regards aurait dû ſe cacher.

HIPPODAMIE.

Qui vous ramène hélas! dans ce temple funeſte,
Menacé par Atrée & ſouillé par Thieſte?
L'aſpect de ce lieu ſaint doit vous épouvanter.

EROPE.

A vos enfans du moins, il ſe fait reſpecter.
Laiſſez-moi ce refuge, il eſt inviolable;
N'enviez pas, ma mère, un aſile au coupable.

HIPPODAMIE.

Vous ne l'êtes que trop; vos dangereux appas
Ont produit des forfaits que vous n'expîrez pas.
Je devrais vous haïr, vous m'êtes toujours chère;
Je vous plains; vos malheurs accroiſſent ma miſère.
Parlez; vous arrivez vers ces dieux en courroux,
Du théâtre de ſang où l'on combat pour vous.

De quelque ombre de paix avez-vous l'espérance ?

EROPE.

Je n'ai que mes terreurs. En vain par sa prudence
Polémon qui se jette entre ces inhumains
Prétendait arracher les armes de leurs mains :
Ils sont tous deux plus fiers & plus impitoyables :
Je cherche ainsi que vous des dieux moins implacables ;
Souffrez, en m'accusant de toutes vos douleurs,
Qu'à vos gémissemens j'ose mêler mes pleurs.
Que n'en puis-je être digne !

HIPPODAMIE.

Ah ! trop chère ennemie,
Est-ce à vous de vous joindre aux pleurs d'Hippodamie ?
A vous qui les causez ! plût au ciel qu'en vos yeux,
Ces pleurs eussent éteint le feu pernicieux,
Dont le poison trop sûr & les funestes charmes
Ont fait couler long-temps tant de sang & de larmes !
Peut-être que sans vous cessant de se haïr
Deux frères malheureux que le sang doit unir
N'auraient point rejeté les efforts d'une mère.
Vous m'arrachez deux fils pour avoir trop su plaire.
Mais voulez-vous me croire & vous joindre à ma voix ;
Où vous ai-je parlé pour la dernière fois ?

EROPE.

Je voudrais que le jour où votre fils Thieste
Outragea sous vos yeux la justice céleste,
Le jour qu'il vous ravit l'objet de ses amours
Eût été le dernier de mes malheureux jours.
De tous mes sentimens je vous rendrai l'arbitre.
Je vous chéris en mère ; & c'est à ce saint titre

Que mon cœur défolé recevra votre loi :
Vous jugerez, ô Reine ! entre Thiefte & moi.
Après fon attentat, de troubles entourée
J'ignorai jufqu'ici les fentimens d'Atrée :
Mais plus il eft aigri contre mon raviffeur,
Plus à fes yeux fans doute Erope eft en horreur.

HIPPODAMIE.

Je fais qu'avec fureur il pourfuit fa vengeance.

EROPE.

Vous avez fur un fils encor quelque puiffance.

HIPPODAMIE.

Sur les degrés du trône elle s'évanouit ;
L'enfance nous la donne, & l'âge la ravit.
Le cœur de mes deux fils eft fourd à ma prière.
Hélas ! c'eft quelquefois un malheur d'être mère. (1)

EROPE.

Madame... il eft trop vrai.... mais dans ce lieu facré
Le fage Polémon tout-à-l'heure eft entré.
N'a-t-il point confolé vos alarmes cruelles ?
N'aurait-il apporté que de triftes nouvelles ?

HIPPODAMIE.

J'attends beaucoup de lui ; mais malgré tous fes foins
Mes tranfports douloureux ne me troublent pas moins.
Je crains également la nuit & la lumière.
Tout s'arme contre moi dans la nature entière.
Et Tantale, & Pélops, & mes deux fils, & vous,
Les enfers déchaînés, & les dieux en courroux ;
Tout préfente à mes yeux les fanglantes images
De mes malheurs paffés & des plus noirs préfages :
Le fommeil fuit de moi, la terreur me pourfuit,
Les fantômes affreux, ces enfans de la nuit,

Qui des infortunés affiègent les pensées,
Impriment l'épouvante en mes veines glacées.
D'Oenomaüs mon père on déchire le flanc.
Le glaive est fur ma tête; on m'abreuve de fang;
Je vois les noirs détours de la rive infernale,
L'exécrable festin que prépara Tantale,
Son fupplice aux enfers, & ces champs défolés
Qui n'offrent à fa faim que des troncs dépouillés.
Je m'éveille mourante aux cris des Euménides,
Ce temple a retenti du nom de parricides.
Ah! fi mes fils favaient tout ce qu'ils m'ont coûté,
Ils maudiraient leur haine & leur férocité;
Ils tomberaient en pleurs aux pieds d'Hippodamie.

E R O P E.

Madame, un fort plus triste empoifonne ma vie. (a)
Les monstres déchaînés de l'empire des morts
Sont encor moins affreux que l'horreur des remords.
C'en est fait.... Votre fils & l'amour m'ont perdue.
J'ai femé la difcorde en ces lieux répandue.
Je fuis, je l'avoûrai, criminelle en effet;
Un dieu vengeur me fuit... mais vous, qu'avez-vous fait?
Vous êtes innocente, & les dieux vous puniffent!
Sur vous comme fur moi leurs coups s'appéfantiffent.
Hélas! c'était à vous d'éteindre entre leurs mains
Leurs foudres allumés fur les triftes humains.
C'était à vos vertus de m'obtenir ma grace.

SCENE IV.

HIPPODAMIE, EROPE, MEGARE.

MEGARE.

Princesse.... les deux rois....

HIPPODAMIE.

Qu'est-ce donc qui se passe?

EROPE.

Quoi!.... Thieste!.... ce temple!.... Ah! qu'est-ce que j'entends!

MEGARE.

Les cris de la patrie & ceux des combattans.
La mort suit en ces lieux les deux malheureux frères.

EROPE.

Allons, je l'obtiendrai de leurs mains sanguinaires...
Ma mère, montrons-nous à ces désespérés,
Ils me sacrifîront; mais vous les calmerez.
Allons, je suis vos pas.

HIPPODAMIE.

Ah! vous êtes ma fille;
Sauvons de ses fureurs une triste famille,
Ou que mon sang versé par mes malheureux fils
Coule avec tout le sang que je leur ai transmis.

Fin du premier acte.

ACTE II.

ACTE II.

SCENE PREMIERE.

HIPPODAMIE, EROPE, POLEMON.

POLEMON.

Où courez-vous?... rentrez... que vos larmes tarissent;
Que de vos cœurs glacés les terreurs se bannissent :
Je me trompe, ou je vois ce grand jour arrivé
Qu'à finir tant de maux le ciel a réservé.
Les forfaits ont leur terme, & votre destin change :
La paix revient.

EROPE.
Comment?

HIPPODAMIE.
                Quel dieu, quel sort étrange,
Quel miracle a fléchi le cœur de mes enfans ?

POLEMON.
L'équité, dont la voix triomphe avec le temps.
Aveugle en son courroux, le violent Atrée
Déjà de ce saint temple allait forcer l'entrée ;
Son courroux sacrilège oubliait ses sermens :
Il en avait l'exemple ; & ses fiers combattans
Prompts à servir ses droits, à venger son outrage,
Vers ces parvis sacrés lui frayaient un passage.
            (*à Erope.*)
Il venait (je ne puis vous dissimuler rien)
Ravir sa propre épouse & reprendre son bien.

Théâtre. Tom. VI.   N

Il le peut ; mais il doit respecter sa parole.
Thieste est alarmé, vers lui Thieste vole ;
On combat, le sang coule ; emportés, furieux,
Les deux frères pour vous s'égorgeaient à mes yeux.
Je m'avance, & ma main saisit leur main barbare ;
Je me livre à leurs coups ; enfin je les sépare :
Le Sénat qui me suit, seconde mes efforts.
En attestant les lois nous marchons sur des morts.
Le peuple en contemplant ces juges vénérables,
Ces images des dieux aux mortels favorables,
Laisse tomber le fer à leur auguste aspect.
Il a bientôt passé des fureurs au respect.
Il conjure à grands cris la discorde farouche ;
Et le saint nom de paix vole de bouche en bouche.

HIPPODAMIE.

Tu nous as tous sauvés.

POLEMON.

Il faut bien qu'une fois
Le peuple en nos climats soit l'exemple des rois.
Lorsqu'enfin la raison se fait par-tout entendre,
Vos fils l'écouteront ; vous les verrez se rendre ;
Le sang & la nature, & leurs vrais intérêts
A leurs cœurs amollis parleront de plus près.
Ils doivent accepter l'équitable partage
Dont leur mère a tantôt reconnu l'avantage.
La concorde aujourd'hui commence à se montrer ;
Mais elle est chancelante ; il la faut assurer.
Thieste en possédant la fertile Micène
Pourra faire à son gré, dans Sparte ou dans Athène,
Des filles des héros qui leur donnent des lois
Sans remords & sans crime un légitime choix.

La veuve de Pélops, heureuse & triomphante,
Voyant de tous côtés sa race florissante,
N'aura plus qu'à bénir au comble du bonheur
Le dieu qui de son sang est le premier auteur.

HIPPODAMIE.

Je lui rends déjà grâce, & non moins à vous-même.
Et vous, ma fille, & vous que j'ai plainte & que j'aime,
Unissez vos transports & mes remercîmens ;
Aux dieux dont nous sortons offrez un pur encens.
Qu'Hippodamie enfin, tranquille & rassurée,
Remette Erope heureuse entre les mains d'Atrée ;
Qu'il pardonne à son frère.

EROPE.

    Ah Dieux !... & croyez-vous
Qu'il sache pardonner ?

HIPPODAMIE.

    Dans ses transports jaloux,
Il sait que par Thieste en tout temps respectée
Il n'a point outragé la fille d'Euristhée,
Qu'au milieu de la guerre il prétendit en vain
Au funeste bonheur de lui donner la main ;
Qu'enfin par les dieux même à leurs autels conduite,
Elle a dans la retraite évité sa poursuite.

EROPE.

Voilà cette retraite où je prétends cacher
Ce qu'un remords affreux me pourrait reprocher.
C'est là qu'aux pieds des dieux on nourrit mon enfance ;
C'est là que je reviens implorer leur clémence :
J'y veux vivre & mourir.

HIPPODAMIE.

Vivez pour un époux;
Cachez-vous pour Thieste; il est perdu pour vous.

EROPE.

Dieux qui me confondez, vous amenez Thieste!

HIPPODAMIE.

Fuyez-le.

EROPE.

En est-il temps?...mon sort est trop funeste.
(*elle sort.*)

SCENE II.

HIPPODAMIE, POLEMON, THIESTE.

HIPPODAMIE.

Mon fils, qui vous ramène en mes bras maternels?
Osez-vous reparaître aux pieds de ces autels?

THIESTE.

J'y viens... chercher la paix, s'il en est pour Atrée,
S'il en est pour mon ame au désespoir livrée;
J'y viens mettre à vos pieds ce cœur trop combattu,
Embrasser Polémon, respecter sa vertu,
Expier envers vous ma criminelle offense,
Si de la réparer il est en ma puissance.

POLEMON.

Vous le pouvez sans doute en sachant vous dompter.
Lorsqu'à de tels excès se laissant emporter,

On fuit des paffions l'empire illégitime,
Quand en donne aux fujets les exemples du crime,
On leur doit, croyez-moi, celui du repentir.
La Grèce enfin s'éclaire, & commence à fortir
De la férocité qui dans nos premiers âges
Fit des cœurs fans juftice & des héros fauvages.
On n'eft rien fans les mœurs. Hercule eft le premier
Qui, marchant quelquefois dans ce noble fentier,
Ainfi que les brigands ofa dompter les vices.
Son émule Théfée a fait des injuftices;
Le crime dans Tidée a fouillé la valeur;
Mais bientôt leur grande ame abjurant leur erreur
N'en afpirait que plus à des vertus nouvelles.
Ils ont réparé tout... imitez vos modèles....
Souffrez encore un mot: fi vous perfévériez,
Pouffé par le torrent de vos inimitiés,
Ou plutôt par les feux d'un amour adultère,
A refufer encore Erope à votre frère,
Craignez que le parti que vous avez gagné
Ne tourne contre vous fon courage indigné.
Vous pourriez pour tout prix d'une imprudence vaine,
Abandonné d'Argos être exclus de Micène.

THIESTE.

J'ai fenti mes malheurs plus que vous ne penfez.
N'irritez point ma plaie; elle eft cruelle affez.
Madame, croyez-moi, je vois dans quel abyme
M'a plongé cet amour que vous nommez un crime.
Je ne m'excufe point (devant vous condamné)
Sur l'exemple éclatant que vingt rois m'ont donné,
Sur l'exemple des dieux dont on nous fait defcendre.
Votre auftère vertu dédaigne de m'entendre.

Je vous dirai pourtant qu'avant l'hymen fatal
Que dans ces lieux sacrés célébra mon rival,
J'aimais, j'idolâtrais la fille d'Euristhée ;
Que par mes vœux ardens long-temps follicitée,
Sa mère dans Argos eût voulu nous unir ;
Qu'enfin ce fut à moi qu'on osa la ravir ;
Que si le défespoir fut jamais excufable….

HIPPODAMIE.

Ne vous aveuglez point, rien n'excufe un coupable.
Oubliez avec moi de malheureux amours,
Qui feraient votre honte & l'horreur de vos jours,
Celle de votre frère, & d'Erope, & la mienne.
C'eft l'honneur de mon fang qu'il faut que je foutienne ;
C'eft la paix que je veux : il n'importe à quel prix.
Atrée ainfi que vous eft mon fang, eft mon fils :
Tous les droits font pour lui. Je veux dès l'heure même
Remettre en fon pouvoir une époufe qu'il aime.
Tenir fans la pencher la balance entre vous,
Réparer votre crime, & nous réunir tous. (*b*)

SCENE III.

THIESTE *feul*.

QUE deviens-tu, Thiefte ! Hé quoi, cette paix même,
Cette paix qui d'Argos eft le bonheur fuprême,
Va donc mettre le comble aux horreurs de mon fort !
Cette paix pour Erope eft un arrêt de mort.
C'eft peu que pour jamais d'Erope on me fépare,
La victime eft livrée au pouvoir d'un barbare ;

Je me vois dans ces lieux sans armes, sans amis ;
On m'arrache ma femme ; on peut frapper mon fils.
Mon rival triomphant s'empare de sa proie.
Tous mes maux sont formés de la publique joie.
Ne pourrai-je aujourd'hui mourir en combattant ?
Micène a des guerriers, mon amour les attend ;
Et pour quelques momens ce temple est un asile.

SCENE IV.

THIESTE, MEGARE.

THIESTE.

Megare, qu'a-t-on fait ? ce temple est-il tranquille ?
Le descendant des dieux est-il en sureté ?

MEGARE.

Sous cette voûte antique un séjour écarté
Au milieu des tombeaux recèle son enfance !

THIESTE.

L'asile de la mort est sa seule assurance !

MEGARE.

Celle qui dans le fond de ces antres affreux
Veille aux premiers momens de ses jours malheureux,
Tremble qu'un œil jaloux bientôt ne le découvre.
Erope s'épouvante ; & cette ame qui s'ouvre
A toutes les douleurs qui viennent la chercher,
En aigrit la blessure en voulant la cacher :
Elle aime, elle maudit le jour qui le vit naître ;
Elle craint dans Atrée un implacable maître ;

Et je tremble de voir ses jours ensevelis
Dans le sein des tombeaux qui renferment son fils.

THIESTE.

Enfant de l'infortune, & mère malheureuse,
Qu'on ignore à jamais la prison ténébreuse
Où loin de vos tyrans vous pouvez respirer. (*c*)

SCENE V.

THIESTE, EROPE, MEGARE.

EROPE.

SEIGNEUR, aux mains d'Atrée on va donc me livrer!
Votre mère l'ordonne... & je n'ai pour excuse
Que mon crime ignoré, ma rougeur qui m'accuse;
Un enfant malheureux qui sera découvert.

THIESTE.

Tout nous poursuit ici, cet asile nous perd. (*d*)

EROPE.

Auteur de tant de maux, pourquoi m'as-tu séduite!

THIESTE.

Hélas! je vois l'abyme où je vous ai conduite :
Mais cette horrible paix ne s'accomplira pas.
Il me reste pour vous des amis, des soldats,
Mon amour, mon courage; & c'est à vous de croire
Que si je meurs ici je meurs pour votre gloire.
Notre hymen clandestin d'une mère ignoré,
Tout malheureux qu'il est, n'en n'est pas moins sacré.

Ne me reproche plus ma criminelle audace ;
Ne nous accusons plus quand le ciel nous fait grace. (*e*)
Ses bontés ont fait voir, en m'accordant un fils,
Qu'il approuve l'hymen dont nous sommes unis ;
Et Micène bientôt, à son prince fidelle,
En pourra célébrer la fête solemnelle.

EROPE.

Va, ne réclame point ces nœuds infortunés,
Et ces dieux, & l'hymen.... Ils nous ont condamnés.
Osons-nous nous parler ?... tremblante, confondue,
Devant qui désormais puis-je lever la vue ?
Dans ce ciel qui voit tout, & qui lit dans les cœurs,
Le rapt & l'adultère ont-ils des protecteurs ?
En remportant sur moi ta funeste victoire,
Cruel, t'es-tu flatté de conserver ma gloire ?
Tu m'as fait ta complice... & la fatalité,
Qui subjugue mon cœur contre moi révolté,
Me tient si puissamment à ton crime enchaînée
Qu'il est devenu cher à mon ame étonnée ;
Que le sang de ton sang, qui s'est formé dans moi,
Ce gage de ton crime est celui de ma foi ;
Qu'il rend indissoluble un nœud que je déteste...
Et qu'il n'est plus pour moi d'autre époux que Thieste.

THIESTE.

C'est un nom qu'un tyran ne peut plus m'enlever :
La mort & les enfers pourront seuls m'en priver.
Le sceptre de Micène a pour moi moins de charmes.

SCENE VI.

EROPE, THIESTE, POLEMON.

POLEMON.

Seigneur, Atrée arrive, il a quitté ses armes ;
Dans ce temple avec vous il vient jurer la paix.

THIESTE.

Grands Dieux ! vous me forcez de haïr vos bienfaits.

POLEMON.

Vous allez à l'autel confirmer vos promesses.
L'encens s'élève aux cieux des mains de nos prêtresses.
Des oliviers heureux les festons désirés
Ont annoncé la fin de ces jours abhorrés
Où la discorde en feu désolait notre enceinte.
On a lavé le sang dont la ville fut teinte.
Et le sang des méchans qui voudraient nous troubler
Est ici désormais le seul qui doit couler.
Madame, il n'appartient qu'à la reine elle-même
De vous remettre aux mains d'un époux qui vous aime,
Et d'essuyer les pleurs qui coulent de vos yeux.

EROPE.

Mon sang devait couler... vous le savez, grands Dieux !

THIESTE à *Polémon.*

Il me faut rendre Erope !

POLEMON.

Oui, Thieste, & sur l'heure :
C'est la loi du traité.

THIESTE.

Va, que plutôt je meure,

Qu'aux monstres des enfers mes mânes soient livrés !...
POLEMON.
Quoi ! vous avez promis, & vous vous parjurez !
THIESTE.
Qui ? moi ! qu'ai-je promis ?
POLEMON.
       Votre fougue inutile
Veut-elle rallumer la discorde civile ?
THIESTE.
La discorde vaut mieux qu'un si fatal accord.
Il redemande Erope, il l'aura par ma mort.
POLEMON.
Vous écoutiez tantôt la voix de la justice.
THIESTE.
Je voyais de moins près l'horreur de mon supplice ;
Je ne le puis souffrir.
POLEMON.
      Ah ! c'est trop de fureurs,
C'est trop d'égaremens & de folles erreurs ;
Mon amitié pour vous, qui se lasse & s'irrite,
Plaignait votre jeunesse imprudente & séduite ;
Je vous tins lieu de père ; & ce père offensé
Ne voit qu'avec horreur un amour insensé.
Je sers Atrée & vous, mais l'Etat davantage ;
Et si l'un de vous deux rompt la foi qui l'engage,
Moi-même contre lui je cours me déclarer.
Mais de votre raison je veux mieux espérer ;
Et bientôt dans ces lieux l'heureuse Hippodamie
Reverra sa famille en ses bras réunie.
       (il sort.)

SCENE VII.

EROPE, THIESTE.

EROPE.

C'EN est donc fait, Thieste, il faut nous séparer.

THIESTE.

Moi ! vous, mon fils !... quel trouble a pu vous égarer !
Quel est votre dessein ?

EROPE.

    C'est dans cette demeure,
C'est dans cette prison qu'il est temps que je meure,
Que je meure oubliée, inconnue aux mortels,
Inconnue à l'amour, à ses tourmens cruels,
A tous ces vains honneurs de la grandeur suprême, (*f*)
Au redoutable Atrée, & surtout à vous-même.

THIESTE.

Vous n'accomplirez point ce projet odieux :
Je vous disputerais à mon frère, à nos dieux.
Suivez-moi.

EROPE.

  Nous marchons d'abymes en abymes ;
C'est-là votre partage, amours illégitimes.

Fin du second acte.

ACTE III.

SCENE PREMIERE

HIPPODAMIE, ATRÉE, POLEMON,
IDAS, Gardes, Peuple, Prêtres.

HIPPODAMIE.

Généreux Polémon, la paix est votre ouvrage.
Régnez heureux, Atrée, & goûtez l'avantage
De posséder sans trouble un trône où vos aïeux,
Pour le bien des mortels, ont remplacé les dieux.
Thieste avant la nuit partira pour Micène.
J'ai vu s'éteindre enfin les flambeaux de la haine,
Dans ma triste maison si long-temps allumés ;
J'ai vu mes chers enfans paisibles, désarmés,
Dans ce parvis du temple étouffant leur querelle,
Commencer dans mes bras leur concorde éternelle.
Vous en serez témoins, vous, Peuples réunis :
Prêtres qui m'écoutez, Dieux long-temps ennemis,
Vous en serez garans. Ma débile paupière
Peut sans crainte à la fin s'ouvrir à la lumière.
J'attendrai dans la paix un fortuné trépas.
Mes derniers jours sont beaux... je ne l'espérais pas.

ATRÉE.

Idas autour du temple étendez vos cohortes,
Vous, gardez ce parvis ; vous, veillez à ces portes.

(*à Hippodamie.*)
Qu'une mère pardonne à ces soins ombrageux.
A peine encor sortis de nos temps orageux,
D'Argos ensanglantée à peine encor le maître,
Je préviens des dangers toujours prompts à renaître
Thieste a trop pâli tandis qu'il m'embrassait :
Il a promis la paix ; mais il en frémissait.
D'où vient que devant moi la fille d'Euristhée
Sur vos pas en ces lieux ne s'est point présentée ?
Vous deviez l'amener dans ce sacré parvis.

HIPPODAMIE.

Nos mystères divins, dans la Grèce établis,
La retiennent encore au milieu des prêtresses,
Qui de la paix des cœurs implorent les déesses.
Le ciel est à nos vœux favorable aujourd'hui,
Et vous serez sans doute appaisé comme lui.

ATRÉE.

Rendez-nous, s'il se peut, les immortels propices.
Je ne dois point troubler vos secrets sacrifices.

HIPPODAMIE.

Ce froid & sombre accueil était inattendu.
Je pensais qu'à mes soins vous auriez répondu.
Aux ombres du bonheur imprudemment livrée,
Je vois trop que ma joie était prématurée,
Que j'ai dû peu compter sur le cœur de mon fils.

ATRÉE.

Atrée est mécontent, mais il vous est soumis.

HIPPODAMIE.

Ah ! je voulais de vous, après tant de souffrance,
Un peu moins de respects & plus de complaisance.

J'attendais de mon fils une juste pitié.
Je ne vous parle point des droits de l'amitié ;
Je sais que la nature en a peu sur votre ame.

ATRÉE.

Thieste vous est cher; il vous suffit, Madame.

HIPPODAMIE.

Vous déchirez mon cœur après l'avoir percé,
Il fut par mes enfans assez long-temps blessé....
Je n'ai pu de vos mœurs adoucir la rudesse ;
Vous avez en tout temps repoussé ma tendresse ;
Et je n'ai mis au jour que des enfans ingrats.
Allez, mon amitié ne se rebute pas.
Je conçois vos chagrins & je vous les pardonne.
Je n'en bénis pas moins ce jour qui vous couronne ;
Il n'a pas moins rempli mes désirs empressés.
Connaissez votre mère, ingrat, & rougissez.

SCENE II.

ATRÉE, POLEMON, IDAS, Peuple.

ATRÉE *au peuple, à Polémon, & à Idas.*

Qu'on se retire.... Et vous, au fond de ma pensée
Voyez tous les tourmens de mon ame offensée,
Et ceux dont je me plains, & ceux qu'il faut céler ;
Et jugez si ce trône a pu me consoler.

POLEMON.

Quels qu'ils soient, vous savez si mon zèle est sincère.
Il peut vous irriter : mais, Seigneur, une mère

Dans ce temple, à l'aspect des mortels & des dieux,
Devait-elle essuyer l'accueil injurieux
Qu'à ma confusion vous venez de lui faire?
Ah! le ciel lui donna des fils dans sa colère.
Tous les deux sont cruels, & tous deux de leurs mains
La mènent au tombeau par de tristes chemins.
C'était de vous surtout qu'elle devait attendre
Et la reconnoissance & l'amour le plus tendre.

ATRÉE.

Que Thieste en conserve: elle l'a préféré;
Elle accorde à Thieste un appui déclaré.
Contre mes intérêts puisqu'on le favorise,
Puisqu'on n'a point puni son indigne entreprise,
Que Micène est le prix de ses emportemens,
Lui seul à ses bontés doit des remercîmens.

POLEMON.

Vous en devez tous deux; & la reine & moi-même,
Nous avons de Pélops suivi l'ordre suprême.
Ne vous souvient-il plus qu'au jour de son trépas
Pélops entre ses fils partagea ses Etats?
Et vous en possédez la plus riche contrée,
Par votre droit d'aînesse à vous seul assurée.

ATRÉE.

De mon frère en tout temps vous fûtes le soutien.

POLEMON.

J'ai pris votre intérêt sans négliger le sien.
La loi seule a parlé, seule elle a mon suffrage.

ATRÉE.

On récompense en lui le crime qui m'outrage.

POLEMON.

ACTE TROISIEME.

POLEMON.

On déteste son crime, on le doit condamner ;
Et vous, s'il se repent, vous devez pardonner. (g)
Vous n'êtes point placé sur un trône d'Asie,
Ce siége de l'orgueil & de la jalousie,
Appuyé sur la crainte & sur la cruauté,
Et du sang le plus proche en tout temps cimenté.
Vers l'Euphrate un despote ignorant la justice,
Foulant son peuple aux pieds, suit en paix son caprice.
Ici nous commençons à mieux sentir nos droits.
L'Asie a ses tyrans, mais la Grèce a des rois.
Craignez qu'en s'éclairant Argos ne vous haïsse....
Petit-fils de Tantale, écoutez la justice.

ATRÉE.

Polémon, c'est assez, je conçois vos raisons ;
Je n'avais pas besoin de ces nobles leçons ;
Vous n'avez point perdu le grand talent d'instruire.
Vos soins dans ma jeunesse ont daigné me conduire ;
Je dois m'en souvenir, mais il est d'autres temps :
Le ciel ouvre à mes pas des sentiers différens.
Je vous ai dû beaucoup, je le sais ; mais peut-être
Oubliez-vous trop tôt que je suis votre maître.

POLEMON.

Puisse ce titre heureux long-temps vous demeurer !
Et puissent dans Argos vos vertus l'honorer !

Théâtre. Tom. VI.

SCENE III.

ATRÉE, IDAS.

ATRÉE.

C'est à toi seule, Idas, que ma douleur confie
Les soupçons malheureux qui l'ont encore aigrie,
Le poison qui nourrit ma haine & mon courroux,
La foule des tourmens que je leur cache à tous.

IDAS.

Qui peut vous alarmer?

ATRÉE.

Erope, Hippodamie,
Ma tour.... la terre entière est donc mon ennemie!

IDAS.

Ce peuple sous vos lois ne s'est-il pas rangé?
N'êtes-vous pas roi?

ATRÉE.

Non, je ne suis pas vengé.
Tu me vois déchiré par d'étranges supplices. (*h*)
Mes mains avec effroi rouvrent mes cicatrices;
J'en parle avec horreur; & je ne puis juger
Dans quel sang odieux il faudra me plonger....
Je veux croire, & je crois qu'Erope avec mon frère
N'a point osé former un hymen adultère...
Moi-même je la vis contre un rapt odieux
Implorer ma vengeance & les foudres des dieux.

ACTE TROISIEME.

Mais il eſt trop affreux qu'au jour de l'hymenée,
Ma femme un ſeul moment ait été ſoupçonnée.
Apprends des ſentimens plus douloureux cent fois.
Je ne ſais ſi l'objet indigne de mon choix,
Sur mes ſens révoltés, que la fureur déchire,
N'aurait point en ſecret conſervé quelque empire.
J'ignore ſi mon cœur, facile à l'excuſer,
Des feux qu'il étouffa peut encor s'embraſer;
Si dans ce cœur farouche, en proie aux barbaries,
L'amour habite encore au milieu des furies.

IDAS.

Vous pouvez ſans rougir la revoir & l'aimer.
Contre vos ſentimens pourquoi vous animer !
L'abſolu ſouverain d'Erope & de l'empire
Doit s'écouter lui ſeul, & peut ce qu'il déſire.
De votre mère encor j'ignore les projets;
Mais elle eſt comme une autre au rang de vos ſujets.
Votre gloire eſt la ſienne; & de troubles laſſée,
A vous rendre une épouſe elle eſt intéreſſée.
Son ame eſt noble & juſte; & juſques à ce jour
Nulle mère à ſon ſang n'a marqué tant d'amour.

ATRÉE.

Non : ma mère inſultait à ma douleur jalouſe;
Et j'étais le jouet de mon indigne épouſe.

IDAS.

A vos pieds dans ce temple elle doit ſe jeter;
Hippodamie enfin doit vous la préſenter.
Toutes deux hautement condamnent votre frère.

ATRÉE.

Erope eût pu calmer les flots de ma colère : (*i*)

Je l'aimai, j'en rougis.... J'attendis dans Argos
De ce funeste hymen ma gloire & mon repos.
De toutes les beautés Erope est l'assemblage,
Les vertus de son sexe étaient sur son visage ;
Et quand je la voyais, je les crus dans son cœur.
Tu m'as vu détester & chérir mon erreur ;
Et tu me vois encor flotter dans cet orage,,
Incertain de mes vœux, incertain dans ma rage ;
Nourrissant en secret un affreux souvenir,
Et redoutant surtout d'avoir à la punir. (*k*)
S'il est vrai qu'en ce temple à son devoir fidelle
Elle ait prétendu fuir l'audace criminelle
Du rival insolent qui m'osait outrager,
Je puis éteindre encor la soif de me venger ;
Je puis garder la paix que ma bouche a jurée,
Et remettre un bandeau sur ma vue égarée.
Mais je veux que Thieste avant la fin du jour
De son coupable aspect purge enfin ce séjour ;
Qu'il respecte s'il peut cette paix si douteuse...
Si l'on m'avait trompé, je la rendrais affreuse.

SCENE IV.

ATRÉE, MEGARE.

ATRÉE.

MEGARE, où courez-vous ? arrêtez, répondez.
D'où vient que dans ces lieux par des prêtres gardés,
Ma malheureuse épouse à mes bras arrachée
Est toujours à ma vue indignement cachée ?
D'où vient qu'Hippodamie a soustrait à mes yeux
Cet objet adoré, cet objet odieux ?

Cet objet criminel autrefois plein de charmes,
Qui devrait arroser mes genoux de ses larmes ?
Ce seul prix de la paix que je daigne accorder,
Ce prix que je m'abaisse encore à demander ?
Quoi ! ma femme à mes yeux n'a point osé paraître !

MEGARE.

Elle attend en tremblant son époux & son maître.
Dans cet asile saint elle invoque à genoux
La faveur de ses dieux qu'elle implore pour vous.

ATRÉE.

Qu'elle implore la mienne... Apprenez qu'un refuge
N'est qu'un crime nouveau commis contre son juge.
Jusqu'à quand mon épouse, en son indigne effroi,
Se mettra-t-elle encore entre ses dieux & moi ?
J'abhorre ces complots de prêtres & de femmes,
Ce mélange importun de leurs petites trames,
De secrets intérêts, de sourde ambition,
De vanité, de fraude & de religion.
Je veux qu'on vienne à moi, mais sans nul artifice ;
Qu'on n'ait aucun appui qu'en ma seule justice ;
Que l'humble repentir parle avec vérité,
Qu'on fléchisse en tremblant mon courage irrité.
Mais qui croit m'éblouir me trouve inexorable.
Allez ; annoncez-lui cet ordre irrévocable.

MEGARE.

J'en connais l'importance : elle la sait assez.

ATRÉE.

Il y va de la vie ; allez, obéissez.

Fin du troisième acte.

ACTE IV.

SCENE PREMIERE.

EROPE, THIESTE.

EROPE.

Dans ces afiles faints j'étais enfevelie,
J'y cachais mes tourmens, j'y terminais ma vie.
C'est donc toi qui me rends à ce jour que je hais!
Thieste, en tous les temps tu m'as ravi la paix.

THIESTE.

Ce funeste dessein nous fefait trop d'outrage.

EROPE.

Ma faute & ton amour nous en font davantage.

THIESTE.

Quoi! verrai-je en tout temps vos remords douloureux
Empoifonner des jours que vous rendiez heureux!

EROPE.

Nous heureux! nous, cruel! ah dans mon fort funeste,
Le bonheur est-il fait pour Erope & Thieste?

THIESTE.

Vivez pour votre fils.

EROPE.

    Raviffeur de ma foi,
Tu vois trop que je vis pour mon fils & pour toi.
Thieste, il t'a donné des droits inviolables;
Et les nœuds les plus faints ont uni deux coupables.

ACTE QUATRIEME.

Je t'ai fui, je l'ai dû : je ne puis te quitter ;
Sans horreur avec toi je ne saurais rester ;
Je ne puis soutenir la présence d'Atrée.

THIESTE.

La fatale entrevue est encor différée.

EROPE.

Sous des prétextes vains, la reine avec bonté
Ecarte encor de moi ce moment redouté.
Mais la paix dans vos cœurs est-elle résolue ?

THIESTE.

Cette paix est promise, elle n'est point conclue.
Mais j'aurai dans Argos encor des défenseurs ;
Et Micène déjà m'a promis des vengeurs.

EROPE.

Me préservent les cieux d'une nouvelle guerre !
Le sang pour nos amours a trop rougi la terre.

THIESTE.

Ce n'est que par le sang qu'en cette extrémité
Je puis soustraire Erope à son autorité.
Il faut tout dire enfin ; c'est parmi le carnage
Que dans une heure au moins je vous ouvre un passage.

EROPE.

Tu redoubles mes maux, ma honte, mon effroi,
Et l'éternelle horreur que je ressens pour moi.
Thieste, garde-toi d'oser rien entreprendre
Avant qu'il ait daigné me parler & m'entendre.

THIESTE.

Lui vous parler !... Mais vous, dans ce mortel ennui,
Qu'avez-vous résolu ?

EROPE.

De n'être point à lui....

Va, cruel, à t'aimer le ciel m'a condamnée.

THIESTE.

Je vois donc luire enfin ma plus belle journée.
Ce mot à tous mes vœux en tout temps refusé,
Pour la première fois vous l'avez prononcé,
Et l'on ose exiger que Thiefte vous cède !
Vaincu je fais mourir, vainqueur je vous possède.
Je vais donner mon ordre ; & mon fort en tout temps
Est d'arracher Erope aux mains de nos tyrans.

SCENE II.

EROPE, MEGARE.

MEGARE.

Ah ! Madame, le sang va-t-il couler encore ?

EROPE.

J'attends mon fort ici, Mégare, & je l'ignore.

MEGARE.

Quel appareil terrible & quelle triste paix !
On borde de soldats le temple & le palais :
J'ai vu le fier Atrée ; il semble qu'il médite
Quelque profond dessein qui le trouble & l'agite.

EROPE.

Je dois m'attendre à tout sans me plaindre de lui.
Mégare ! contre moi tout conspire aujourd'hui !
Ce temple est un asile & je m'y réfugie,
J'attendris sur mes maux le cœur d'Hippodamie ;
J'y trouve une pitié que les cœurs vertueux
Ont pour les criminels quand ils sont malheureux,

Que tant d'autres hélas! n'auraient point éprouvée.
Aux autels de nos dieux je me crois réservée;
Thieste m'y poursuit quand je veux m'y cacher;
Un époux menaçant vient encor m'y chercher;
Soit qu'un reste d'amour vers moi le détermine,
Soit que de son rival méditant la ruine,
Il exerce avec lui l'art de dissimuler.
A son trône, à son lit il ose m'appeler.
Dans quel état, grands Dieux! quand le sort qui m'opprime
Peut remettre en ses mains le gage de mon crime,
Quand il peut tous les deux nous punir sans retour,
Moi d'être une infidelle, & mon fils d'être au jour!

MEGARE.

Puisqu'il veut vous parler, croyez que sa colère
S'appaise enfin pour vous, & n'en veut qu'à son frère.
Vous êtes sa conquête... il a su l'obtenir.

EROPE.

C'en est fait, sous ses lois je ne puis revenir.
La gloire de tous trois doit encor m'être chère,
Je ne lui rendrai point une épouse adultère,
Je ne trahirai point deux frères à la fois.
Je me donnais aux dieux, c'était mon dernier choix:
Ces dieux n'ont point reçu l'offrande partagée
D'une ame faible & tendre en ses erreurs plongée.
Je n'ai plus de refuge, il faut subir mon sort,
Je suis entre la honte & le coup de la mort;
Mon cœur est à Thieste; & cet enfant lui-même,
Cet enfant qui va perdre une mère qui l'aime,
Est le fatal lien qui m'unit malgré moi
Au criminel amant qui m'a ravi ma foi.
Mon destin me poursuit, il me ramène encore
Entre deux ennemis dont l'un me déshonore,
Dont l'autre est mon tyran, mais un tyran sacré.

SCENE III.

EROPE, POLEMON, MEGARE.

POLEMON.

Princesse, en ce parvis votre époux est entré;
Il s'appaise, il s'occupe avec Hippodamie
De cette heureuse paix qui vous réconcilie.
Elle m'envoie à vous. Nous connaissons tous deux
Les transports violens de son cœur soupçonneux.
Quoiqu'il termine enfin ce traité salutaire,
Il voit avec horreur un rival dans son frère
Persuadez Thieste, engagez-le à l'instant
A chercher dans Micène un trône qui l'attend;
A ne point différer par sa triste présence
Votre réunion que ce traité commence. (*l*)

EROPE.

L'intérêt de ma vie est peu cher à mes yeux.
Peut-être il en est un plus grand, plus précieux!
Allez, digne soutien de nos tristes contrées,
Que ma seule infortune au meurtre avait livrées.
Je voudrais seconder vos augustes desseins :
J'admire vos vertus; je cède à mes destins.
Puissé-je mériter la pitié courageuse
Que garde encor pour moi cette ame généreuse!
La reine a jusqu'ici consolé mon malheur...
Elle n'en connaît pas l'horrible profondeur.

POLEMON.

Je retourne auprès d'elle; & pour grâce dernière
Je vous conjure encor d'écouter sa prière.

ACTE QUATRIEME. 219

SCENE IV.

EROPE, MEGARE.

MEGARE.

Vous le voyez, Atrée est terrible & jaloux ;
Ne vous exposez point à son juste courroux.

EROPE.

Que prétends-tu de moi ? Tu connais son injure ;
Je ne puis à ma faute ajouter le parjure.
Tout le courroux d'Atrée, armé de son pouvoir,
L'amour même en un mot (s'il pouvait en avoir)
Ne me réduira point jusques à la faiblesse
De flatter, de tromper sa fatale tendresse. (*m*)
Je fus coupable assez sans encor m'avilir.

MEGARE.

Il va bientôt paraître.

EROPE.

Ah ! tu me fais mourir.

MEGARE.

L'abyme est sous vos pas.

EROPE.

Je le sais ; mais n'importe.
Je connais mon danger ; la vérité l'emporte.

MEGARE.

Madame, le voici.

EROPE.

Je commence à trembler :
Quoi ! c'est Atrée ! ô Ciel ! & j'ose lui parler.

SCENE V.

EROPE, MEGARE, ATRÉE, Gardes.

ATRÉE *fait signe à ses gardes & à Mégare de se retirer.*

LAISSEZ-NOUS. Je la vois interdite, éperdue :
D'un époux qu'elle craint elle éloigne sa vue.

EROPE.

La lumière à mes yeux semble se dérober...
Seigneur, votre victime à vos pieds vient tomber.
Levez le fer, frappez : une plainte offensante
Ne s'échappera point de ma bouche expirante.
Je sais trop que sur moi vous avez tous les droits,
Ceux d'un époux, d'un maître & des plus saintes lois :
Je les ai tous trahis. Et quoique votre frère
Opprimât de ses feux l'esclave involontaire,
Quoique la violence ait ordonné mon sort,
L'objet de tant d'affronts a mérité la mort.
Eteignez sous vos pieds ce flambeau de la haine,
Dont la flamme embrasait l'Argolide & Micène ;
Et puissent sous ma cendre, après tant de fureurs,
Deux frères réunis oublier leurs malheurs !

ATRÉE.

Levez-vous : je rougis de vous revoir encore,
Je frémis de parler à qui me déshonore.
Entre mon frère & moi vous n'avez point d'époux ;
Qu'attendez-vous d'Atrée, & que méritez-vous ?

EROPE.

Je ne veux rien pour moi.

ATRÉE.

Si ma juste vengeance
De Thieste & de vous eût égalé l'offense,
Les pervers auraient vu comme je fais punir,
J'aurais épouvanté les siècles à venir.
Mais quelque sentiment, quelque soin qui me presse,
Vous pourriez désarmer cette main vengeresse;
Vous pourriez des replis de mon cœur ulcéré
Ecarter les serpens dont il est dévoré,
Dans ce cœur malheureux obtenir votre grace,
Y retrouver encor votre première place,
Et me venger d'un frère en revenant à moi.
Pouvez-vous, osez-vous me rendre votre foi ?
Voici le temple même où vous fûtes ravie,
L'autel qui fut souillé de tant de perfidie,
Où le flambeau d'hymen fut par vous allumé,
Où nos mains se joignaient... où je crus être aimé :
Du moins vous étiez prête à former les promesses
Qui nous garantissaient les plus saintes tendresses.
Jurez-y maintenant d'expier ses forfaits,
Et de haïr Thieste autant que je le hais.
Si vous me refusez, vous êtes sa complice ;
A tous deux, en un mot, venez rendre justice.
Je pardonne à ce prix : répondez-moi.

EROPE.

Seigneur,
C'est vous qui me forcez à vous ouvrir mon cœur.
La mort que j'attendais était bien moins cruelle
Que le fatal secret qu'il faut que je révèle.

Je n'examine point si les dieux offensés
Scellèrent mes sermens à peine commencés.
J'étais à vous, sans doute, & mon père Euristhée
M'entraîna vers l'autel où je fus présentée.
Sans feinte & sans desseins, soumise à son pouvoir,
Je me livrais entière aux lois de mon devoir.
Votre frère enivré de sa fureur jalouse,
A vous, à ma famille arracha votre épouse;
Et bientôt Euristhée en terminant ses jours,
Aux mains qui me gardaient me laissa sans secours.
Je restai sans parens. Je vis que votre gloire
De votre souvenir bannissait ma mémoire;
Que disputant un trône, & prompt à vous armer,
Vous haïssiez un frère, & ne pouviez m'aimer....

ATRÉE.

Je ne le devais pas... je vous aimai peut-être.
Mais.... Achevez, Erope, abjurez-vous un traître?
Aux pieds des immortels remise entre mes bras,
M'apportez-vous un cœur qu'il ne mérite pas?

EROPE.

Je ne saurais tromper, je ne dois plus me taire.
Mon destin pour jamais me livre à votre frère:
Thieste est mon époux.

ATRÉE.
   Lui!

EROPE.
      Les dieux ennemis
Eternisent ma faute en me donnant un fils.
Vous allez vous venger de cette criminelle:
Mais que le châtiment ne tombe que sur elle;
Que ce fils innocent ne soit point condamné.
Conçu dans les forfaits, malheureux d'être né,

La mort entoure encor son enfance première ;
Il n'a vu que le crime en ouvrant la paupière.
Mais il est après tout le sang de vos aïeux ;
Il est, ainsi que vous, de la race des dieux :
Seigneur, avec son père on vous réconcilie ;
De mon fils au berceau n'attaquez point la vie :
Il suffit de la mère à votre inimitié.
J'ai demandé la mort, & non votre pitié.

ATRÉE.

Rassurez-vous... le doute était mon seul supplice...
Je crains peu qu'on m'éclaire... & je me rends justice...
Mon frère en tout l'emporte... il m'enlève aujourd'hui
Et la moitié d'un trône & vous-même avec lui...
De Micène & d'Erope il est enfin le maître.
Dans sa postérité je le verrai renaître....
Il faut bien me soumettre à la fatalité
Qui confirme ma perte & sa félicité.
Je ne puis m'opposer au nœud qui vous enchaîne,
Je ne puis lui ravir Erope ni Micène.
Aux ordres du destin je fais me conformer....
Mon cœur n'était pas fait pour la honte d'aimer....
Ne vous figurez pas qu'une vaine tendresse
Deux fois pour une femme ensanglante la Grèce.
Je reconnais son fils pour son seul héritier....
Satisfait de vous perdre & de vous oublier,
Je veux à mon rival vous rendre ici moi-même....
Vous tremblez.

EROPE.

Ah ! Seigneur, ce changement extrême,
Ce passage inouï du courroux aux bontés,
Ont saisi mes esprits que vous épouvantez.

ATRÉE.

Ne vous alarmez point; le ciel parle, & je cède.
Que pourrais-je opposer à des maux sans remède?
Après tout, c'est mon frère.... & son front couronné
A la fille des rois peut être destiné.....
Vous auriez dû plutôt m'apprendre sa victoire,
Et de vous pardonner me préparer la gloire....
Cet enfant de Thieste est sans doute en ces lieux?

EROPE.

Mon fils.... est loin de moi.... sous la garde des dieux.

ATRÉE.

Quelque lieu qui l'enferme, il sera sous la mienne.

EROPE.

Sa mère doit, Seigneur, le conduire à Micène.

ATRÉE.

A ses parens, à vous, les chemins sont ouverts;
Je ne regrette rien de tout ce que je perds;
La paix avec mon frère en est plus assurée.
Allez....

EROPE, *en partant.*

Dieux! s'il est vrai... mais dois-je croire Atrée?

SCENE VI.

ATRÉE *seul.*

Enfin, de leurs complots j'ai connu la noirceur.
La perfide, elle aimait son lâche ravisseur.
Elle me fuit, m'abhorre, elle est toute à Thieste:
Du saint nom de l'hymen ils ont voilé l'inceste;
Ils jouissent en paix du fils qui leur est né;
Le vil enfant du crime au trône est destiné.

Tu ne goûteras pas, race impure & coupable,
Les fruits des attentats dont l'opprobre m'accable.
Par quel enchantement, par quel prestige affreux,
Tous les cœurs contre moi se déclaraient pour eux !
Polémon réprouvait l'excès de ma colère ;
Une pitié crédule avait séduit ma mère ;
On flattait leurs amours, on plaignait leurs douleurs ;
On était attendri de leurs perfides pleurs ;
Tout Argos favorable à leurs lâches tendresses
Pardonne à des forfaits qu'il appelle faiblesses.
Et je suis la victime & la fable à la fois
D'un peuple qui méprise & les mœurs & les lois.
Vous en allez frémir, Grèce légère & vaine,
Détestable Thieste, insolente Micène.
Soleil qui vois ce crime & toute ma fureur,
Tu ne verras bientôt ces lieux qu'avec horreur. (*n*)
Le voilà cet enfant, ce rejeton du crime,
Je te tiens : les enfers m'ont livré ma victime ;
Je tiens ce glaive affreux sous qui tomba Pélops.
Il te frappe, il t'égorge, il t'étale en lambeaux,
Il fait rentrer ton sang au gré de ma furie
Dans le coupable sang qui t'a donné la vie.
Le festin de Tantale est préparé pour eux,
Les poisons de Médée en font les mets affreux.
Tout tombe autour de moi par cent morts différentes.
Je me plais aux accens de leurs voix expirantes ;
Je savoure le sang dont j'étais affamé.
Thieste, Erope, ingrats ! tremblez d'avoir aimé.

IDAS, *accourant à lui.*

Seigneur, qu'ai-je entendu ? quels discours effroyables !
Que vous m'épouvantez par ces cris lamentables !

Atrée.

Tu vois l'abyme affreux où le fort m'a conduit....
Mon injure m'accable, & ma raifon me fuit.
Des fantômes fanglans ont rempli ma penfée,
Des cris font échappés de ma bouche oppreffée....
Mon efprit égaré par l'excès des tourmens
S'étonne du pouvoir qu'ont ufurpé mes fens....
Tu me rends à moi-même.... Enfin je me retrouve,
Pardonne à des fureurs qu'avec toi je réprouve.
Je les repouffe en vain.... ce cœur défefpéré
Eft trop plein des ferpens dont il eft dévoré.

Idas.

Rendez quelque repos à votre ame égarée.

Atrée.

Enfers qui m'appelez, en eft-il pour Atrée?

Fin du quatrième acte.

ACTE V.

SCENE PREMIERE.

EROPE, THIESTE, MEGARE.

THIESTE à *Erope*.

JE ne puis vous blamer de cet aveu sincère,
Injurieux, terrible, & pourtant néceffaire.
Il a réduit Atrée à ne plus réclamer
Un hymen que le ciel ne faurait confirmer.

EROPE.

Ah! j'aurais dû plutôt expirer & me taire.

THIESTE.

Quoi! je vous vois fans ceffe à vous-même contraire?

EROPE.

Je frémis d'avoir dit la dure vérité.

THIESTE.

Il doit fentir au moins quelle fatalité
Difpofe en tous les temps du fang des Pélopides.
Il voit qu'après un an de troubles, d'homicides,
Après tant d'attentats, trifte fruit des amours,
Un éternel oubli doit terminer leurs cours.
Nous ne pouvons enfin retourner en arrière;
Il ne peut renverfer l'éternelle barrière
Que notre hymen élève entre nous deux & lui.
Mes deftins ont vaincu, je triomphe aujourd'hui.

EROPE.

Quel triomphe! Etes-vous hors de sa dépendance?
Votre frère avec vous est-il d'intelligence?
Atrée en me parlant s'est-il bien expliqué?
Dans ses regards affreux n'ai-je pas remarqué
L'égarement du trouble & de l'inquiétude?
Polémon de son ame a long-temps fait l'étude;
Il semble être peu sûr de sa sincérité.

THIESTE.

N'importe, il faut qu'il cède à la nécessité.
C'était le seul moyen (du moins j'ose le croire)
Qui de nous trois enfin pût réparer la gloire.

EROPE.

Il est maître d'Argos, nous sommes dans ses mains.

THIESTE.

Dans l'asile où je suis les dieux sont souverains. (o)

EROPE.

Hé, qui nous répondra que ces dieux nous protégent?
Peut-être en ce moment les périls nous assiégent.

THIESTE.

Quels périls? entre nous le peuple est partagé,
Et même autour du temple il est déjà rangé.
Mes amis rassemblés arrivent de Micène,
Ils viennent adorer & défendre leur reine;
Mais il n'est pas besoin de ce nouveau secours:
Le ciel avec la paix veille ici sur vos jours;
La reine & Polémon, dans ce temple tranquile,
Imposent le respect qu'on doit à cet asile.

ACTE CINQUIEME.

EROPE.

Vous-même, en m'enlevant, l'avez-vous respecté?

THIESTE.

Ah! ne corrompez point tant de félicité.
Pour la première fois la douceur en est pure.

SCENE II.

HIPPODAMIE, EROPE, THIESTE,
POLEMON, MEGARE.

HIPPODAMIE.

Enfin donc désormais tout cède à la nature.
Bannissez, Polémon, ces soupçons recherchés,
A vos conseils prudens quelquefois reprochés.
Vous venez avec moi d'entendre les promesses
Dont mon fils ranimait ma joie & mes tendresses.
Pourquoi tromperait-il par tant de fausseté
L'espoir qu'il vient de rendre au sein qui l'a porté?
Il cède à vos conseils, il pardonne à son frère,
Il approuve un hymen devenu nécessaire;
Il y consent du moins : la première des lois,
L'intérêt de l'Etat lui parle à haute voix.
Il n'écoute plus qu'elle; & s'il voit avec peine
Dans ce fatal enfant l'héritier de Micène,
Consolé par le trône où les dieux l'ont placé,
A la publique paix lui-même intéressé,
Lié par ses sermens, oubliant son injure,
Docile à vos leçons, mon fils n'est point parjure.

POLEMON.

Reine, je ne veux point, dans mes soins défians,
Jeter sur ses desseins des yeux trop prévoyans.
Mon cœur vous est connu, vous savez s'il souhaite
Que cette heureuse paix ne soit point imparfaite.

HIPPODAMIE.

La coupe de Tantale en est l'heureux garant.
Nous l'attendons ici ; c'est de moi qu'il la prend ;
Il doit me l'apporter. Il doit avec son frère
Prononcer après moi ce serment nécessaire.

(à Erope & à Thieste.)

C'est trop se défier : goûtez entre mes bras
Un bonheur, mes enfans, que nous n'attendions pas.
Vous êtes arrivés par une route affreuse
Au but que vous marquait cette fin trop heureuse.
Sans outrager l'hymen vous me donnez un fils ;
Il a fait nos malheurs, mais il les a finis ;
Et je puis à la fin, sans rougir de ma joie,
Remercier le ciel de ce don qu'il m'envoie.
Si vos terreurs encor vous laissent des soupçons,
Confiez-moi ce fils, Erope, & j'en réponds.

THIESTE.

Hé bien, s'il est ainsi, Thieste & votre fille
Vont remettre en vos mains l'espoir de leur famille.
Vous, ma mère, & les Dieux, vous serez son appui,
Jusqu'à l'heureux moment où je pars avec lui.

EROPE.

De mes tristes frayeurs à la fin délivrée,
Je me confie en tout à la mère d'Atrée.
Cours, Mégare.

ACTE CINQUIEME.

MEGARE.

Ah! Princesse, à quoi m'obligez-vous!

EROPE.

Va, dis-je, ne crains rien... sur vos sacrés genoux,
En présence des dieux, je mettrai sans alarmes
Ce dépôt précieux arrosé de mes larmes.

THIESTE.

C'est vous qui l'adoptez & qui m'en répondez.

HIPPODAMIE.

Oui, j'en réponds.

THIESTE.

Voyez ce que vous hasardez.

POLEMON.

Je veillerai sur lui.

EROPE.

Soyez sa protectrice :
Ma mère, s'il est né sous un cruel auspice,
Corrigez de son sort le sinistre ascendant.

HIPPODAMIE.

On m'ôtera le jour avant que cet enfant....
Vous savez, belle Erope, en tous les temps trop chère,
Si le ciel m'a donné des entrailles de mère.

SCENE III.

HIPPODAMIE, EROPE, THIESTE, IDAS, POLEMON.

IDAS.

Reines, on vous attend. Atrée est à l'autel.

EROPE.

Atrée ?

IDAS.

Il doit lui-même, en ce jour solemnel,
Commencer sous vos yeux ces heureux sacrifices,
Immoler la victime, en offrir les prémices ;

(*à Erope.*)

Les goûter avec vous, tandis que dans ces lieux,
Pour confirmer la paix jurée au nom des dieux,
Je dois faire apporter la coupe de ses pères,
Ce gage auguste & saint de vos sermens sincères.
C'est à Thieste, à vous, de venir commencer
La fête qu'il ordonne & qu'il fait annoncer.

THIESTE.

Mais il pouvait lui-même ici nous en instruire,
Venir prendre sa mère, à l'autel nous conduire.
Il le devait.

IDAS.

Au temple, un devoir plus pressé,
De ces devoirs communs, Seigneur, l'a dispensé.
Vous savez que les dieux sont aux rois plus propices,
Quand de leurs propres mains ils font les sacrifices.

Acte cinquieme.

Les rois des Argiens de ce droit sont jaloux.

Thieste.

Allons donc', chère Erope... A côté d'un époux
Suivez, sans vous troubler, une mère adorée.
Je ne puis craindre ici l'inimitié d'Atrée ;
Engagé trop avant, il ne peut reculer.

Erope.

Pardonne, cher époux, si tu me vois trembler.

Hippodamie.

Venez, ne tardons plus.... Le sang des Pélopides,
Dans ce jour fortuné n'aura point de perfides. (*p*)

Idas.

Non, Madame; au courroux dont il fut possédé
Par degré à mes yeux le calme a succédé.
La paix est dans le cœur du redoutable Atrée :
Lui-même il veut remplir cette coupe sacrée
Que les prêtres des dieux porteront à l'autel
Où vous prononcerez le serment solemnel.

Polemon.

Achevons notre ouvrage ; entrons, la porte s'ouvre,
De ce saint appareil, la pompe se découvre. (*)
Enfin je vois Atrée : il avance à pas lents,
Interdit, égaré....

(*) Ici on apporte l'autel avec la coupe. La reine, *Erope* & *Thieste* se mettent à un des côtés ; *Polémon* & *Idas*, en la saluant, se placent de l'autre ; on place la coupe sur la table. On voit venir de loin *Atrée* qui s'arrête à l'entrée de la scène.

SCENE IV & dernière.

Tous les Personnages précédens, ATRÉE *dans le fond.*

HIPPODAMIE.

Ecoutez nos sermens.
Dieux qui rendez enfin dans ce jour salutaire
Les peuples à leurs rois, les enfans à leur mère,
Si du trône des cieux vous ne dédaignez pas
D'honorer d'un coup d'œil les rois & les Etats,
Prodiguez vos faveurs à la vertu du juste.
Si le crime est ici, que cette coupe auguste
En lave la souillure, & demeure à jamais
Un monument sacré de vos nouveaux bienfaits.

(*à Atrée.*)

Approchez-vous, mon fils. D'où naît cette contrainte
Et quelle horreur nouvelle en vos regards est peinte ?

ATRÉE.

Peut-être un peu de trouble a pu renaître en moi,
En voyant que mon frère a soupçonné ma foi.

HIPPODAMIE.

Ah ! bannissez, mes fils, ces soupçons téméraires,
Honteux entre des rois, cruels entre des frères.
Tout doit être oublié ; la plainte aigrit les cœurs,
Et de ce jour heureux corromprait les douceurs ;

Dans nos embrassemens qu'enfin tout se répare.
  (*à Polémon.*)
Donnez-moi cette coupe.

MEGARE, *accourant.*
Arrêtez !

EROPE.
Ah ! Mégare,
Tu reviens sans mon fils !

MEGARE, *se plaçant près d'Erope.*
De farouches soldats
Ont saisi cet enfant dans mes débiles bras....

EROPE.
On m'arrache mon sang !

MEGARE.
Interdite & tremblante,
Les dieux que j'attestais m'ont laissée expirante.
Craignez tout.

EROPE.
Ah ! courons...

THIESTE.
Volons, sauvons mon fils...

ATRÉE, *toujours dans l'enfoncement.*
Du crime de sa vie enfin reçois le prix.
  (*on frappe Erope derrière la scène.*)

EROPE.
Je meurs !

ATRÉE.
Tombe avec elle, exécrable Thieste,
Suis ton infâme épouse, & l'enfant de l'inceste.

Je n'ai pu t'abreuver de ce sang criminel,
Mais tu le rejoindras.

THIESTE, *derrière la scène.*

Dieux ! c'est à votre autel...
Mais je l'avais souillé.

HIPPODAMIE.

Fureurs de la vengeance !
Ciel qui la réservais ! implacable Puissance !
Monstre que j'ai nourri, monstre de cruauté,
Achève, ouvre ce sein, ces flancs qui t'ont porté.

(*on entend le tonnerre, & les ténèbres couvrent la terre.*)

ATRÉE, *appuyé contre une colonne pendant que le tonnerre gronde.*

Destin, tu l'as voulu ! c'est d'abyme en abyme
Que tu conduis Atrée à ce comble du crime....
La foudre m'environne, & le soleil me fuit !
L'enfer s'ouvre !... je tombe en l'éternelle nuit.
Tantale, pour ton fils tu viens me reconnaître,
Et mes derniers neveux m'égaleront peut-être.

Fin du cinquième & dernier acte.

VARIANTES
DES PELOPIDES.

Erope.

(*a*) Peut-etre un sort plus triste empoisonne ma vie.
Les monstres déchaînés de l'empire des morts
Sont moins cruels pour moi que l'horreur des remords.

(*b*) Réparer vos erreurs, & vaincre son courroux.

(*c*) ### Thieste.

Epouse infortunée, & malheureuse mère !
Mais nul ne peut forcer sa prison volontaire ;
De cet asile saint rien ne peut la tirer.

(*d*) Que je résiste ou non, c'en est fait ; tout me perd.
Auteur de tant de maux, pourquoi m'as-tu séduite ?

(*e*) Je me suis trop sans doute accusé devant elle.
Ce n'est pas vous du moins qui fûtes criminelle :
A mon fier ennemi j'enlevai vos appas.
Les dieux n'avaient point mis Erope entre ses bras.
J'éteignis les flambeaux de cette horrible fête :
Malgré vous, en un mot, vous fûtes ma conquête :
Je fus le seul coupable, & je ne le suis plus.
Votre cœur alarmé, vos vœux irrésolus
M'ont assez reproché ma flamme & mon audace ;
A mon empressement le ciel même a fait grace.

(*f*) A ce trouble éternel qui suit le diadème.

(*g*) On condamne son crime, il le doit expier ;
Et vous, s'il se repent, vous devez l'oublier.

(*h*) Mon cœur peut se tromper ; mais dans Hippodamie
Je crains de rencontrer ma secrète ennemie.
Polémon n'est qu'un traître, & son ambition
Peut-être de Thieste armait la faction.

VARIANTES

IDAS.

Tel est souvent des cours le manége perfide ;
La vérité les fuit, l'imposture y réside :
Tout est parti, cabale, injure ou trahison ;
Vous voyez la discorde y verser son poison.
Mais que craindriez-vous d'un parti sans puissance ?
Tout n'est-il pas soumis à votre obéissance ?
Ce peuple sous vos lois ne s'est-il pas rangé ?
Vous êtes maître ici.

ATRÉE.

Je n'y suis pas vengé.
J'y suis en proie, Idas, à d'étranges supplices.
. . . .
(*i*) Non ; ma fatale épouse, entre mes bras ravie,
De sa place en mon cœur sera du moins bannie.

IDAS.

A vos pieds, dans ce temple, elle doit se jeter ;
Hippodamie enfin doit vous la présenter.

ATRÉE.

Pour Erope, il est vrai, j'aurais pu sans faiblesse
Garder le souvenir d'un reste de tendresse ;
Mais, pour éteindre enfin tant de ressentimens,
Cette mère qui m'aime a tardé bien long-temps.
Erope n'a point part au crime de mon frère.

(*k*) Fin du troisième acte, dans l'édition de 1775.

SCENE IV.

HIPPODAMIE, ATRÉE, IDAS.

HIPPODAMIE.

Vous revoyez, mon fils, une mère affligée,
Qui, toujours trop sensible & toujours outragée,
Revient vous dire enfin, du pied des saints autels,
Au nom d'Erope, au sien, des adieux éternels.
La malheureuse Erope a désuni deux frères,
Elle alluma les feux de ces funestes guerres.

Source de tous les maux, elle fuit tous les yeux :
Ses jours infortunés font consacrés aux dieux.
Sa douleur nous trompait ; ses secrets sacrifices
De celui qu'elle fait n'étaient que les prémices.
Libre au fond de ce temple, & loin de ses amans,
Sa bouche a prononcé ses éternels sermens.
Elle ne dépendra que du pouvoir céleste.
Des murs du sanctuaire elle écarte Thieste ;
Son criminel aspect eût souillé ce séjour.
Qu'il parte pour Micène avant la fin du jour !
Vivez, règnez heureux.... Ma carrière est remplie :
Dans ce tombeau sacré je reste ensevelie.
Je devais cet exemple, au lieu de l'imiter....
Tout ce que je demande, avant de vous quitter,
C'est de vous voir signer cette paix nécessaire,
D'une main qu'à mes yeux conduise un cœur sincère.
Vous n'avez point encore accompli ce devoir.
Nous allons pour jamais renoncer à nous voir.
Séparons-nous tous trois, sans que d'un seul murmure
Nous faffions un moment soupirer la nature.

ATRÉE.

A cet affront nouveau je ne m'attendais pas.
Ma femme ose en ces lieux s'arracher à mes bras !
Vos autels, je l'avoue, ont de grands priviléges !
Thieste les souilla de ses mains sacriléges....
Mais de quel droit Erope ose-t-elle y porter
Ce téméraire vœu qu'ils doivent rejeter ?
Par des vœux plus sacrés elle me fut unie :
Voulez-vous que deux fois elle me soit ravie,
Tantôt par un perfide, & tantôt par les dieux ?
Ces vœux si mal conçus, ces sermens odieux,
Au roi comme à l'époux font un trop grand outrage.
Vous pouvez accomplir le vœu qui vous engage.
Ces lieux faits pour votre âge, au repos consacrés,
Habités par ma mère en seront honorés.
Mais Erope est coupable en suivant votre exemple :
Erope m'appartient, & non pas à ce temple.
Ces dieux, ces mêmes dieux qui m'ont donné sa foi,
Lui commandent surtout de n'obéir qu'à moi.

Eſt-ce donc Polémon, ou mon frère, ou vous-même,
Qui penſez la fouſtraire à mon pouvoir fuprême ?
Vous êtes-vous tous trois en fecret accordés
Pour détruire une paix que vous me demandez ?
Qu'on rende mon épouſe au maître qu'elle offenſe ;
Et ſi l'on me trahit, qu'on craigne ma vengeance.

HIPPODAMIE.

Vous interprétez mal une juſte pitié
Que donnait à ſes maux ma ſtérile amitié.
Votre mère pour vous, du fond de ces retraites,
Forma toujours des vœux, tout cruel que vous êtes.
Entre Thieſte & vous, Erope ſans ſecours,
N'avait plus que le ciel.... il était ſon recours.
Mais puiſque vous daignez la recevoir encore,
Puiſque vous lui rendez cette main qui l'honore,
Et qu'enfin ſon époux daigne lui rapporter
Un cœur dont ſes appas n'oſèrent ſe flater,
Elle doit en effet chérir votre clémence :
Je puis me plaindre à vous, mais ſon bonheur commence.
Cette auguſte retraite, afile des douleurs,
Où votre triſte épouſe aurait caché ſes pleurs,
Convenable à moi ſeule, à mon ſort, à mon âge,
Doit s'ouvrir pour la rendre à l'hymen qui l'engage.
Vous l'aimez, c'eſt aſſez. Sur moi, ſur Polémon,
Vous conceviez, mon fils, un injuſte ſoupçon.
Quels amis trouvera ce cœur dur & ſévère,
Si vous vous défiez de l'amour d'une mère ?

ATRÉE.

Vous rendez quelque calme à mes eſprits troublés.
Vous m'ôtez un fardeau dont mes ſens accablés
N'auraient point ſoutenu le poids inſupportable.
Oui, j'aime encore Erope, elle n'eſt point coupable.
Oubliez mon courroux ; c'eſt à vous que je doi
Le jour plus épuré qui va luire pour moi.
Puiſqu'Erope en ce temple, à ſon devoir fidelle,
A fui d'un raviſſeur l'audace criminelle,
Je peux lui pardonner ; mais qu'en ce même jour
De ſon fatal aſpect il purge ce ſéjour.

Je vais preffer la fête, & je la crois heureufe :
Si l'on m'avait trompé.... je la rendrais affreufe.

HIPPODAMIE à *Idas.*

Idas, il vous confulte ; allez & confirmez
Ces juftes fentimens dans fes efprits calmés.

SCENE V.

HIPPODAMIE *feule.*

Disparaissez enfin, redoutables préfages,
Preffentimens d'horreur, effrayantes images,
Qui pourfuiviez par-tout mon efprit incertain.
La race de Tantale a vaincu fon deftin ;
Elle en a détourné la terrible influence.

SCENE VI.

HIPPODAMIE, EROPE.

HIPPODAMIE.

Enfin, votre bonheur paffe votre efpérance.
Ne penfez plus, ma fille, aux funèbres apprêts
Qui dans ce fombre afile enterraient vos attraits.
Laiffez-là ces bandeaux, ces voiles de trifteffe,
Dont j'ai vu friffonner votre faible jeuneffe.
Il n'eft ici de rang ni de place pour vous
Que le trône d'un maître, & le lit d'un époux.
Dans tous vos droits, ma fille, heureufement rentrée,
Argos chérit dans vous la compagne d'Atrée.
Ne montrez à fes yeux que des yeux fatisfaits ;
D'un pas plus affuré marchez vers le palais ;
Sur un front plus ferein pofez le diadème :
Atrée eft rigoureux, violent, mais il aime.
Ma fille, il faut régner.

EROPE.
Je suis perdue.... ah, Dieux!

HIPPODAMIE.
Qu'entends-je, & quel nuage a couvert vos beaux yeux?
N'éprouverai-je ici qu'un éternel paffage
De l'efpoir à la crainte, & du calme à l'orage?

EROPE.
Ma mère!.... j'ofe encore ainfi vous appeler,
Et de trône & d'hymen ceffez de me parler,
Ils ne font point pour moi.... je vous en ferai juge.
Vous m'arrachez, Madame, à l'unique refuge
Où je dus fuir Atrée & Thiefte, & mon cœur.
Vous me rendez au jour, le jour m'eft en horreur.
Un dieu cruel, un dieu me fuit & nous raffemble,
Vous, vos enfans & moi, pour nous frapper enfemble.
Ne me confolez plus ; craignez de partager
Le fort qui me menace, en voulant le changer...
C'en eft fait.

HIPPODAMIE.
Je me perds dans votre deftinée ;
Mais on ne verra point Erope abandonnée
D'une mère en tout temps prête à vous confoler.

EROPE.
Ah! qui protégez-vous?

HIPPODAMIE.
Où voulez-vous aller?

Je vous fuis.

EROPE.
Que de foins pour une criminelle!

HIPPODAMIE.
Le fût-elle en effet, je ferai tout pour elle.

(*l*) Après ce vers, *Polémon* ajoutait, dans l'édition de 1775 :

Vous me voyez chargé des intérêts d'Argos,
De la gloire d'Atrée, & de votre repos.
Tandis qu'Hippodamie, avec perfévérance,
Adoucit de fon fils la fombre violence ;
Que Thiefte abandonne un féjour dangereux,
Il deviendrait bientôt fatal à tous les deux.

Vous devez fur ce prince avoir quelque puiffance :
Le falut de vos jours dépend de fon abfence.

(m) N'obtiendront pas de moi que je trompe mon maître :
Le fort en eft jeté.

MEGARE.

Princeffe, il va paraître ;
Vous n'avez qu'un moment.

EROPE.

Ce mot me fait trembler.

MEGARE.

L'abyme eft fous vos pas.

EROPE.

N'importe, il faut parler.

MEGARE.

Le voici.

SCENE V.

EROPE, MEGARE, ATRÉE, Gardes.

ATRÉE, *après avoir fait figne à fes gardes & à Mégare de fe retirer.*

JE la vois interdite, éperdue, &c.

(n) Fin du quatrième acte, dans l'édition de 1775.

Ceffez, filles du Styx, ceffez, troupe infernale,
D'épouvanter les yeux de mon aïeul Tantale :
Sur Thiefte & fur moi venez vous acharner.
Paraiffez, Dieux vengeurs, je vais vous étonner.

VARIANTES

SCENE VII.

ATRÉE, POLEMON, IDAS.

ATRÉE.

Idas, exécutez ce que je vais prescrire.
Polémon, c'en est fait, tout ce que je puis dire,
C'est que j'aurai l'orgueil de ne plus disputer
Un cœur dont la conquête a dû peu me flatter.
La paix est préférable à l'amour d'une femme ;
Ainsi qu'à mes Etats je la rends à mon ame.
Vous pouvez à mon frère annoncer mes bienfaits....
Si vous les approuvez, mes vœux sont satisfaits.

POLEMON.

Puisse un pareil dessein, que je conçois à peine,
N'être point en effet inspiré par la haine !

ATRÉE, *en sortant.*

Craignez-vous pour mon frère ?

POLEMON.

      Oui, je crains pour tous deux.
Seconde-moi, nature, éveille-toi dans eux.
Que de ton feu sacré quelque faible étincelle
Rallume de ta cendre une flamme nouvelle.
Du bonheur de l'Etat sois l'auguste lien.
Nature, tu peux tout ; les conseils ne font rien.

(*o*)   EROPE.

Il est maître en ces lieux, nous sommes dans ses mains.

THIESTE.

Les dieux nos protecteurs y sont seuls souverains.

(*p*) Voici les dernières scènes du cinquième acte, telles qu'elles ont été imprimées jusqu'ici.

SCENE IV.

POLEMON, IDAS.

IDAS.

Vous ne les suivez pas?

POLEMON.

Non, je reste en ces lieux,
Et ces libations qu'on y va faire aux dieux,
Ces apprêts, ces sermens me tiennent en contrainte.
Je vois trop de soldats entourer cette enceinte;
Vous devez y veiller : je dois compte au Sénat
Des suites de la paix qu'il donne à cet Etat.
Ayez soin d'empêcher que tous ces satellites
De nos parvis sacrés ne passent les limites.
Que font-ils en ces lieux?.... Et vous, répondez-moi,
Vous aimez la vertu, même en flattant le roi;
Vous ne voudriez pas de la moindre injustice,
Fût-ce pour le servir, vous rendre le complice?

IDAS.

C'est m'outrager, Seigneur, que me le demander.

POLEMON.

Mais il règne, on l'outrage ; il peut vous commander
Ces actes de rigueur, ces effets de vengeance
Qui ne trouvent souvent que trop d'obéissance.

IDAS.

Il n'oserait : sachez, s'il a de tels desseins,
Qu'il ne les confira qu'aux plus vils des humains.
Osez-vous accuser le roi d'être parjure.

POLEMON.

Il a dissimulé l'excès de son injure;
Il garde un froid silence; & depuis qu'il est roi,
Ce cœur que j'ai formé s'est éloigné de moi.
La vengeance en tout temps a souillé ma patrie:
La race de Pélops tient de la barbarie.

Jamais prince en effet ne fut plus outragé.
Ne vous a-t-il pas dit qu'on le verrait vengé ?

IDAS.

Oui ; mais depuis, Seigneur, dans son ame ulcérée,
Ainsi que parmi nous, j'ai vu la paix rentrée.
A ce juste courroux dont il fut possédé,
Par degrés à mes yeux le calme a succédé.
Il est devant les dieux ; déjà des sacrifices,
Dans ce moment heureux, on goûte les prémices.
Sur la coupe sacrée on va jurer la paix
Que vos soins ont donnée à nos ardens souhaits.

POLEMON.

Achevons notre ouvrage ; entrons, la porte s'ouvre ;
De ce saint appareil la pompe se découvre (*a*).
La reine avec Erope avance en ce parvis.
Au nom de nos deux rois à la fin réunis,
On apporte en ces lieux la coupe de Tantale ;
Puisse-t-elle à ses fils n'être jamais fatale !

SCENE V.

Tous les personnages précédens, ATRÉE *dans le fond.*

POLEMON.

Je vois venir Atrée ; & voici les momens
Où vous allez tous trois prononcer les sermens.
(*Atrée se place derrière l'autel.*)

HIPPODAMIE.

Vous les écouterez, Dieux souverains du monde,
Dieux ! auteurs de ma race en malheurs si féconde,
Vous les voulez finir ; & la religion
Forme enfin les saints nœuds de la réunion,

(*a*) Ici on apporte l'autel avec la coupe. La reine, *Erope* & *Thieste*
se mettent à un des côtés. *Polémon* & *Idas*, en la saluant, se placent de
l'autre.

Qui rend, après des jours de sang & de misère,
Les peuples à leurs rois, les enfans à leur mère.
Si du trône des cieux vous ne dédaignez pas
D'honorer d'un coup d'œil les rois & les Etats,
Prodiguez vos faveurs à la vertu du juste.
Si le crime est ici, que cette coupe auguste
En lave la souillure, & demeure à jamais
Un monument sacré de vos nouveaux bienfaits.

(*à Atrée.*)

Approchez-vous, mon fils. D'où naît cette contrainte,
Et quelle horreur nouvelle en vos regards est peinte?

ATRÉE.

Peut-être un peu de trouble a pu renaître en moi,
En voyant que mon frère a soupçonné ma foi.
Des soldats de Micène il a mandé l'élite.

THIESTE.

Je veux que mes sujets se rangent à ma suite;
Je les veux pour témoins de mes sermens sacrés,
Je les veux pour vengeurs, si vous vous parjurez.

HIPPODAMIE.

Ah! bannissez, mes fils, ces soupçons téméraires,
Honteux entre des rois, cruels entre des frères.
Tout doit être oublié: la plainte aigrit les cœurs;
Rien ne doit de ce jour altérer les douceurs:
Dans nos embrassemens qu'enfin tout se répare.

(*à Polémon.*)
Donnez-moi cette coupe.

MEGARE *accourant.*
Arrêtez!

EROPE.
Ah! Mégare,
Tu reviens sans mon fils!

MEGARE, *se plaçant près d'Erope.*
De farouches soldats
Ont saisi cet enfant dans mes débiles bras.

EROPE.
Quoi! mon fils malheureux!

MEGARE.
                    Interdite & tremblante,
Les dieux que j'attestais m'ont laissée expirante.
Craignez tout.
THIESTE.
                Ah! mon frère, est-ce ainsi que ta foi
Se conserve à nos dieux, à tes sermens, à moi?...
Ta main tremble en touchant à la coupe sacrée!...
ATRÉE.
Tremble encor plus, perfide, & reconnais Atrée.
EROPE.
Dieux! quels maux je ressens! ô ma mère! ô mon fils!....
Je meurs!

(elle tombe dans les bras d'Hippodamie & de Thieste.)

POLEMON.
Affreux soupçons; vous êtes éclaircis.
ATRÉE.
Tu meurs, indigne Erope, & tu mourras, Thieste.
Ton détestable fils est celui de l'inceste;
Et ce vase contient le sang du malheureux:
J'ai voulu de ce sang vous abreuver tous deux.

(la nuit se répand sur la scène, & on entend le tonnerre.)

ATRÉE *tire son épée.*
Ce poison m'a vengé; glaive, achève....
THIESTE.
                        Ah, barbare!
Tu mourras avant moi.... la foudre nous sépare.

(les deux frères veulent courir l'un sur l'autre, le poignard à la main;
Polémon & Idas les désarment.)

ATRÉE.
Crains la foudre & mon bras; tombe, perfide, & meurs!
HIPPODAMIE.
Monstres, sur votre mère épuisez vos fureurs:

Mon sein vous a portés, je suis la plus coupable.

(*elle embrasse Erope, & se laisse tomber auprès d'elle sur une banquette : les éclairs & le tonnerre redoublent.*)

Thieste.

Je ne puis t'arracher ta vie abominable :
Va, je finis la mienne.

(*il se tue.*)

Atrée.

Attends, rival cruel....
Le jour fuit, l'enfer m'ouvre un sépulcre éternel ;
Je porterai ma haine au fond de ces abymes,
Nous y disputerons de malheurs & de crimes.
Le séjour des forfaits, le séjour des tourmens,
O Tantale ! ô mon père ! est fait pour tes enfans.
Je suis digne de toi, tu dois me reconnaître ;
Et mes derniers neveux m'égaleront peut-être.

Fin des Variantes.

NOTE.

(1) Vers de Timoléon de M. *de la Harpe.*

IRENE,

TRAGEDIE.

Repréſentée pour la première fois,
le 16 mars 1778.

LETTRE

DE MONSIEUR

DE VOLTAIRE

A L'ACADEMIE FRANÇAISE 1778.

MESSIEURS,

Daignez recevoir le dernier hommage de ma voix mourante, avec les remercîmens tendres & respectueux que je dois à vos extrêmes bontés.

Si votre compagnie fut nécessaire à la France par son institution, dans un temps où nous n'avions aucun ouvrage de génie écrit d'un style pur & noble, elle est plus nécessaire que jamais dans la multitude des productions que fait naître aujourd'hui le goût généralement répandu de la littérature.

Il n'est permis à aucun membre de l'académie de la Crusca, de prendre ce titre à la tête de son livre, si l'académie ne l'a déclaré, écrit avec la pureté de la langue toscane. Autrefois quand j'osais cultiver, quoique faiblement, l'art des *Sophocles*, je consultais toujours M. l'abbé d'*Olivet*, notre confrère, qui, sans me nommer, vous proposait mes doutes ; & lorsque je commentai le grand *Corneille*, j'envoyai toutes mes remarques à M. *Duclos*, qui vous les communiqua. Vous les examinâtes ; & cette édition de *Corneille* semble être aujourd'hui regardée comme un livre claſſique pour les remarques que je n'ai données que ſur votre déciſion.

Je prends aujourd'hui la liberté de vous demander des leçons ſur les fautes où je ſuis tombé dans la tragédie d'Irène. Je n'en fais tirer quelques exemplaires que pour avoir l'honneur de vous conſulter, & pour ſuivre les avis de ceux d'entre vous qui voudront bien m'en donner. La vieilleſſe paſſe pour incorrigible, & moi, Meſſieurs, je crois qu'on doit penſer à ſe corriger à cent ans. On ne peut ſe donner du génie à aucun âge, mais on peut réparer ſes fautes à tout âge. Peut-être cette méthode eſt la ſeule qui puiſſe préſerver la langue françaiſe de la corruption qui ſemble, dit-on, la menacer.

Racine, celui de nos poëtes qui approcha le plus de la perfection, ne donna jamais au public aucun ouvrage ſans avoir écouté les conſeils de *Boileau* & de *Patru* : auſſi c'eſt ce véritablement grandhomme qui nous enſeigna, par ſon exemple, l'art difficile de s'exprimer toujours naturellement, malgré la gène prodigieuſe de la rime; de faire parler le cœur avec eſprit ſans la moindre ombre d'affectation ; d'employer toujours le mot propre ſouvent inconnu au public étonné de l'entendre. *Invenit verba quibus deberent loqui*, dit ſi bien *Pétrone :* il inventa l'art de s'exprimer.

Il mit dans la poëſie dramatique cette élégance, cette harmonie continue qui nous manquait abſolument, ce charme ſecret & inexprimable, égal à celui du quatrième livre de *Virgile;* cette douceur enchantereſſe qui fait que quand vous liſez au haſard dix ou douze vers d'une de fes pièces, un attrait irréfiftible vous force de lire tout le refte.

C'eft lui qui a profcrit chez tous les gens de goût, & malheureufement chez eux feuls, ces idées gigantefques & vides de fens, ces apoftrophes continuels aux dieux, quand on ne fait pas faire parler les hommes; ces lieux communs d'une politique ridiculement atroce, débités dans un ftyle fauvage; ces épithètes fauffes & inutiles; ces idées obfcures, plus obfcurément rendues; ce ftyle auffi dur que négligé, incorrect & barbare; enfin tout ce que j'ai vu applaudi par un parterre compofé alors de jeunes gens dont le goût n'était pas encore formé.

Je ne parle pas de l'artifice imperceptible des poëmes de *Racine*, de fon grand art de conduire une tragédie; de renouer l'intérêt par des moyens délicats; de tirer un acte entier d'un feul fentiment; je ne parle que de l'art d'écrire. C'eft fur cet art fi néceffaire, fi facile aux yeux de l'ignorance, fi difficile au génie même, que le légiflateur *Boileau* a donné ce précepte,

> Et que tout ce qu'il dit, facile à retenir,
> De fon ouvrage en vous laiffe un long fouvenir.

Voilà ce qui eft arrivé toujours au feul *Racine*, depuis Andromaque jufqu'au chef-d'œuvre d'Atalie. (*)

J'ai remarqué ailleurs que dans les livres de toute efpèce, dans les fermons même, dans les oraifons funèbres, les orateurs ont fouvent employé les tours

(*) Voyez la note à la fin de cette lettre.

de phrase de cet élégant écrivain, ses expressions pittoresques, *verba quibus deberent loqui*. *Cheminais*, *Massillon* ont été célèbres, l'un pendant quelque temps, l'autre pour toujours, par l'imitation du style de *Racine*. Ils se servaient de ses armes pour combattre en public un genre de littérature dont ils étaient idolâtres en secret. Ce peintre charmant de la vertu, cet aimable *Fénélon* votre autre confrère, tant persécuté pour des disputes aujourd'hui méprisées, & si cher à la postérité par ses persécutions mêmes, forma sa prose élégante sur la poësie de *Racine*, ne pouvant l'imiter en vers : car les vers sont une langue qu'il est donné à très-peu d'esprits de posséder ; & quand les plus éloquens & les plus savans hommes, les sublimes *Bossuet*, les touchans *Fénélon*, les érudits *Huet* ont voulu faire des vers français, ils sont tombés de la hauteur où les plaçait leur génie ou leur science, dans cette triste classe qui est au-dessous de la médiocrité.

Mais les ouvrages de prose dans lesquels on a le mieux imité le style de *Racine*, sont ce que nous avons de meilleur dans notre langue. Point de vrai succès aujourd'hui sans cette correction, sans cette pureté qui seule met le génie dans tout son jour, & sans laquelle ce génie ne déploierait qu'une force monstrueuse, tombant à chaque pas dans une faiblesse plus monstrueuse encore, & du haut des nues dans la fange.

Vous entretenez le feu sacré, Messieurs ; c'est par vos soins que depuis quelques années les compositions pour les prix décernés par vous sont enfin

devenues

devenues de véritables pièces d'éloquence. Le goût de la saine littérature s'est tellement déployé qu'on a vu quelquefois trois ou quatre ouvrages suspendre vos jugemens, & partager vos suffrages ainsi que ceux du public.

Je sens combien il est peu convenable, à mon âge de quatre-vingt-quatre ans, d'oser arrêter un moment vos regards sur un des fruits dégénérés de ma vieillesse. La tragédie d'Irène ne peut être digne de vous ni du théâtre français ; elle n'a d'autre mérite que la fidélité aux règles données aux Grecs par le digne précepteur d'*Alexandre*, & adoptées chez les Français par le génie de *Corneille*, le père de notre théâtre.

A ce grand nom de *Corneille*, Messieurs, permettez que je joigne ma faible voix à vos décisions souveraines sur l'éclat éternel qu'il sut donner à cette langue française peu connue avant lui, & devenue après lui la langue de l'Europe.

Vous éclairâtes mes doutes, & vous confirmâtes mon opinion il y a deux ans, en voulant bien lire, dans une de vos assemblées publiques, la lettre que j'avais eu l'honneur de vous écrire sur *Corneille* & sur *Shakespeare*. Je rougis de joindre ensemble ces deux noms : mais j'apprends qu'on renouvelle au milieu de Paris cette incroyable dispute. On s'appuie de l'opinion de Madame *Montagu*, estimable citoyenne de Londres, qui montre pour sa patrie une passion si pardonnable. Elle préfère *Shakespeare* aux auteurs d'Iphigénie & d'Athalie, de Polieucte & de Cinna. Elle a fait un livre entier pour lui assurer cette supériorité ; & ce livre est écrit avec la forte d'enthousiasme que la nation anglaise retrouve dans quelques beaux morceaux de *Shakespeare*, échappés à la grossièreté de son siècle. Elle met *Shakespeare* au-dessus de tout, en faveur de ces morceaux qui sont en effet naturels & énergiques, quoique défigurés presque toujours par une familiarité basse. Mais est-il permis de préférer deux vers d'*Ennius* à tout Virgile, ou de *Lycophron* à tout Homère?

On a représenté, Messieurs, les chefs-d'œuvre de la France devant toutes les cours, & dans les académies d'Italie. On les joue depuis les rivages de la mer glaciale jusqu'à la mer qui sépare l'Europe de l'Afrique. Qu'on fasse le même honneur à une seule pièce de *Shakespeare*, & alors nous pourrons disputer.

Qu'un chinois vienne nous dire : ,, Nos tragédies
,, composées sous la dinastie des *Yven* font encore
,, nos délices après cinq cents années. Nous avons
,, sur le théâtre des scènes en prose, d'autres en
,, vers rimés, d'autres en vers non rimés. Les discours
,, de politique & les grands sentimens y font
,, interrompus par des chansons, comme dans votre
,, Athalie. Nous avons de plus des sorciers qui
,, descendent des airs sur un manche à balai, des
,, vendeurs d'orviétan & des gilles, qui, au milieu
,, d'un entretien sérieux, viennent faire leurs
,, grimaces de peur que vous ne preniez à la pièce
,, un intérêt trop tendre qui pourrait vous attrister.
,, Nous fesons paraître des savetiers avec des manda-
,, rins & des fossoyeurs avec des princes, pour rapeler

,, aux hommes leur égalité primitive. Nos tragédies
,, n'ont ni expofition ni nœud, ni dénouement.
,, Une de nos pièces dure cinq cents années, & un
,, payfan qui eft né au premier acte eft pendu au
,, dernier. Tous nos princes parlent en crocheteurs,
,, & nos crocheteurs quelquefois en princes. Nos
,, reines y prononcent des mots de turpitude qui
,, n'échapperaient pas à des revendeufes entre les
,, bras des derniers des hommes, &c. &c. ,,

Je leur dirais : Meffieurs, jouez ces pièces à Napkin; mais ne vous avifez pas de les repréfenter aujourd'hui à Paris ou à Florence, quoiqu'on nous en donne quelquefois à Paris qui ont un plus grand défaut, celui d'être froides.

Madame *Montagu* relève avec juftice quelques défauts de la belle tragédie de Cinna & ceux de Rodogune. Tout n'eft pas toujours ni bien deffiné, ni bien exprimé dans ces fameufes pièces, je l'avoue. Je fuis même obligé de vous dire, Meffieurs, que cette dame fpirituelle & éclairée ne reprend qu'une petite partie des fautes remarquées par moi-même, lorfque je vous confultai fur le commentaire de *Corneille*. Je me fuis entièrement rencontré avec elle dans les juftes critiques que j'ai été obligé d'en faire. Mais c'eft toujours en admirant fon génie que j'ai remarqué fes écarts. Hé, quelle différence entre les défauts de *Corneille* dans fes bonnes pièces, & ceux de *Shakefpeare* dans tous fes ouvrages !

Que peut-on reprocher à *Corneille* dans les tragédies de ce génie fublime, qui font reftées à l'Europe ? (car il ne faut pas parler des autres,) c'eft d'avoir pris quelquefois de l'enflure pour de la grandeur ; de s'être permis quelques raisonnemens que la tragédie ne peut admettre ; de s'être asservi dans presque toutes ses pièces à l'usage de son temps, d'introduire au milieu des intérêts politiques, toujours froids, des amours plus insipides.

On peut le plaindre de n'avoir point traité de vraies passions, excepté dans la pièce espagnole du Cid ; pièce dans laquelle il eut encore l'étonnant mérite de corriger son modèle en trente endroits ; dans un temps où les bienséances théâtrales n'étaient pas encore connues en France. On le condamne surtout pour avoir trop négligé sa langue. Alors, toutes les critiques faites par des hommes d'esprit sur un grand homme sont épuisées ; & l'on joue Cinna & Polieucte devant l'impératrice des Romains, devant celle de Russie, devant le doge & les sénateurs de Venise, comme devant le roi & la reine de France.

Que reproche-t-on à *Shakespeare?* Vous le savez, Messieurs, tout ce que vous venez de voir vanté par les Chinois. Ce sont, comme dit M. *de Fontenelle* dans ses Mondes, presque d'autres principes de raisonnement. Mais ce qui est bien étrange, c'est qu'alors le théâtre espagnol, qui infectait l'Europe, en était le législateur. *Lopez de Véga* avouait cet opprobre ; mais *Shakespeare* n'eut pas le courage de l'avouer. Que devaient faire les Anglais ? ce qu'on a fait en France ; se corriger.

— Madame *Montagu* condamne, dans la perfection de *Racine*, cet amour continuel qui est toujours la base du peu de tragédies que nous avons de lui, excepté dans Esther & dans Athalie. Il est beau, sans doute, à une dame de réprouver cette passion universelle qui fait régner son sexe; mais qu'elle examine cette Bérénice tant condamnée par nous-mêmes, pour n'être qu'une idylle amoureuse. Que le principal personnage de cette idylle soit représenté par une actrice telle que Mlle *Gaussin*, alors je réponds que Madame *Montagu* versera des larmes. J'ai vu le roi de Prusse attendri à une simple lecture de Bérénice, qu'on fesait devant lui, en prononçant les vers comme on doit les prononcer, ce qui est bien rare. Quel charme tira des larmes des yeux de ce héros philosophe ? la seule magie du style de ce vrai poëte, *qui invenit verba quibus deberent loqui.*

Les censures de réflexion n'ôtent jamais le plaisir du sentiment. Que la sévérité blâme *Racine* tant qu'elle voudra, le cœur vous ramènera toujours à ses pièces. Ceux qui connaissent les difficultés extrêmes, & la délicatesse de la langue française, voudront toujours lire & entendre les vers de cet homme inimitable, à qui le nom de grand n'a manqué que parce qu'il n'avait point de frère dont il fallût le distinguer. Si on lui reproche d'être le poëte de l'amour, il faut donc condamner le quatrième livre de *Virgile*. On ne trouve pas quelquefois assez de force dans ses caractères & dans son style, c'est ce qu'on a dit de *Virgile*; mais on admire dans l'un & dans l'autre une élégance continue.

Madame *Montagu* s'efforce d'être touchée des beautés d'Euripide, pour tâcher d'être insensible aux perfections de *Racine*. Je la plaindrais beaucoup si elle avait le malheur de ne pas pleurer au rôle inimitable de la Phèdre française, & de n'être pas hors d'elle-même à toute la tragédie d'Iphigénie. Elle paraît estimer beaucoup *Brumoi*, parce que *Brumoi*, en qualité de traducteur d'Euripide, semble donner au poëte grec la préférence sur le poëte français. Mais si elle savait que *Brumoi* traduit le grec très-infidellement; si elle savait que, *vous y serez ma fille*, n'est pas dans Euripide; si elle savait que *Clytemnestre* embrasse les genoux d'*Achille* dans la pièce grecque comme dans la française, (quoique *Brumoi* ose supposer le contraire) enfin si son oreille était accoutumée à cette mélodie enchanteresse qu'on ne trouve parmi tous les tragiques de l'Europe que chez *Racine* seul, alors Madame *Montagu* changerait de sentiment.

L'Achille de Racine, dit-elle, *ressemble à un jeune amant qui a du courage: & pourtant l'Iphigénie est une des meilleures tragédies françaises.* Je lui dirais: & pourtant, Madame, elle est un chef-d'œuvre qui honorera éternellement ce beau siècle de *Louis XIV*, ce siècle, notre gloire, notre modèle & notre désespoir. Si nous avons été indignés contre Madame *de Sévigné* qui écrivait si bien, & qui jugeait si mal; si nous sommes révoltés de cet esprit misérable de parti, de cette aveugle prévention qui lui fait dire, *que la mode d'aimer Racine, passera comme la mode du café*; jugez, Madame, combien nous devons être affligés qu'une personne aussi instruite que vous ne rende pas justice à l'extrême mérite d'un si grand homme. Je vous le dis, les yeux encore mouillés des larmes d'admiration & d'attendrissement que la centième lecture d'Iphigénie vient de m'arracher.

Je dois ajouter à cet extrême mérite d'émouvoir pendant cinq actes, le mérite plus rare & moins senti de vaincre pendant cinq actes la difficulté de la rime & de la mesure, au point de ne pas laisser échapper une seule ligne, un seul mot qui sente la moindre gêne, quoiqu'on ait été continuellement gêné. C'est à ce coin que sont marqués le peu de bons vers que nous avons dans notre langue. Madame *Montagu* compte pour rien cette difficulté surmontée. Mais, Madame, oubliez-vous qu'il n'y a jamais eu sur la terre aucun art, aucun amusement même où le prix ne fût attaché à la difficulté? Ne cherchait-on pas dans la plus haute antiquité à rendre difficile l'explication de ces énigmes que les rois se proposaient les uns aux autres? N'y a-t-il pas eu de très-grandes difficultés à vaincre dans tous les jeux de la Grèce, depuis le disque jusqu'à la course des chars? Nos tournois, nos carrousels étaient-ils si faciles? Que dis-je? aujourd'hui dans la molle oisiveté où tous les grands perdent leurs journées depuis Pétersbourg jusqu'à Madrid, le seul attrait qui les pique dans leurs misérables jeux de cartes, n'est-ce pas la difficulté de la combinaison, sans quoi leur ame languirait assoupie?

Il est donc bien étrange, & j'ose dire bien barbare, de vouloir ôter à la poësie ce qui la distingue du discours ordinaire. Les vers blancs n'ont été inventés que par la paresse & l'impuissance de faire des vers rimés, comme le célèbre *Pope* me l'a avoué vingt fois. Inférer dans une tragédie des scènes entières en prose, c'est l'aveu d'une impuissance encore plus honteuse.

Il est bien certain que les Grecs ne placèrent les Muses sur le haut du Parnasse que pour marquer le mérite & le plaisir de pouvoir aborder jusqu'à elles à travers des obstacles. Ne supprimez donc point ces obstacles, Madame ; laissez subsister les barrières qui séparent la bonne compagnie des vendeurs d'orviétan & de leurs gilles. Souffrez que *Pope* imite les véritables génies italiens, les *Ariostes*, les *Tasses* qui se sont soumis à la gêne de la rime pour la vaincre.

Enfin quand *Boileau* a prononcé :

> Et que tout ce qu'il dit, facile à retenir,
> De son ouvrage en vous laisse un long souvenir.

n'a-t-il pas entendu que la rime imprimait plus aisément les pensées dans la mémoire ?

Je ne me flatte pas que mon discours & ma sensibilité passent dans le cœur de Madame *Montagu*, & que je sois destiné à convertir *divisos orbe Britannos*. Mais pourquoi faire une querelle nationale d'un objet de littérature ? Les Anglais n'ont-ils pas assez de dissentions chez eux ? & n'avons-nous pas assez de tracasseries chez nous ? ou plutôt l'une & l'autre nation n'ont-elles pas eu assez de grands hommes dans tous les genres pour ne se rien envier, pour ne se rien reprocher ?

Hélas! Messieurs, permettez-moi de vous répéter que j'ai passé une partie de ma vie à faire connaître en France les passages les plus frappans des auteurs qui ont eu de la réputation chez les autres nations. Je fus le premier qui tirai un peu d'or de la fange où le génie de *Shakespeare* avait été plongé par son siècle. J'ai rendu justice à l'anglais *Shakespeare*, comme à l'espagnol *Caldéron*; & je n'ai jamais écouté le préjugé national. J'ose dire que c'est de ma seule patrie que j'ai appris à regarder les autres peuples d'un œil impartial. Les véritables gens de lettres en France n'ont jamais connu cette rivalité hautaine & pédantesque, cet amour propre révoltant qui se déguise sous l'amour de son pays, & qui ne préfère les heureux génies de ses anciens concitoyens à tout mérite étranger que pour s'envelopper dans leur gloire.

Quels éloges n'avons-nous pas prodigués aux *Bacons*, aux *Keppler*, aux *Copernic*, sans même y mêler d'abord aucune émulation! que n'avons-nous pas dit du grand *Galilée*, le restaurateur & la victime de la raison en Italie, ce premier maître de la philosophie, que *Descartes* eut le malheur de ne citer jamais!

Nous sommes tous à présent les disciples de *Newton*: nous le remercions d'avoir seul trouvé & prouvé le vrai système du monde; d'avoir seul enseigné au genre humain à voir la lumière; & nous lui pardonnons d'avoir commenté les visions de *Daniel* & l'*Apocalypse*.

Nous admirons dans *Locke* la seule métaphysique qui ait paru dans le monde depuis que *Platon* la chercha; & nous n'avons rien à pardonner à *Locke*.

N'en ferions-nous pas autant pour *Shakespeare*, s'il avait ressuscité l'art des *Sophocles*, comme Madame *Montagu*, ou son traducteur ose le prétendre? Ne verrions-nous pas M. *de la Harpe*, qui combat pour le bon goût avec les armes de la raison, élever sa voix en faveur de cet homme singulier? Que fait-il au contraire? il a eu la patience de prouver dans son judicieux journal ce que tout le monde sent: que *Shakespeare* est un sauvage avec des étincelles de génie qui brillent dans une nuit horrible.

Que l'Angleterre se contente de ses grands hommes en tant de genres : elle a assez de gloire La patrie du *Prince noir* & de *Newton* peut se passer du mérite des *Sophocles*, des *Zeuxis*, des *Phidias*, des *Timothées* qui lui manquent encore.

Je finis ma carrière en souhaitant que celles de nos grands hommes en tout genre soient toujours remplie par des successeurs dignes d'eux ; que les siècles à venir égalent le grand siècle de *Louis XIV*, & qu'ils ne dégénèrent pas en croyant le surpasser.

Je suis avec un profond respect,

Messieurs,

Votre très-humble, très-
obéissant, & très-obligé
serviteur & confrère, &c.

NOTE.

(*) Le P. *Brumoi*, dans son Discours sur le parallèle des théâtres, a dit de nos spectateurs : *Ce n'est que le sang froid qui applaudit la beauté des vers.* Si ce savant avait connu notre public, il aurait vu que tantôt il applaudit de sang froid des maximes vraies ou fausses ; tantôt il applaudit avec transport des tirades de déclamation, soit pleines de beautés, soit pleines de ridicules, n'importe ; & qu'il est toujours insensible à des vers qui ne sont que bien faits & raisonnables.

Je demandai un jour à un homme qui avait fréquenté assidument cette cave obscure appelée parterre, comment il avait pu applaudir à ces vers si étranges & si déplacés :

César, car le destin que dans tes fers je brave
M'a fait ta prisonnière & non pas ton esclave ;
Et tu ne prétends pas qu'il m'abaisse le cœur
Jusqu'à te rendre hommage, & te nommer seigneur.

Comme si le mot seigneur était sur notre théâtre autre chose qu'un terme de politesse ; & comme si la jeune *Cornélie* avait pu s'avilir en parlant décemment à *César*. Pourquoi, lui dis-je, **avez-vous tant battu des mains à ces étonnantes paroles** :

Rome le veut ainsi : son adorable front
Aurait de quoi rougir d'un trop honteux affront
De voir en même jour, après tant de conquêtes,
Sous un indigne fer ses deux plus nobles têtes.
Son grand cœur qu'à tes lois en vain tu crois soumis
En veut au criminel plus qu'à ses ennemis ;
Et tiendrait à malheur le bien de se voir libre
Si l'attentat du Nil affranchissait le Tibre.
Comme autre qu'un Romain n'a pu l'assujettir,
Autre aussi qu'un Romain ne l'en doit garantir.
Tu tomberais ici sans être sa victime :
Au lieu d'un châtiment ta mort serait un crime ;
Et sans que tes pareils en conçussent d'effroi,
L'exemple que tu dois périrait avec toi.
Venge-la de l'Egypte à son appui fatale,
Et je la vengerai, si je puis, de Pharsale.
Va, ne perds point le temps, il presse. Adieu, tu peux
Te vanter qu'une fois j'ai fait pour toi des vœux.

Vous sentez bien aujourd'hui qu'il n'est guère convenable qu'une jeune femme absolument dépendante de *César*, protégée, secourue, vengée par lui, & qui doit être à ses pieds, le menace en antithèses si recherchées, & dans un style si obscur, de le faire condamner à la mort pour servir d'exemple ; & finisse enfin par lui dire : *Adieu, César, tu peux te vanter que j'ai fait des vœux pour toi une fois en ma vie.* Avez-vous pu seulement entendre ce froid raisonnement, aussi faux qu'alambiqué : *comme autre qu'un Romain n'a pu asservir Rome, autre qu'un Romain ne l'en peut garantir.*

Il n'y a point d'homme un peu accoutumé aux affaires de ce monde qui ne sente combien de tels vers sont contraires à toutes les bienséances, à la nature, à la raison, & même aux règles de la poësie, qui veulent que tout soit clair, & que rien ne soit forcé dans l'expression.

Dites-moi donc par quel prestige vous avez applaudi sans cesse des tirades aussi embrouillées, aussi obscures, aussi déplacées ? Mais dites-moi surtout pourquoi vous n'avez jamais marqué par la moindre acclamation votre juste consentement des véritables beaux vers que débite *Andromaque* dans une situation encore plus douloureuse que celle de *Cornélie.*

> Je confie à tes soins mon unique trésor.
> Si tu vivais pour moi, vis pour le fils d'Hector...
> Fais connaître à mon fils les héros de sa race ;
> Autant que tu pourras conduis-le sur leur trace :
> Dis-lui par quels exploits leurs noms ont éclaté
> Plutôt ce qu'ils ont fait que ce qu'ils ont été ;
> Qu'il ait de ses aïeux un souvenir modeste.
> Il est du sang d'Hector, mais il en est le reste ;
> Et pour ce reste enfin, j'ai moi-même, en un jour,
> Sacrifié mon sang, ma haine & mon amour.

Les hommes de cabinet, qui réfléchissent, les femmes qui ont une sensibilité si fine & si juste, les gens de lettres les plus gâtés par un vain savoir, les barbares mêmes des écoles, tous s'accordent à reconnaître l'extrême beauté de ces vers si simples d'*Andromaque.* Cependant pourquoi cette beauté n'a-t-elle jamais été applaudie par le parterre ?

Cet homme de bon sens & de bonne foi me répondit : Quand nous battions des mains au clinquant de *Cornélie*, nous étions des écoliers élevés par des pédans, toujours idolâtres du faux merveilleux en tout genre. Nous admirions les vers ampoulés, comme nous étions saisis de vénération à l'aspect du St Christophe de Notre-Dame. Il nous fallait du gigantesque. A la fin nous nous apperçûmes à la vérité que ces figures colossales étaient bien mal dessinées ; mais enfin elles étaient colossales, & cela suffisait à notre mauvais goût.

NOTE.

Les vers que vous me citez de *Racine* étaient parfaitement écrits ; ils respiraient la bienséance, la vérité, la modestie, la mollesse élégante : nous le sentions : mais la modestie & la bienséance ne transportent jamais l'ame. Donnez-moi une grosse actrice d'une physionomie frappante, qui ait une voix forte, qui soit bien impérieuse, bien insolente, qui parle à *César* comme à un petit garçon, qui accompagne ses discours injurieux d'un geste méprisant, & qui surtout termine son couplet par un grand éclat de voix, nous applaudirons encore ; & si vous êtes dans le parterre, vous battrez peut-être des mains avec nous, tant l'homme est subjugué par ses organes & par l'exemple.

De pareils prestiges peuvent durer un siècle entier ; & l'aveuglement le plus absurde a quelquefois duré plusieurs siècles.

Quant à certaines prétendues tragédies écrites en vers allobroges ou vandales, que la cour & la halle ont élevées jusqu'au ciel avec des transports inouïs, & qui sont ensuite oubliées pour jamais, il ne faut regarder ce délire que comme une maladie passagère qui attaque une nation, & qui se guérit enfin de soi-même.

PERSONNAGES.

NICEPHORE, empereur de Constantinople.
IRENE, femme de *Nicéphore*.
ALEXIS COMNENE, prince de Grèce.
LEONCE, père d'*Irène*.
MEMNON, attaché au prince *Alexis*.
ZOÉ, favorite, suivante d'*Irène*.
Un officier de l'empereur.
Gardes.

La scène est dans un sallon de l'ancien palais de Constantin.

IRENE,

IRENE,

TRAGEDIE.

ACTE PREMIER.

SCENE PREMIERE.

IRENE, ZOÉ.

IRENE.

Quel changement nouveau, quelle sombre terreur
Ont écarté de nous la cour & l'empereur ?
Au palais des sept tours une garde inconnue
Dans un silence morne étonne ici ma vue ;
En un vaste désert on a changé la cour.

ZOÉ.

Aux murs de Constantin trop souvent un beau jour
Est suivi des horreurs du plus funeste orage.
La cour n'est pas long-temps le bruyant assemblage
De tous nos vains plaisirs l'un à l'autre enchaînés,
Trompeurs soulagemens des cœurs infortunés ;
De la foule importune il faut qu'on se retire.
Nos états assemblés pour corriger l'empire,
Pour le perdre peut-être ; & ces fiers Musulmans,
Ces Scythes vagabonds débordés dans nos champs,
Mille ennemis cachés qu'on nous fait craindre encore,
Sans doute en ce moment occupent Nicéphore.

IRENE.

De ses chagrins secrets, qu'il veut dissimuler,
Je connais trop la cause ; elle va m'accabler.
Je sais par quels soupçons sa dureté jalouse,
Dans son inquiétude outrage son épouse.
Il écoute en secret ces obscurs imposteurs,
D'un esprit défiant détestables flatteurs,
Trafiquant du mensonge & de la calomnie,
Et couvrant la vertu de leur ignominie.
Quel emploi pour César ! & quels soins douloureux !
Je le plains, je gémis.... il fait deux malheureux...
Ah ! que n'ai-je embrassé cette retraite austère
Où depuis mon hymen s'est enfermé mon père !
Il a fui pour jamais l'illusion des cours,
L'espoir qui nous séduit, qui nous trompe toujours,
La crainte qui nous glace, & la peine cruelle
De se faire à soi-même une guerre éternelle.
Que ne foulais-je aux pieds ma funeste grandeur !
Je montai sur le trône au faîte du malheur.
Aux yeux des nations victime couronnée,
Je pleure devant toi ma haute destinée ;
Et je pleure surtout ce fatal souvenir
Que mon devoir condamne, & qu'il me faut bannir.
Ici l'air qu'on respire empoisonne ma vie.

ZOÉ.

De Nicéphore au moins la sombre jalousie
Par d'indiscrets éclats n'a point manifesté
Le sentiment honteux dont il est tourmenté :
Il le cache au vulgaire, à sa cour, à lui-même ;
Il fait vous respecter, & peut-être il vous aime.

ACTE PREMIER.

Vous cherchez à nourrir une injuste douleur.
Que craignez-vous? (*a*)

IRENE.

Le ciel, Alexis & mon cœur.

ZOÉ.

Mais Alexis Comnène aux champs de la Tauride,
Tout entier à la gloire, au devoir qui le guide,
Sert l'empereur & vous sans vous inquiéter,
Fidelle à ses sermens jusqu'à vous éviter.

IRENE.

Je sais que ce héros ne cherche que la gloire:
Je ne saurais m'en plaindre.

ZOÉ.

Il a par la victoire
Raffermi cet empire ébranlé dès long-temps.

IRENE.

Ah! j'ai trop admiré ses exploits éclatans:
Sa gloire de si loin m'a trop intéressée.
César aura surpris au fond de ma pensée
Quelques vœux indiscrets que je n'ai pu cacher,
Et qu'un époux, un maître a droit de reprocher.
C'était pour Alexis que le ciel me fit naître:
Des antiques Césars nous avons reçu l'être;
Et dès notre berceau l'un à l'autre promis,
C'est dans ces mêmes lieux que nous fûmes unis:
C'est avec Alexis que je fus élevée,
Ma foi lui fut acquise & lui fut enlevée.
L'intérêt de l'Etat, ce prétexte inventé
Pour trahir sa promesse avec impunité,
Ce fantôme effrayant subjugua ma famille;
Ma mère à son orgueil sacrifia sa fille.

Du bandeau des Céfars on crut cacher mes pleurs :
On para mes chagrins de l'éclat des grandeurs.
Il me fallut éteindre, en ma douleur profonde,
Un feu plus cher pour moi que l'empire du monde;
Au maître de mon cœur il fallut m'arracher.
De moi-même en pleurant j'ofai me détacher.
De la religion le pouvoir invincible
Secourut ma faibleffe en ce combat pénible ;
Et de ce grand fecours apprenant à m'armer,
Je fis l'affreux ferment de ne jamais aimer.
Je le tiendrai.... Ce mot te fait affez comprendre
A quels déchiremens ce cœur devait s'attendre.
Mon père à cet orage ayant pu m'expofer
M'aurait par fes vertus appris à l'appaifer :
Il a quitté la cour, il a fui Nicéphore ;
Il m'abandonne en proie au monde qu'il abhorre ;
Et je n'ai que toi feule à qui je puis ouvrir
Ce cœur faible & bleffé que rien ne peut guérir.
Mais on ouvre au palais ... je vois Memnon paraître.

SCENE II.

IRENE, ZOÉ, MEMNON.

IRENE.

HE bien, en liberté puis-je voir votre maître?
Memnon, puis-je à mon tour être admife aujourd'hui
Parmi les courtifans qu'il approche de lui ?

MEMNON.

Madame, j'avoûrai qu'il veut à votre vue
Dérober les chagrins de fon ame abattue.

Je ne suis point compté parmi les courtisans,
De ses desseins secrets superbes confidens :
Du conseil de César on me ferme l'entrée.
Commandant de sa garde à la porte sacrée,
Militaire oublié par ses maîtres altiers,
Relégué dans mon poste ainsi que mes guerriers,
J'ai seulement appris que le brave Comnène
A quitté dès long-temps les bords du Boristhène,
Qu'il vogue vers Bisance, & que César troublé,
Ecoute en frémissant son conseil assemblé.

IRENE.

Alexis, dites-vous ?

MEMNON.

Il revole au Bosphore.

IRENE.

Il pourrait à ce point offenser Nicéphore !
Revenir sans son ordre !

MEMNON.

On l'assure, & la cour
S'alarme, se divise & tremble à son retour. (*b*)
Il a brisé, dit-on, l'honorable esclavage
Où l'empereur jaloux retenait son courage;
Il vient jouir ici des honneurs & des droits
Que lui donnent son rang, sa naissance & nos lois.
C'est tout ce que j'apprends par ces rumeurs soudaines
Qui font naître en ces lieux tant d'espérances vaines,
Et qui de bouche en bouche armant les factions
Vont préparer Bisance aux révolutions.
Pour moi je sais assez quel parti je dois prendre,
Quel maître je dois suivre, & qui je dois défendre.
Je ne consulte point nos ministres, nos grands,
Leurs intérêts cachés, leurs partis différens,

Leurs fausses amitiés, leurs indiscretes haines :
Attaché sans réserve au pur sang des Comnènes,
Je le sers, & surtout dans ces extrémités ;
Memnon sera fidelle au sang dont vous sortez.
Le temps ne permet pas d'en dire davantage....
Souffrez que je revole où mon devoir m'engage.

(*il sort.*)

SCENE III.

IRENE, ZOÉ.

IRENE.

Qu'a-t-il osé me dire ? & quel nouveau danger,
Quel malheur imprévu vient encor m'affliger ?
Il ne s'explique point : je crains de le comprendre.

ZOÉ.

Memnon n'est qu'un guerrier prompt à tout entreprendre;
Je le connais ; le sang d'assez près nous unit.
Contre nos courtisans exhalant son dépit,
Il détesta toujours leur frivole insolence,
Leurs animosités qui partagent Bisance,
Leurs tristes vanités que fuit le déshonneur ;
Mais son esprit altier hait surtout l'empereur.
D'Alexis, en secret, son cœur est idolâtre ;
Et s'il en était cru, Bisance est un théâtre
Qui produirait bientôt quelqu'un de ces revers
Dont le sanglant spectacle ébranla l'univers.
Ne vous étonnez point quand sa sombre colère
S'échappe en vous parlant, & peint son caractère.

IRENE.

Mais Alexis revient.... Céfar eſt irrité:
Le courtiſan ſurpris murmure épouvanté.
Les Etats convoqués dans Biſance incertaine,
Fatiguant dès long-temps la grandeur ſouveraine,
Troublent l'empire entier par leurs diviſions.
Tout un peuple s'enflamme au feu des factions....
Des diſcours de Memnon que veux-tu que j'eſpère?
Il commande au palais une garde étrangère:
D'Alexis, en ſecret, eſt-il le confident?
Que je crains d'Alexis le retour imprudent!
Les deſſeins du Sénat, des peuples le délire,
Et l'orage naiſſant qui gronde ſur l'empire!
Que je me crains ſurtout dans ma juſte douleur!
Je conſulte, en tremblant le ſecret de mon cœur:
Peut-être il me prépare un avenir terrible:
Le ciel, en le formant, l'a rendu trop ſenſible.
Si jamais Alexis en ce funeſte lieu,
Trahiſſant ſes ſermens.... Que vois-je? juſte Dieu!

SCENE IV.

IRENE, ALEXIS, ZOÉ.

ALEXIS.

DAIGNEZ ſouffrir ma vue, & banniſſez vos craintes...
Je ne viens point troubler par d'inutiles plaintes
Un cœur à qui le mien ſe doit ſacrifier,
Et rappeler des temps qu'il nous faut oublier.
Le deſtin me ravit la grandeur ſouveraine;
Il m'a fait plus d'outrage: il m'a privé d'Irène....

Dans l'Orient soumis mes services rendus .
M'auraient pu mériter les biens que j'ai perdus.
Mais lorsque sur le trône on plaça Nicéphore,
La gloire en ma faveur ne parlait point encore;
Et n'ayant pour appui que nos communs aïeux,
Je n'avais rien tenté qui pût m'approcher d'eux.
Aujourd'hui Trébisonde entre nos mains remise,
Les Scythes repoussés, la Tauride conquise,
Sont les droits qui vers vous m'ont enfin rappelé.
Le prix de mes travaux était d'être exilé !
Le suis-je encor par vous? n'osez-vous reconnaître
Dans le sang dont je suis le sang qui vous fit naître?

IRENE.

Prince, que dites-vous? dans quel temps, dans quels lieux
Par ce retour fatal étonnez-vous mes yeux?
Vous connaissez trop bien quel joug m'a captivée,
La barrière éternelle entre nous élevée,
Nos devoirs, nos sermens, & surtout cette loi
Qui ne vous permet plus de vous montrer à moi.
Pour calmer de César l'injuste défiance,
Il vous aurait suffi d'éviter ma présence.
Vous n'avez pas prévu ce que vous hasardez.
Vous me faites frémir : Seigneur , vous vous perdez.

ALEXIS.

Si je craignais pour vous, je serais plus coupable;
Ma présence à César serait plus redoutable.
Quoi donc ? suis-je à Bisance ? est-ce vous que je vois?
Est-ce un Sultan jaloux qui vous tient sous ses lois?
Etes-vous dans la Grèce une esclave d'Asie,
Qu'un despote, un barbare achète en Circassie,
Qu'on rejette en prison sous des monstres cruels,
A jamais invisible au reste des mortels?

ACTE PREMIER.

César a-t-il changé, dans sa sombre rudesse,
L'esprit de l'Occident & les mœurs de la Grèce ?

IRENE.

Du jour où Nicéphore ici reçut ma foi,
Vous le savez assez, tout est changé pour moi.

ALEXIS.

Hors mon cœur; le destin le forma pour Irène :
Il brave des Césars la puissance & la haine:
Il ne craindrait que vous ! Quoi ? vos derniers sujets
Vers leur impératrice auront un libre accès,
Tout mortel jouira du bonheur de sa vue,
Nicéphore à moi seul l'aurait-il défendue ?
Et suis-je un criminel à ses regards jaloux (*c*)
Dès qu'on l'a fait César, & qu'il est votre époux ?
Enorgueilli surtout de cet hymen auguste,
L'excès de son bonheur le rend-il plus injuste ?

IRENE.

Il est mon souverain.

ALEXIS.

Non : il n'était pas né
Pour me ravir le bien qui m'était destiné :
Il n'en était pas digne; & le sang des Comnènes
Ne vous fut point transmis pour servir dans ses chaînes.
Qu'il gouverne, s'il peut, de ses sévères mains
Cet empire, autrefois l'empire des Romains,
Qu'aux campagnes de Thrace, aux mers de Trébisonde
Transporta Constantin pour le malheur du monde,
Et que j'ai défendu moins pour lui que pour vous.
Qu'il règne, s'il le faut; je n'en suis point jaloux :
Je le suis de vous seule, & jamais mon courage
Ne lui pardonnera votre indigne esclavage.

Vous cachez des malheurs dont vos pleurs font garans;
Et les usurpateurs sont toujours des tyrans.
Mais si le ciel est juste, il se souvient peut-être
Qu'il devait à l'empire un moins barbare maître.

IRENE.

Trop vains regrets! je suis esclave de ma foi.
Seigneur, je l'ai donnée : elle n'est plus à moi.

ALEXIS.

Ah! vous me la deviez.

IRENE.

      Et c'est à vous de croire
Qu'il ne m'est pas permis d'en garder la mémoire;
Je fais des vœux pour vous, & vous m'épouvantez.

SCENE V.

IRENE, ALEXIS, ZOÉ, un Garde.

LE GARDE.

Seigneur, César vous mande.

ALEXIS.

       Il me verra : sortez.

(à Irène.)

Il me verra, Madame; une telle entrevue
Ne doit point alarmer votre ame combattue.
Ne craignez rien pour lui, ne craignez rien de moi;
A son rang comme au mien je fais ce que je dois.
Rentrez dans vos foyers tranquille & rassurée.

(il sort.)

SCENE VI.

IRENE, ZOÉ.

IRENE.

De quel saisissement mon ame est pénétrée !
Que je sens à la fois de faiblesse & d'horreur !
Chaque mot qu'il m'a dit me remplit de terreur.
Que veut-il ? Va, Zoé, commande que sur l'heure
On parcoure en secret cette triste demeure,
Ces sept affreuses tours qui, depuis Constantin,
Ont de tant de héros vu l'horrible destin.
Interroge Memnon ; prends pitié de ma crainte.

ZOÉ.

J'irai, j'observerai cette terrible enceinte.
Mais je tremble pour vous : un maître soupçonneux
Vous condamne peut-être, & vous proscrit tous deux.
Parmi tant de dangers que prétendez-vous faire ?

IRENE.

Garder à mon époux ma foi pure & sincère,
Vaincre un fatal amour, (si son feu rallumé
Renaissait dans ce cœur autrefois enflammé.)
Demeurer de mes sens maîtresse souveraine,
(Si la force est possible à la faiblesse humaine.)
Ne point combattre en vain mon devoir & mon sort,
Et ne déshonorer ni mes jours, ni ma mort.

Fin du premier acte.

ACTE II.

SCENE PREMIERE.

ALEXIS, MEMNON.

MEMNON.

Oui, vous êtes mandé ; mais Céfar délibère.
Dans fon inquiétude il confulte, il diffère
Avec fes vils flatteurs en fecret enfermé.
Le retour d'un héros l'a fans doute alarmé ;
Mais nous avons le temps de nous parler encore.
Ce fallon qui conduit à ceux de Nicéphore
Mène auffi chez Irène, & je commande ici.
Sur tous vos partifans n'ayez aucun fouci ;
Je les ai préparés. Si cette cour inique
Ofait lever fur vous le glaive defpotique,
Comptez fur vos amis : vous verrez devant eux
Fuir ce pompeux ramas d'efclaves orgueilleux.
Au premier mouvement notre vaillante efcorte
Du rempart des fept tours ira faifir la porte ;
Et les autres armés fous un habit de paix,
Inconnus à Céfar, empliffent ce palais.
Nicéphore vous craint depuis qu'il vous offenfe.
Dans ce château funefte il met fa confiance :
Là, dans un plein repos, d'un mot ou d'un coup d'œil,
Il commande à l'exil, aux tourmens, au cercueil.
Il ofe me compter parmi les mercénaires,
De fon caprice affreux miniftres fanguinaires :

ACTE SECOND.

Il se trompe... Seigneur, quel secret embarras,
Quand j'ai tout disposé, semble arrêter vos pas ?

ALEXIS.

Le remords... Il faut bien que mon cœur te l'avoue.
Quelques exploits heureux dont l'Europe me loue,
Ma naissance, mon rang, la faveur du Sénat,
Tout me criait : venez, montrez-vous à l'Etat.
Cette voix m'excitait. Le dépit qui me presse,
Ma passion fatale, entraînaient ma jeunesse ;
Je venais opposer la gloire à la grandeur,
Partager les esprits & braver l'empereur...
J'arrive, & j'entrevois ma carrière nouvelle.
Me faut-il arborer l'étendard d'un rebelle ?
La honte est attachée à ce nom dangereux.
Me verrai-je emporté plus loin que je ne veux ?

MEMNON.

La honte ! elle est pour vous de servir sous un maître.

ALEXIS.

J'ose être son rival : je crains le nom de traître.

MEMNON.

Soyez son ennemi dans les champs de l'honneur.
Disputez-lui l'empire, & soyez son vainqueur.

ALEXIS.

Crois-tu que le Bosphore, & la superbe Thrace,
Et ces Grecs inconstans serviraient tant d'audace ?
Je sais que les Etats sont pleins de sénateurs
Attachés à ma race, & dont j'aurais les cœurs :

Ils pourraient foutenir ma fanglante querelle :
Mais le peuple ?

MEMNON.

Il vous aime : au trône il vous appelle.
Sa fougue eft paffagère, elle éclate à grand bruit :
Un inftant la fait naître, un inftant la détruit.
J'enflamme cette ardeur ; & j'ofe encor vous dire
Que je vous répondrais des cœurs de tout l'empire.
Paraiffez feulement, mon Prince, & vous ferez
Du Sénat & du peuple autant de conjurés.
Dans ce palais fanglant, féjour des homicides,
Les révolutions furent toujours rapides.
Vingt fois il a fuffi pour changer tout l'Etat
De la voix d'un pontife, ou du cri d'un foldat.
Ces foudains changemens font des coups de tonnerre
Qui dans des jours fereins éclatent fur la terre.
Plus ils font imprévus, moins on peut échapper
A ces traits dévorans dont on fe fent frapper.
Nous avons vu paffer ces ombres fugitives,
Fantômes d'empereurs élevés fur nos rives,
Tombant du haut du trône en l'éternel oubli,
Où leur nom d'un moment fe perd enfeveli.
Il eft temps qu'à Bifance on reconnaiffe un homme
Digne des vrais Céfars, & des beaux jours de Rome.
Bifance offre à vos mains le fouverain pouvoir.
Ceux que j'y vis régner n'ont eu qu'à le vouloir :
Portés dans l'hippodrome, ils n'avaient qu'à paraître
Décorés de la pourpre & du fceptre d'un maître.
Au temple de Sophie un prêtre les facrait,
Et Bifance à genoux foudain les adorait.
Ils avaient moins que vous d'amis & de courage ;
Ils avaient moins de droits : tentez le même ouvrage,

Acte second.

Recueillez les débris de leurs sceptres brisés :
Vous régnez aujourd'hui, Seigneur, si vous l'osez. (*d*)

ALEXIS.

Ami, tu me connais : j'ose tout pour Irène :
Seule elle m'a banni, seule elle me ramène ;
Seule sur mon esprit encore irrésolu
Irène a conservé son pouvoir absolu.
Rien ne me retient plus : on la menace, & j'aime.

MEMNON.

Je me trompe, Seigneur, ou l'empereur lui-même
Vient vous dicter ses lois dans ce lieu retiré.
L'attendrez-vous encore ?

ALEXIS.

Oui, je lui répondrai.

MEMNON.

Déjà paraît sa garde : elle m'est confiée.
Si de votre ennemi la haine étudiée
A conçu contre vous quelques secrets desseins,
Nous servons sous Comnène, & nous sommes Romains.
Je vous laisse avec lui.

(*il se retire dans le fond & se met à la tête de la garde.*)

SCENE II.

NICEPHORE *suivi de deux officiers*, ALEXIS, MEMNON, *Gardes au fond*.

NICEPHORE.

Prince, votre préfence
A jeté dans ma cour un peu de défiance.
Au bord du Pont-Euxin vous m'avez bien fervi;
Mais quand Céfar commande, il doit être obéi.
D'un regard attentif ici l'on vous contemple :
Vous donnez à ce peuple un dangereux exemple.
Vous ne deviez paraître aux murs de Conftantin
Que fur un ordre exprès émané de ma main.

ALEXIS.

Je ne le croyais pas... Les Etats de l'empire
Connaiffent peu ces lois que vous voulez prefcrire;
Et j'ai pu, fans faillir, remplir la volonté
D'un corps augufte & faint, & par vous refpecté.

NICEPHORE.

Je le protégerai tant qu'il fera fidelle,
Soyez-le, croyez-moi : mais puifqu'il vous rappelle,
C'eft moi qui vous renvoie aux bords du Pont-Euxin.
Sortez dès ce moment des murs de Conftantin.
Vous n'avez plus d'excufe : & fi vers le Bofphore
L'aftre du jour qui luit vous revoyait encore,
Vous n'êtes plus pour moi qu'un fujet révolté.
Vous ne le ferez pas avec impunité....

Voilà

Voilà ce que César a prétendu vous dire.

ALEXIS.

Les grands de qui la voix vous a donné l'empire,
Qui m'ont fait de l'Etat le premier après vous,
Seigneur, pourront fléchir ce violent courroux.
Ils connaissent mon nom, mon rang & mon service ;
Et vous-même avec eux vous me rendrez justice.
Vous me laisserez vivre entre ces murs sacrés
Que de vos ennemis mon bras a délivrés ;
Vous ne m'ôterez point un droit inviolable
Que la loi de l'Etat ne ravit qu'au coupable.

NICEPHORE.

Vous osez le prétendre ?

ALEXIS.

     Un simple citoyen
L'oserait, le devrait ; & mon droit est le sien,
Celui de tout mortel, dont le sort qui m'outrage
N'a point marqué le front du sceau de l'esclavage :
C'est le droit d'Alexis ; & je crois qu'il est dû
Au sang qu'il a pour vous tant de fois répandu,
Au sang dont sa valeur a payé votre gloire,
Et qui peut égaler (sans trop m'en faire accroire)
Le sang de Nicéphore autrefois inconnu,
Au rang de mes aïeux aujourd'hui parvenu.

NICEPHORE.

Je connais votre race, & plus votre arrogance.
Pour la dernière fois redoutez ma vengeance.
N'obéirez-vous point ?

ALEXIS.

Non, Seigneur.

NICEPHORE.

C'est assez.

(*il appelle Memnon à lui par un signe, & lui donne un billet dans le fond du théâtre.*)

Servez l'empire & moi, vous qui m'obéissez.

(*il sort.*)

SCENE III.

ALEXIS, MEMNON.

MEMNON.

Moi, servir Nicéphore ?

ALEXIS, *après avoir observé le lieu où il se trouve.*

Il faut d'abord m'apprendre
Ce que dit ce billet que l'on vient de te rendre.

MEMNON.

Voyez.

ALEXIS, *après avoir lu une partie du billet de sang froid.*

Dans son conseil l'arrêt était porté !
Et j'aurais dû m'attendre à cette atrocité !
Il se flattait qu'en maître il condamnait Comnène.
Il a signé ma mort !

MEMNON.

Il a signé la sienne.

D'esclaves entouré, ce tyran ténébreux,
Ce despote aveugle m'a cru lâche comme eux ;

ACTE SECOND.

Tant ce palais funeste a produit l'habitude
Et de la barbarie & de la servitude !
Tant sur leur trône affreux nos Césars chancelans
Pensent régner sans lois, & parler en sultans !
Mais achevez, lisez cet ordre impitoyable.

ALEXIS, *relisant.*

Plus que je ne pensais ce despote est coupable :
Irène prisonnière ! Est-il bien vrai ? Memnon !

MEMNON.

Le tombeau pour les grands est près de la prison.

ALEXIS.

O Ciel ! .... de tes projets Irène est-elle instruite ?

MEMNON.

Elle en peut soupçonner & la cause & la fuite :
Le reste est inconnu.

ALEXIS.

    Gardons de l'affliger,
Et surtout, cher ami, cachons-lui son danger.
L'entreprise bientôt doit être découverte ;
Mais c'est quand on saura ma victoire ou ma perte.

MEMNON.

Nos amis vont se joindre à ces braves soldats.

ALEXIS.

Sont-ils prêts à marcher ?

MEMNON.

    Seigneur, n'en doutez pas :
Leur troupe en ce moment va s'ouvrir un passage.
Croyez que l'amitié, le zèle & le courage

Sont d'un plus grand service en ces périls pressans
Que tous ces bataillons payés par des tyrans.
Je les vois avancer vers la porte sacrée :
L'empereur va lui-même en défendre l'entrée.
Du peuple soulevé j'entends déjà les cris.

ALEXIS.

Nous n'avons qu'un moment : je règne, ou je péris :
Le sort en est jeté. Prévenons Nicéphore.

(*aux soldats.*)

Venez, braves amis, dont mon destin m'honore,
Sous Memnon & sous moi vous avez combattu ;
Combattez pour Irène, & vengez sa vertu.
Irène m'appartient, je ne puis la reprendre
Que dans des flots de sang & sous des murs en cendre:
Marchons sans balancer.

SCENE IV.

ALEXIS, IRENE, MEMNON.

IRENE.

Où courez-vous ? ô Ciel !
Alexis, arrêtez ! que faites-vous ? cruel !
Demeurez, rendez-vous à mes soins légitimes ;
Prévenez votre perte, épargnez-vous des crimes.
Au seul nom de révolte on me glace d'effroi :
On me parle du sang qui va couler pour moi.
Il ne m'est plus permis dans ma douleur muette
De dévorer mes pleurs au fond de ma retraite.
Mon père en ce moment par le peuple excité
Revient vers ce palais qu'il avait déserté.

ACTE SECOND. 293

Le pontife le fuit, & dans son ministère
Du Dieu que l'on outrage atteste la colère.
Ils vous cherchent tous deux dans ces périls pressans.
Seigneur, écoutez-les.

ALEXIS.

Irène, il n'est plus temps :
La querelle est trop grande, elle est trop engagée.
Je les écouterai quand vous serez vengée.

SCENE V.

IRENE *seule*.

IL me fuit ! que deviens-je ? ô Ciel, & quel moment !
Mon époux va périr ou frapper mon amant !
Je me jette en tes bras, ô Dieu qui m'as fait naître,
Toi qui fis mon destin, qui me donnas pour maître
Un mortel respectable & qui reçut ma foi,
Que je devais aimer, s'il se peut, malgré moi.
J'écoutai ma raison : mais mon ame infidelle,
En voulant t'obéir, se souleva contr'elle.
Conduis mes pas, soutiens cette faible raison,
Rends la vie à ce cœur qui meurt de son poison ;
Rends la paix à l'empire aussi bien qu'à moi-même.
Conserve mon époux ! commande que je l'aime !
Le cœur dépend de toi : les malheureux humains
Sont les vils instrumens de tes divines mains.
Dans ce désordre affreux veille sur Nicéphore !
Et quand pour mon époux mon désespoir t'implore,
Si d'autres sentimens me sont encor permis,
Dieu, qui fais pardonner, veille sur Alexis ! (*e*)

SCENE VI.

IRENE, ZOÉ.

ZOÉ.

Ils font aux mains : rentrez.

IRENE.

Et mon père ?

ZOÉ.

Il arrive;
Il fend les flots du peuple, & la foule craintive
De femmes, de vieillards, d'enfans qui dans leurs bras
Pouffent au ciel des cris que le ciel n'entend pas.
Le pontife facré par un fecours utile
Aux bleffés, aux mourans en vain donne un afile.
Les vainqueurs acharnés immolent fur l'autel
Les vaincus échappés à ce combat cruel.
Ne vous expofez point à ce peuple en furie.
Je vois tomber Bifance, & périr la patrie
Que nos tremblantes mains ne peuvent relever ;
Mais ne vous perdez pas en voulant la fauver.
Attendez du combat au moins quelque nouvelle.

IRENE.

Non, Zoé : le ciel veut que je tombe avec elle.
Non : je ne dois point vivre en nos murs embrafés,
Au milieu des tombeaux que mes mains ont creufés.

Fin du fecond acte.

ACTE III.

SCENE PREMIERE.

IRENE, ZOÉ.

ZOÉ.

Votre unique parti, Madame, était d'attendre
L'irrévocable arrêt que le destin va rendre.
Une Scythe aurait pu, dans les rangs des soldats,
Appeler les dangers & chercher le trépas ;
Sous le ciel rigoureux de leurs climats sauvages,
La dureté des mœurs a produit ces usages.
La nature a pour nous établi d'autres lois :
Soumettons-nous au sort ; & quel que soit son choix,
Acceptons, s'il le faut, le maître qu'il nous donne.
Alexis en naissant touchait à la couronne ;
Sa valeur la mérite ; il porte à ce combat
Ce grand cœur & ce bras qui défendit l'Etat ;
Surtout en sa faveur il a la voix publique.
Autant qu'elle déteste un pouvoir tyrannique,
Autant elle chérit un héros opprimé.
Il vaincra, puisqu'on l'aime.

IRENE.

Hé, que sert d'être aimé ?
On est plus malheureux. Je sens trop que moi-même
Je crains de rechercher s'il est vrai que je l'aime,
D'interroger mon cœur, & d'oser seulement
Demander du combat quel est l'événement ;

Quel sang a pu couler, quelles sont les victimes,
Combien dans ce palais j'ai rassemblé de crimes.
Ils sont tous mon ouvrage !

ZOÉ.

A vos justes douleurs
Voulez-vous du remords ajouter les terreurs ?
Votre père a quitté la retraite sacrée
Où sa triste vertu se cachait ignorée.
C'est pour vous qu'il revoit ces dangereux mortels
Dont il fuyait l'approche à l'ombre des autels.
Il était mort au monde : il rentre pour sa fille
Dans ce même palais où régna sa famille.
Vous trouverez en lui les consolations
Que le destin refuse à vos afflictions.
Jetez-vous dans ses bras.

IRENE.

M'en trouvera-t-il digne ?
Aurai-je mérité que cet effort insigne
Le ramène à sa fille en ce cruel séjour,
Qu'il affronte pour moi les horreurs de la cour ?

SCENE II.

IRENE, LEONCE, ZOÉ.

IRENE.

Est-ce vous qu'en ces lieux mon désespoir contemple ?
Soutien des malheureux, mon père ! mon exemple !
Quoi ! vous quittez pour moi le séjour de la paix !
Hélas ! qu'avez-vous vu dans celui des forfaits ?

LEONCE.

Les murs de Constantin sont un champ de carnage.
J'ignore, grâce aux cieux, quel étonnant orage,
Quels intérêts de cour, & quelles factions
Ont enfanté soudain ces désolations.
On m'apprend qu'Alexis, armé contre son maître,
Avec les conjurés avait osé paraître.
L'un dit qu'il a reçu la mort qu'il méritait;
L'autre que devant lui son empereur fuyait.
On croit César blessé : le combat dure encore,
Des portes des sept tours au canal du Bosphore :
Le tumulte, la mort, le crime est dans ces lieux.
Je viens vous arracher de ces murs odieux.
Si vous avez perdu dans ce combat funeste
Un empire, un époux; que la vertu vous reste.
J'ai vu trop de Césars en ce sanglant séjour
De ce trône avili renversés tour à tour....
Celui de Dieu, ma fille, est seul inébranlable.

IRENE.

On vient mettre le comble à l'horreur qui m'accable;
Et voilà des guerriers qui m'annoncent mon sort.

SCENE III.

IRENE, LEONCE, ZOÉ, MEMNON, Suite.

MEMNON.

IL n'est plus de tyran : c'en est fait, il est mort;
Je l'ai vu. C'est en vain qu'étouffant sa colère,
Et tenant sous ses pieds ce fatal adversaire,
Son vainqueur Alexis a voulu l'épargner.
Les peuples dans son sang brûlaient de se baigner.

(*s'approchant.*)
Madame, Alexis règne ; à mes vœux tout conspire.
Un seul jour a changé le destin de l'empire.
Tandis que la victoire en nos heureux remparts
Relève par ses mains le trône des Céfars,
Qu'il rappelle la paix, à vos pieds il m'envoie,
Interprète & témoin de la publique joie.
Pardonnez si sa bouche en ce même moment
Ne vous annonce pas ce grand événement ;
Si le soin d'arrêter le sang & le carnage
Loin de vos yeux encore occupe son courage ;
S'il n'a pu rapporter à vos sacrés genoux
Des lauriers que ses mains n'ont cueilli que pour vous.
Je vole à l'hyppodrôme, au temple de Sophie,
Aux états assemblés, pour sauver la patrie.
Nous allons tous nommer du saint nom d'empereur
Le héros de Bifance, & son libérateur.

(*il sort.*)

SCENE IV.

IRENE, LEONCE, ZOÉ.

IRENE.

Que dois-je faire, ô Dieu !

LEONCE.

Croire un père & le suivre.
Dans ce séjour de sang vous ne pouvez plus vivre
Sans vous rendre exécrable à la postérité.
Je sais que Nicéphore eut trop de dureté :

Mais il fut votre époux. Respectez sa mémoire....
Les devoirs d'une femme, & surtout votre gloire.
Je ne vous dirai point qu'il n'appartient qu'à vous
De venger par le sang le sang de votre époux :
Ce n'est qu'un droit barbare, un pouvoir qui se fonde
Sur les faux préjugés du faux honneur du monde.
Mais c'est un crime affreux qui ne peut s'expier
D'être d'intelligence avec le meurtrier.
Contemplez votre état : d'un côté se présente
Un jeune audacieux de qui la main sanglante
Vient d'immoler son maître à son ambition :
De l'autre est le devoir, & la religion,
Le véritable honneur, la vertu, Dieu lui-même.
Je ne vous parle point d'un père qui vous aime ;
C'est vous que j'en veux croire, écoutez votre cœur.

IRENE.

J'écoute vos conseils ; ils sont justes, Seigneur :
Ils sont sacrés, je sais qu'un respectable usage
Prescrit la solitude à mon fatal veuvage.
Dans votre asile saint je dois chercher la paix
Qu'en ce palais sanglant je ne connus jamais.
J'ai trop besoin de fuir & ce monde que j'aime,
Et son prestige horrible ... & de me fuir moi-même.

LEONCE.

Venez donc, cher appui de ma caducité :
Oubliez avec moi tout ce que j'ai quitté.
Croyez qu'il est encore au sein de la retraite
Des consolations pour une ame inquiète.
J'y trouvai cette paix que vous cherchiez en vain :
Je vous y conduirai, j'en connais le chemin.
Je vais tout préparer.... Jurez à votre père,
Par le Dieu qui m'amène, & dont l'œil vous éclaire,

Que vous accomplirez dans ces triftes remparts
Les devoirs impofés aux veuves des Céfars.

IRENE.

Ces devoirs, il eft vrai, peuvent fembler auftères;
Mais s'ils font rigoureux, ils me font néceffaires.

LEONCE.

Qu'Alexis pour jamais foit oublié de nous.

IRENE.

Quand je dois l'oublier, pourquoi m'en parlez-vous? (*f*)
Je fais que j'aurais dû vous demander pour grace
Ces fers que vous m'offrez, & qu'il faut que j'embraffe.
Après l'orage affreux que je viens d'effuyer,
Dans le port avec vous il faut tout oublier.
J'ai haï ce palais, lorfqu'une cour flatteufe
M'offrait de vains plaifirs, & me croyait heureufe.
Quand il eft teint de fang, je le dois détefter.
Hé quel regret, Seigneur, aurais-je à le quitter?
Dieu me l'a commandé par l'organe d'un père:
Je lui vais obéir, je vais vous fatisfaire;
J'en fais entre vos mains un ferment folemnel....
Je defcends de ce trône, & je marche à l'autel.

LEONCE.

Adieu: fouvenez-vous de ce ferment terrible.

(il fort.)

SCENE V.

IRENE, ZOÉ.

Zoé.

Quel est ce joug nouveau qu'à votre cœur sensible
Un père impose encore en ce jour effrayant?

Irene.

Oui, je le veux remplir ce rigoureux serment;
Oui, je veux consommer mon fatal sacrifice.
Je change de prison; je change de supplice.
Toi qui toujours présente à mes tourmens divers,
Au trouble de mon cœur, au fardeau de mes fers,
Partageas tant d'ennuis & de douleurs secrètes,
Oseras-tu me suivre au fond de ces retraites
Où mes jours malheureux vont être ensevelis?

Zoé.

Les miens dans tous les temps vous sont assujettis.
Je vois que notre sexe est né pour l'esclavage:
Sur le trône en tout temps ce fut votre partage.
Ces momens si brillans, si courts & si trompeurs,
Qu'on nommait vos beaux jours, étaient de longs malheurs.
Souveraine de nom, vous serviez sous un maître;
Et quand vous êtes libre, & que vous devez l'être,
Le dangereux fardeau de votre dignité
Vous replonge à l'instant dans la captivité!
Les usages, les lois, l'opinion publique,
Le devoir, tout vous tient sous un joug tyrannique.

IRENE.

Je porterai ma chaîne.... Il ne m'est plus permis
D'oser m'intéresser aux destins d'Alexis :
Je ne puis respirer le même air qu'il respire.
Qu'il soit à d'autres yeux le sauveur de l'empire,
Qu'on chérisse dans lui le plus grand des Césars,
Il n'est qu'un criminel à mes tristes regards.
Il n'est qu'un parricide ! Et mon ame est forcée
A chasser Alexis de ma triste pensée.
Si dans la solitude où je vais renfermer
Des sentimens secrets trop prompts à m'alarmer,
Je me ressouvenais qu'Alexis fut aimable....
Qu'il était un héros... je ferais trop coupable.
Va, ma chère Zoé, va presser mon départ :
Sauve-moi d'un séjour que j'ai quitté trop tard.
Je vais trouver soudain le pontife & mon père,
Et je marche sans crainte au jour pur qui m'éclaire.

(*en voyant Alexis.*)

Ciel !

SCENE VI.

IRENE, ALEXIS, Gardes *qui se retirent après avoir mis un trophée aux pieds d'Irène.*

ALEXIS.

Je mets à vos pieds en ce jour de terreur
Tout ce que je vous dois ; un empire, & mon cœur.
Je n'ai point disputé cet empire funeste ;
Il n'était rien sans vous. La justice céleste
N'en devait dépouiller d'indignes souverains
Que pour le rétablir par vos augustes mains.

Régnez, puifque je règne : & que ce jour commence
Mon bonheur & le vôtre, & celui de Bifance.

IRENE.

Quel bonheur effroyable ! Ah, Prince, oubliez-vous
Que vous êtes couvert du fang de mon époux ?

ALEXIS.

Oui, je veux de la terre effacer fa mémoire, (g)
Que fon nom foit perdu dans l'éclat de ma gloire;
Que l'empire romain, dans fa félicité,
Ignore s'il régna, s'il a jamais été.
Je fais que ces grands coups, la première journée,
Font murmurer la Grèce & l'Afie étonnée :
Il s'élève foudain des cenfeurs, des rivaux ;
Bientôt on s'accoutume à fes maîtres nouveaux ;
On finit par aimer leur puiffance établie.
Qu'on fache gouverner, Madame, & tout s'oublie.
Après quelques momens d'une jufte rigueur
Que l'intérêt public exige d'un vainqueur,
Ramenez les beaux jours où l'heureufe Livie
Fit adorer Augufte à la terre affervie.

IRENE.

Alexis ! Alexis ! ne nous abufons pas :
Les forfaits & la mort ont marché fur nos pas ;
Le fang crie : il s'élève, il demande juftice.
Meurtrier de Céfar, fuis-je votre complice ?

ALEXIS.

Ce fang fauvait le vôtre, & vous m'en puniffez !
Qui ? moi ! je fuis coupable à vos yeux offenfés !
Un defpote jaloux, un maître impitoyable,
Grâce au feul nom d'époux, eft pour vous refpectable ?

Ses jours vous font sacrés ! & votre défenseur
N'était donc qu'un rebelle, & n'est qu'un ravisseur !
Contre votre tyran quand j'osais vous défendre
A votre ingratitude aurais-je dû m'attendre ?

IRENE.

Je n'étais point ingrate : un jour vous apprendrez
Les malheureux combats de mes sens déchirés,
Vous plaindrez une femme en qui dès son enfance
Son cœur & ses parens formèrent l'espérance
De couler de ses ans l'inaltérable cours
Sous les lois, sous les yeux du héros de nos jours ;
Vous saurez qu'il en coûte alors qu'on sacrifie
A des devoirs sacrés le bonheur de sa vie.

ALEXIS.

Quoi ! vous pleurez, Irène ! Et vous m'abandonnez !

IRENE.

A nous fuir pour jamais nous sommes condamnés.

ALEXIS.

Eh ! qui donc nous condamne ? Une loi fanatique,
Un respect insensé pour un usage antique,
Embrassé par un peuple amoureux des erreurs,
Méprisé des Césars, & surtout des vainqueurs !

IRENE.

Nicéphore au tombeau me retient asservie :
Et sa mort nous sépare encor plus que sa vie.

ALEXIS.

Chère & fatale Irène, arbitre de mon sort,
Vous vengez Nicéphore, & me donnez la mort !

IRENE.

Vivez, régnez sans moi, rendez heureux l'empire.
Le destin vous seconde ; il veut qu'une autre expire.

ALEXIS.

ACTE TROISIEME.

ALEXIS.

Et vous daignez parler avec tant de bonté !
Et vous vous obſtinez à tant de cruauté !
Que m'offrirait de pis la haine & la colère ?
Serez-vous à vous-même à tout moment contraire ?
Un père, je le vois, vous contraint de me fuir :
A quel autre auriez-vous promis de vous trahir !

IRENE.

A moi-même, Alexis.

ALEXIS.

Non, je ne le puis croire,
Vous n'avez point cherché cette affreuſe victoire ;
Vous ne renoncez point au ſang dont vous ſortez,
A vos ſujets ſoumis, à vos proſpérités,
Pour aller enfermer cette tête adorée
Dans le réduit obſcur d'une priſon ſacrée.
Votre père vous trompe. Une imprudente erreur,
Après l'avoir ſéduit, a ſéduit votre cœur.
C'eſt un nouveau tyran dont la main vous opprime.
Il s'immola lui-même & vous fait ſa victime.
N'a-t-il fui les humains que pour les tourmenter ?
Sort-il de ſon tombeau pour nous perſécuter ?
Plus cruel envers vous que Nicéphore même,
Veut-il aſſaſſiner une fille qu'il aime ?
Je cours à lui, Madame, & je ne prétends pas
Qu'il donne contre moi des lois dans mes Etats.
S'il mépriſe la cour, & ſi ſon cœur l'abhorre,
Je ne ſouffrirai pas qu'il la gouverne encore,
Et que de ſon eſprit l'imprudente rigueur
Perſécute ſon ſang, ſon maître & ſon vengeur.

Théâtre. Tom. VI.   V

SCENE VII.

IRENE, ALEXIS, ZOÉ.

Zoé.

Madame, on vous attend : Léonce votre père,
Le ministre du Dieu qui règne au sanctuaire,
Sont prêts à vous conduire, hélas ! selon vos vœux,
A cet auguste asile.... heureux ou malheureux.

Irene.

Tout est prêt : je vous suis...

Alexis.

Et moi je vous devance;
Je vais de ces ingrats réprimer l'insolence,
M'assurer à leurs yeux du prix de mes travaux,
Et deux fois en un jour vaincre tous mes rivaux.

SCENE VIII.

IRENE *seule*.

Que vais-je devenir ? comment échapperai-je
Au précipice horrible, au redoutable piége
Où mes pas égarés sont conduits malgré moi ?
Mon amant a tué mon époux & mon roi !
Et sur son corps sanglant cette main forcenée
Ose allumer pour moi les flambeaux d'hymenée !

Il veut que cette bouche, aux marches de l'autel,
Jure à son meurtrier un amour éternel !
Oui, grand Dieu, je l'aimais, & mon ame égarée
De ce poison fatal est encore enivrée.
Que voulez-vous de moi, dangereux Alexis ?
Amant que j'abandonne, amant que je chéris :
Me forcez-vous au crime ? & voulez-vous encore
Etre plus mon tyran que ne fut Nicéphore ?

Fin du troisième acte.

ACTE IV.

SCENE PREMIERE.

IRENE, ZOÉ.

ZOÉ.

Quoi ! vous n'avez osé, timide & confondue,
D'un père & d'un amant soutenir l'entrevue ?
Ah ! Madame ! en secret auriez-vous pu sentir
De ce départ fatal un juste repentir ?

IRENE.

Moi !

ZOÉ.

Souvent le danger dont on bravait l'image
Au moment qu'il approche étonne le courage.
La nature s'effraie, & nos secrets penchans
Se réveillent dans nous plus forts & plus puissans.

IRENE.

Non, je n'ai point changé ; je suis toujours la même ;
Je m'abandonne entière à mon père qui m'aime.
Il est vrai, je n'ai pu dans ce fatal moment
Soutenir les regards d'un père & d'un amant :
Je ne pouvais parler. Tremblante, évanouie
Le jour se refusait à ma vue obscurcie :
Mon sang s'était glacé ; sans force & sans secours,
Je touchais à l'instant qui finissait mes jours.
Rendrai-je grâce aux mains dont je suis secourue ?
Soutiendrai-je la vie, hélas ! qu'on ma rendue ?

Si Léonce paraît, je sens couler mes pleurs;
Si je vois Alexis, je frémis & je meurs:
Et je voudrais cacher à toute la nature
Mes sentimens, ma crainte, & les maux que j'endure.
Ah! que fait Alexis?

ZOÉ.

Il veut en souverain
Vous replacer au trône, & vous donner sa main.
A Léonce, au Pontife il s'expliquait en maître:
Dans ses emportemens j'ai peine à le connaître.
Il ne souffrira point que vous osiez jamais
Disposer de vous-même, & sortir du palais.

IRENE.

Ciel qui lis dans mon cœur, qui vois mon sacrifice,
Tu ne souffriras pas que je sois sa complice!

ZOÉ.

Que vous êtes en proie à de tristes combats!

IRENE.

Tu les connais; plains-moi: ne me condamne pas.
Tout ce que peut tenter une faible mortelle
Pour se punir soi-même, & pour régner sur elle,
Je l'ai fait, tu le sais; je porte encor mes pleurs
Au Dieu dont la bonté change, dit-on, les cœurs.
Il n'a point exaucé mes plaintes assidues;
Il repousse mes mains vers son trône étendues;
Il s'éloigne.

ZOÉ.

Et pourtant, libre dans vos ennuis,
Vous fuyez votre amant.

IRENE.

Peut-être je ne puis.

Z o é.

Je vous vois réfister au feu qui vous dévore.

I R E N E.

En voulant l'étouffer, l'allumerai-je encore?

Z o é.

Alexis ne veut vivre & régner que pour vous.

I R E N E.

Non, jamais Alexis ne fera mon époux.

Z o é.

Hé bien, fi dans la Grèce un ufage barbare,
Contraire à ceux de Rome, indignement fépare
Du refte des humains les veuves des Céfars,
Si ce dur préjugé règne dans nos remparts,
Cette loi rigoureufe, eft-ce un ordre fuprême
Que du haut de fon trône ait prononcé Dieu même?
Contre vous de fa foudre a-t-il voulu s'armer?

I R E N E.

Oui ; tu vois quel mortel il me défend d'aimer.

Z o é.

Ainfi loin du palais où vous fûtes nourrie
Vous allez, belle Irène, enterrer votre vie!

I R E N E.

Je ne fais où je vais!... humains! faibles humains!
Réglons-nous notre fort? eft-il entre nos mains? (*h*)

SCENE II.

IRENE, LEONCE, ZOÉ.

LEONCE.

MA fille, il faut me fuivre & fuir en diligence
Ce féjour odieux fatal à l'innocence.
Ceffez de redouter, en marchant fur mes pas,
Les efforts des tyrans qu'un père ne craint pas.
Contre ces noms fameux d'augufte & d'invincible,
Un mot au nom du ciel eft une arme terrible ;
Et la religion qui leur commande à tous
Leur met un frein facré qu'ils mordent à genoux.
Mon cilice, qu'un prince avec dédain contemple,
L'emporte fur fa pourpre, & lui commande au temple.
Vos honneurs avec moi plus fûrs & plus conftans
Des volages humains feront indépendans ;
Ils n'auront pas befoin de frapper le vulgaire
Par l'éclat emprunté d'une pompe étrangère.
Vous avez trop appris qu'elle eft à dédaigner.
C'eft loin du trône enfin que vous allez régner.

IRENE.

Je vous l'ai déjà dit, fans regret je le quitte.
Le nouveau Céfar vient ; je pars, & je l'évite.

(elle fort.)

LEONCE.

Je ne vous quitte pas.

SCENE III.

ALEXIS, LEONCE.

ALEXIS.

C'en est trop ; arrêtez.
Pour la dernière fois, père injuste, écoutez ;
Ecoutez votre maître à qui le sang vous lie,
Et qui pour votre fille a prodigué sa vie,
Celui qui d'un tyran vous a tous délivrés,
Ce vainqueur malheureux que vous désespérez.
Le souverain sacré des autels de Sohhie,
Dont la cabale altière à la vôtre est unie,
Contre moi vous seconde, & croit impunément
Ravir au nom du ciel Irène à son amant.
Je vous ai tous servis, vous, Irène & Bisance :
Votre fille en était la juste récompense,
Le seul prix qu'on devait à mon bras, à ma foi,
Le seul objet enfin qui soit digne de moi.
Mon cœur vous est ouvert, & vous savez si j'aime.
Vous venez m'enlever la moitié de moi-même,
Vous qui dès le berceau nous unissant tous deux
D'une main paternelle aviez formé nos nœuds ;
Vous par qui tant de fois elle me fut promise,
Vous me la ravissez lorsque je l'ai conquise ! (i)
Lorsque je l'ai sauvée, & vous, & tout l'Etat !
Mortel trop vertueux, vous n'êtes qu'un ingrat.
Vous m'osez proposer que mon cœur s'en détache !
Rendez-la moi, cruel, ou que je vous l'arrache.

ACTE QUATRIEME.

Embrassez un fils tendre, & né pour vous chérir,
Ou craignez un vengeur armé pour vous punir.

LEONCE.

Ne soyez l'un ni l'autre, & tâchez d'être juste.
Rapidement porté jusqu'à ce trône auguste,
Méritez vos succès.... Écoutez-moi, Seigneur;
Je ne puis ni flatter ni craindre un empereur.
Je n'ai point déserté ma retraite profonde,
Pour livrer mes vieux ans aux intrigues du monde:
Aux passions des grands, à leurs vœux emportés,
Je ne puis qu'annoncer de dures vérités;
Qui ne sert que son Dieu n'en a point d'autre à dire:
Je vous parle en son nom, comme au nom de l'empire.
Vous êtes aveuglé, je dois vous découvrir
Le crime & les dangers où vous voulez courir.
Sachez que sur la terre il n'est point de contrée,
De nation féroce & du monde abhorrée,
De climat si sauvage, où jamais un mortel
D'un pareil sacrilége osât souiller l'autel.
Ecoutez Dieu qui parle, & la terre qui crie:
" Tes mains à ton monarque ont arraché la vie;
" N'épouse point sa veuve. " Ou si de cette voix
Vous osez dédaigner les éternelles lois,
Allez ravir ma fille, & cherchez à lui plaire.
Teint du sang d'un époux, & de celui d'un père:
Frappez....

ALEXIS, *en se détournant.*

Je ne le puis... & malgré mon courroux,
Ce cœur que vous percez s'est attendri sur vous.
La dureté du vôtre est-elle inaltérable?
Ne verrez-vous dans moi qu'un ennemi coupable?

Et regretterez-vous votre perfécuteur
Pour élever la voix contre un libérateur ? (*k*)
Tendre père d'Irène ! hélas ! foyez mon père !
D'un juge fans pitié quittez le caractère ;
Ne facrifiez point & votre fille & moi
Aux fuperftitions qui vous fervent de loi.
N'en faites point une arme odieufe & cruelle ;
Et ne l'enfoncez point d'une main paternelle
Dans ce cœur malheureux qui veut vous révérer,
Et que votre vertu fe plaît à déchirer.
Tant de févérité n'eft point dans la nature :
D'un affreux préjugé laiffez-là l'impofture ;
Ceffez...

LEONCE.

Dans quelle erreur votre efprit eft plongé !
La voix de l'univers eft-elle un préjugé ?

ALEXIS.

Vous difputez, Léonce, & moi je fuis fenfible.

LEONCE.

Je le fuis comme vous.... le ciel eft inflexible.

ALEXIS.

Vous le faites parler ; vous me forcez, cruel,
A combattre à la fois & mon père & le ciel,
Plus de fang va couler pour cette injufte Irène
Que n'en a répandu l'ambition romaine.
La main qui vous fauva n'a plus qu'à fe venger.
Je détruirai ce temple où l'on m'ofe outrager ;
Je briferai l'autel défendu par vous-même,
Cet autel, en tout temps, rival du diadème,
Ce fatal inftrument de tant de paffions,
Chargé par nos aïeux de l'or des nations,

Cimenté de leur sang, entouré de rapines.
Vous me verrez, ingrat, sur ces vastes ruines,
De l'hymen qu'on réprouve r'allumer les flambeaux
Au milieu des débris, du sang & des tombeaux.

LEONCE.

Voilà donc les horreurs où la grandeur suprême,
Alors qu'elle est sans frein, s'abandonne elle-même!
Je vous plains de régner!

ALEXIS.

     Je me suis emporté;
Je le sens, j'en rougis. Mais votre cruauté
Tranquille en me frappant, barbare avec étude,
Insulte avec plus d'art & porte un coup plus rude.
Retirez-vous, fuyez.

LEONCE.

     J'attendrai donc, Seigneur,
Que l'équité m'appelle, & parle à votre cœur.

ALEXIS.

Non, vous n'attendrez point: décidez tout à l'heure
S'il faut que je me venge, ou s'il faut que je meure.

LEONCE.

Voilà mon sang, vous dis-je, & je l'offre à vos coups.
Respectez mon devoir, il est plus fort que vous.

(il sort.)

SCENE IV.

ALEXIS seul.

Que son sort est heureux ! assis sur le rivage
Il regarde en pitié ce turbulent orage
Qui de mon triste règne a commencé le cours.
Irène a fait le charme & l'horreur de mes jours.
Sa faiblesse m'immole aux erreurs de son père,
Aux discours insensés d'un aveugle vulgaire.
Ceux en qui j'espérais sont tous mes ennemis,
J'aime, je suis César, & rien ne m'est soumis !
Quoi ! je puis sans rougir, dans les champs du carnage,
Lorsqu'un Scythe, un Germain succombe à mon courage,
Sur son corps tout sanglant qu'on apporte à mes yeux
Enlever son épouse à l'aspect de ses dieux
Sans qu'un prêtre, un soldat, ose lever la tête !
Aucun n'ose douter du droit de ma conquête ;
Et mes concitoyens me défendront d'aimer
La veuve d'un tyran qui voulut l'opprimer ! (*l*)
Entrons.

SCENE V.

ALEXIS, ZOÉ.

ALEXIS.

HE bien, Zoé, que venez-vous m'apprendre ?

ZOÉ.

Dans son appartement gardez-vous de vous rendre.
Léonce & le Pontife épouvantent son cœur :
Leur voix sainte & funeste y porte la terreur.

Gémissante à leurs pieds, tremblante, évanouie,
Nos tristes soins à peine ont rappelé sa vie.
Des murs de ce palais ils osent l'arracher.
Une triste retraite à jamais va cacher
Du reste de la terre Irène abandonnée.
Des veuves des Césars telle est la destinée.
On ne verrait en vous qu'un tyran furieux,
Un soldat sacrilége, un ennemi des cieux,
Si, voulant abolir ces usages sinistres,
De la religion vous braviez les ministres.
L'impératrice en pleurs vous conjure à genoux
De ne point écouter un imprudent courroux,
De la laisser remplir ces devoirs déplorables
Que des maîtres sacrés jugent inviolables.

ALEXIS.

Des maîtres ? où je suis !... j'ai cru n'en avoir plus.
A moi, gardes, venez.

SCENE VI.

ALEXIS, ZOÉ, MEMNON, & les Gardes.

ALEXIS.

Mes ordres absolus
Sont que de cette enceinte aucun mortel ne sorte.
Qu'on soit armé par-tout ; qu'on veille à cette porte.
Allez. On apprendra qui doit donner la loi ;
Qui de nous est César, ou le pontife ou moi.
Chère Zoé, rentrez : avertissez Irène
Qu'on lui doit obéir, & qu'elle s'en souvienne.

(*à Memnon.*)

Ami, c'est avec toi qu'aujourd'hui j'entreprends
De briser en un jour tous les fers des tyrans.
Nicéphore est tombé ; chassons ceux qui nous restent ;
Ces tyrans des esprits que mes chagrins détestent.
Que le père d'Irène au palais arrêté
Ait enfin moins d'audace & moins d'autorité,
Qu'éloigné de sa fille & réduit au silence
Il ne séduise plus les peuples de Bisance.
Que cet ardent pontife au palais soit gardé.
Un autre plus soumis par mon ordre est mandé,
Qui sera plus docile à ma voix souveraine.
Constantin, Théodose en ont trouvé sans peine.
Plus criminels que moi dans ce triste séjour,
Les cruels n'avaient pas l'excuse de l'amour.

MEMNON. (*m*)

César y pensez-vous ? ce vieillard intraitable,
Opiniâtre, altier, est pourtant respectable.
Il est de ces vertus que forcés d'estimer,
Même en les détestant, nous tremblons d'opprimer.
Hé, ne craignez-vous point par cette violence
De faire au cœur d'Irène une mortelle offense ?

ALEXIS.

Non, j'y suis résolu.... je vous dois ma grandeur,
Et mon trône, & ma gloire.... il manque le bonheur.
Je succombe en régnant au destin qui m'outrage.
Secondez mes transports : achevez votre ouvrage.

Fin du quatrième acte.

ACTE V.

SCENE PREMIERE.

ALEXIS, MEMNON.

MEMNON.

Oui, quelquefois sans doute il est plus difficile
De s'assurer chez soi d'un sort pur & tranquille
Que de trouver la gloire au milieu des combats
Qui dépendent de nous moins que de nos soldats.
Je vous l'ai dit, Irène en sa juste colère
Ne pardonnera point l'attentat sur son père.

ALEXIS.

Mais quoi ! laisser près d'elle un maître impérieux
Qui lui reprochera le pouvoir de ses yeux !
Qui, lui fesant surtout un crime de me plaire,
Et tournant à son gré ce cœur souple & sincère,
Gouvernant sa faiblesse, & trompant sa candeur,
Va changer par degré sa tendresse en horreur !
Je veux régner sur elle ainsi que sur Bisance,
La couvrir des rayons de ma toute-puissance ;
Et que ce maître altier, qui veut donner la loi,
Soit aux pieds de sa fille, & la serve avec moi.

MEMNON.

Vous vous trompiez, César : j'ai prévu vos alarmes ;
Vous avez contre vous tourné vos propres armes.
C'en est fait, je vous plains.

ALEXIS.

Tu m'as donc obéi.

MEMNON.

C'était avec regret ; mais je vous ai servi :
J'ai saisi ce vieillard ; & César, qui soupire,
Des faiblesses d'amour m'apprend quel est l'empire.
Mais après cette injure auriez-vous espéré
De ramener à vous un esprit ulcéré ?
Hé, pourquoi consulter dans de telles alarmes
Un vieux soldat blanchi dans les horreurs des armes ?

ALEXIS.

Ah ! cher & sage ami, que tes yeux éclairés
Ont bien prévu l'effet de mes vœux égarés !
Que tu connais ce cœur si contraire à soi-même !
Esclave révolté qui perd tout ce qu'il aime.
Aveugle en son courroux, prompt à se démentir,
Né pour les passions & pour le repentir !

(Memnon sort.)

SCENE II.

ALEXIS, ZOÉ.

ALEXIS.

Venez, venez, Zoé, vous que chérit Irène :
Jugez si mon amour a mérité sa haine,
Si je voulais en maître, en vainqueur, en César
Montrer l'auguste Irène enchaînée à mon char.

Acte cinquieme.

Je n'ordonnerai point qu'une odieuse fête
Au temple du Bosphore avec éclat s'apprête ;
Je n'insulterai point à ces préventions
Que le temps enracine au cœur des nations.
Je prétends préparer cet hymen où j'aspire
Loin d'un peuple importun qu'un vain spectacle attire.
Vous connaissez l'autel qu'éleva dans ces lieux
Avec simplicité la main de nos aïeux ;
N'admettant pour garant de la foi qu'on se donne
Que deux amis, un prêtre & le ciel qui pardonne,
C'est là que devant Dieu je promettrai mon cœur.
Est-il indigne d'elle ? inspire-t-il l'horreur ?
Dites-moi par pitié si son ame agitée
Aux offres que je fais recule épouvantée ;
Si mon profond respect ne peut que l'indigner ;
Enfin si je l'offense en la fesant régner.

Zoé.

Ce matin, je l'avoue, en proie à ses alarmes,
Votre nom prononcé fesait couler ses larmes :
Mais depuis que Léonce ici vous a parlé,
L'œil fixe, le front pâle, & l'esprit accablé,
Elle garde avec nous un farouche silence ;
Son cœur ne nous fait plus la triste confidence
De ce remords puissant qui combat ses désirs ;
Ses yeux n'ont plus de pleurs & sa voix de soupirs.
De son dernier affront profondément frappée,
De Léonce & de vous toute entière occupée,
A nos empressemens elle n'a répondu
Que d'un regard mourant, d'un visage éperdu ;
Ne pouvant repousser de sa sombre pensée
Le douloureux fardeau qui la tient oppressée.

Théâtre. Tom. VI. X

ALEXIS.

Hélas! elle vous aime, & fans doute me craint.
Si dans mon défefpoir votre amitié me plaint,
Si vous pouvez beaucoup fur ce cœur noble & tendre,
Réfolvez-la du moins à me voir, à m'entendre,
A ne point rejeter les vœux humiliés
D'un empereur foumis & tremblant à fes pieds.
Le vainqueur de Céfar eft l'efclave d'Irène;
Elle étend à fon choix, ou refferre fa chaîne,
Qu'elle dife un feul mot.

ZOÉ.
Jufques en ce féjour

Je la vois avancer par ce fecret détour.

ALEXIS.

C'eft elle-même, ô Ciel!

ZOÉ.
A la terre attachée

Sa vue à notre afpect s'égare effarouchée.
Elle avance vers vous, mais fans vous regarder
Je ne fais quelle horreur femble la poffeder.

ALEXIS.

Irène, eft-ce bien vous? Quoi! loin de me répondre,
A peine d'un regard elle veut me confondre!

SCENE III.

ALEXIS, IRENE, ZOÉ.

IRENE.

(un des soldats qui l'accompagne lui approche un fauteuil.)

Un siége... je succombe. En ces lieux écartés
Attendez-moi, Soldats... Alexis, écoutez.
(d'une voix égale, entre-coupée, mais ferme autant que douloureuse.)
Sachant ce que je souffre, & voyant ce que j'ose,
D'un pareil entretien vous pénétrez la cause ;
Et l'on saura bientôt si j'ai dû vous parler :
D'un reproche assez grand je puis vous accabler ;
Mais l'excès du malheur affaiblit la colère.
    Teint du sang d'un époux vous m'enlevez un père ;
Vous cherchez contre vous encore à soulever
Cet empire & ce ciel que vous osez braver.
Je vois l'emportement de votre affreux délire
Avec cette pitié qu'un frénétique inspire ;
Et je ne viens à vous que pour vous retirer
Du fond de cet abyme où je vous vois entrer.
Je plaignais de vos sens l'aveuglement funeste :
On ne peut le guérir... Un seul parti me reste.
Allez trouver mon père, implorez son pardon ;
Revenez avec lui. Peut-être la raison,

Le devoir, l'amitié, l'intérêt qui nous lie,
La voix du sang qui parle à son ame attendrie,
Rapprocheront trois cœurs qui ne s'accordaient pas.
Un moment peut finir tant de tristes combats.
Allez : ramenez-moi le vertueux Léonce ;
Sur mon sort avec vous que sa bouche prononce :
Puis-je y compter ?

Alexis.

J'y cours, sans rien examiner.
Ah ! si j'osais penser qu'on pût me pardonner,
Je mourrais à vos pieds de l'excès de ma joie.
Je vole aveuglément où votre ordre m'envoie :
Je vais tout réparer ; oui, malgré ses rigueurs,
Je veux qu'avec ma main, sa main sèche vos pleurs.
Irène, croyez-moi ; ma vie est destinée
A vous faire oublier cette affreuse journée.
Votre père adouci ne reverra dans moi
Qu'un fils tendre & soumis, digne de votre foi.
Si trop de sang pour vous fut versé dans la Thrace,
Mes bienfaits répandus en couvriront la trace ;
Si j'offensai Léonce, il verra tout l'Etat
Expier avec moi cet indigne attentat.
Vous règnerez tous deux : ma tendresse n'aspire
Qu'à laisser dans ses mains les rênes de l'empire. (*n*)
J'en jure les héros dont nous tenons le jour,
Et ce ciel qui m'entend, & vous & mon amour.

Irène, *en s'attendrissant & en retenant ses larmes.*

Allez : ayez pitié de cette infortunée :
Le ciel vous l'arracha ; pour vous elle était née.
Allez, Prince.

ACTE CINQUIEME.

ALEXIS.

Ah! grand Dieu, témoin de ses bontés,
Je serai digne enfin de mon bonheur.

IRENE.
Partez.

(en pleurant.)   *(il sort.)*

Suivez ses pas, Zoé si fidelle & si chère.

SCENE IV.

IRENE *seule, se levant.*

Qu'ai-je dit? qu'ai-je fait? & qu'est-ce que j'espère?
Je ne me connais plus... Tandis qu'il me parlait,
Au seul son de sa voix tout mon cœur s'échappait.
Chaque mot, chaque instant portait dans ma blessure
Des poisons dévorans dont frémit la nature.

(elle marche égarée & hors d'elle-même.)

Non. Ne m'obéis point; non, mon cher Alexis,
N'amène point mon père à mes yeux obscurcis.
Reviens. Ah! je te vois. Ah! je t'entends encore.
J'idolâtre avec toi le crime que j'abhorre.
O crime, éloigne-toi! Ciel... quel objet affreux!
Quel spectre menaçant se jette entre nous deux!
Est-ce toi, Nicéphore? Ombre terrible, arrête:
Ne verse que mon sang, ne frappe que ma tête.
Moi seule j'ai tout fait: c'est mon coupable amour,
C'est moi qui t'ai trahi, qui t'ai ravi le jour.
Quoi! tu te joins à lui, toi, mon malheureux père!
Tu poursuis cette fille homicide, adultère!

X 3

Fuis, mon cher Alexis ; détourne avec horreur
Ces yeux si dangereux, si puissans sur mon cœur !
Dégage de mes mains ta main de sang fumante ;
Mon père & mon époux poursuivent ton amante !
Sur leurs corps tout sanglans me faudra-t-il marcher
Pour voler dans tes bras dont on vient m'arracher ?

    Ah ! je reviens à moi... Religion sacrée,
Devoir, nature, honneur ! à cette ame égarée
Vous rendez sa raison, vous calmez ses esprits...
Je ne vous entends plus si je vois Alexis !....

    Dieu que je veux servir, & que pourtant j'outrage,
Pourquoi m'as-tu livrée à ce cruel orage ?
Contre un faible roseau pourquoi veux-tu t'armer ?
Qu'ai-je fait ? Tu le sais : tout mon crime est d'aimer !
Malgré mon repentir, malgré ta loi suprême,
Tu vois que mon amant l'emporte sur toi-même.
Il règne, il t'a vaincu dans mes sens obscurcis...
Hé bien, voilà mon cœur ; c'est là qu'est Alexis :
Oui, tant que je respire il en est le seul maître.
Je sens qu'en l'adorant je vais te méconnaître...
Je trahis & l'hymen & la nature, & toi...

    (*elle tire un poignard, & se frappe.*)

Je te venge de lui, je te venge de moi.
Alexis fut mon dieu, je te le sacrifie.
Je n'y puis renoncer qu'en m'arrachant la vie.

                   (*elle tombe dans un fauteuil.*)

SCENE V & dernière.

IRENE *mourante*, ALEXIS, LEONCE, MEMNON, Suite.

ALEXIS.

JE vous ramène un père, & je me suis flatté
Que nous pourrions fléchir sa dure austérité.
Que sa justice enfin me jugeant moins coupable
Daignerait... juste Dieu ! quel spectacle effroyable !
Irène ! chère Irène !...

LEONCE.

    O ma fille ! ô fureur !

ALEXIS, *se jetant aux genoux d'Irène*.

Quel démon t'inspirait !

IRENE *à Alexis, à Léonce*.

     Mon amour, votre honneur.
J'adorais Alexis, & je m'en suis punie.
  (*Alexis veut se tuer, Memnon l'arrête.*)

LEONCE.

Ah ! mon zèle funeste eut trop de barbarie.

IRENE, *leur tendant les mains*.

Souvenez-vous de moi... plaignez tous deux mon sort..
Ciel ! prends soin d'Alexis, & pardonne ma mort !

ALEXIS, *à genoux d'un côté.*

Irène ! Irène ! ah Dieu !

LEONCE, *à genoux de l'autre côté.*

Déplorable victime !

IRENE.

Pardonne, Dieu clément ! ma mort est-elle un crime ?

Fin du cinquième & dernier acte.

VARIANTES
D'IRENE.

. . . .

(*a*) Le sentiment honteux dont il est tourmenté.

IRENE.

S'il cache par orgueil sa frénésie affreuse,
Dans ce triste palais suis-je moins malheureuse ?
Que le suprême rang, toujours trop envié,
Souvent pour notre sexe est digne de pitié !
Le funeste présent de quelques faibles charmes
Nous est vendu bien cher, & payé par nos larmes.
Crois qu'il n'est point de jour, peut-être de moment
Dont un tyran cruel ne me fasse un tourment.
Sans objet, tu le sais, sa sombre jalousie
Souvent mit en péril ma déplorable vie.
J'en ai vu sans pâlir les traits injurieux :
Que ne les ai-je pu cacher à tous les yeux !

ZOÉ.

Je vous plains ; mais enfin contre votre innocence,
Contre tant de vertus, lui-même est sans puissance.
Je gémis de vous voir nourrir votre douleur.
Que craignez-vous ? &c. . . . .

(*b*) S'alarme, se divise & tremble à son retour ;
C'est tout ce que m'apprend une rumeur soudaine
Qui fait naître ou la crainte ou l'espérance vaine,
Qui va de bouche en bouche armer les factions,
Et préparer Bisance aux révolutions.
Pour moi, je sais assez quel parti je dois prendre,
Qui doit me commander, & qui je dois défendre.
Je ne consulte point nos ministres, nos grands,
Leurs intérêts cachés, leurs partis différens ;
J'en croirai seulement mes soldats & moi-même.
Alexis m'a placé, je suis à lui, je l'aime,
Je le sers, & surtout dans ces extrémités,
Memnon sera fidelle au sang dont vous sortez.

Inftruit de vos dangers, plein d'un noble courage,
Madame, il ne pouvait différer davantage.
Peut-être j'en dis trop; mais enfin ce retour
Suivra de peu d'inftans la naiffance du jour.
Les momens me font chers, pardonnez à mon zèle,
Et fouffrez que je vole où mon devoir m'appelle.

SCENE III.

IRENE, ZOÉ.

IRENE.

Que tout ce qu'il m'a dit vient encor m'agiter!
Pour moi dans ce moment tout eft à redouter.
Memnon s'explique affez : ah, que vient-il m'apprendre!
Quoi! Céfar alarmé refufe de m'entendre!
Alexis en ces lieux va paraître aujourd'hui,
Et je vois que Memnon eft d'accord avec lui.
Les états convoqués dans Bifance incertaine,
Fatiguant dès long-temps la grandeur fouveraine,
Troublent l'empire entier par leurs divifions:
Tout ce peuple s'enflamme au feu des factions;
Et moi, dans mes devoirs à jamais renfermée,
Sourde aux bruyans éclats d'une ville alarmée,
A mon époux foumife, & cachant ma douleur,
Parmi tant de dangers je ne crains que mon cœur!
Peut-être il me prépare un avenir terrible, &c.

(c) . . . .
Et fuis-je un criminel à fes yeux offenfés?
Allez, je le ferai plus que vous ne penfez.
J'ai trop été fujet.

IRENE.
Je fuis réduite à l'être;
Seigneur, fouvenez-vous que Céfar eft mon maître.

ALEXIS.
Non, pour un tel honneur Céfar n'était point né;
Il m'arracha le bien qui m'était deftiné.
Il n'en était pas digne &c. . . . .

D'IRENE.

(*d*) Vous régnez aujourd'hui, Seigneur, fi vous l'ofez.

ALEXIS.

Moi ! fi je l'oferai ? j'y vole en affurance :
Je mets aux pieds d'Irène & mon cœur & Bifance.
J'ai de l'ambition, & je hais l'empereur. . . .
Mais de ces paffions qui dévorent mon cœur
Irène eft la première : elle feule m'anime ;
Pour elle feule, ami, j'aurais pu faire un crime ·
Mais on n'eft point coupable en frappant les tyrans.
C'eft mon trône après tout, mon bien que je reprends ;
Il m'enlevait l'empire, il m'ôtait ce que j'aime.

MEMNON.

Je me trompe, Seigneur, &c.

(*e*) Il y avait dans quelques manufcrits :

Dieu jufte, mais clément, veille fur Alexis !

(*f*) Quand je dois l'oublier, pourquoi m'en parlez-vous ?

LEONCE.

Ta douleur m'attendrit, ma fermeté s'étonne ;
Je vois tous tes combats, & je te les pardonne.
Ah ! je n'abufe point ici de mon pouvoir :
L'inexorable honneur a dicté ton devoir.

(*g*) ### ALEXIS.

Ah ! j'avais trop prévu ce reproche terrible :
D'avance il déchirait cette ame trop fenfible.
Entraîné, combattu, partagé tour à tour,
Tremblant, prefqu'à regret j'ai vaincu pour l'amour.
Oui, Dieu m'en eft témoin, & je le jure encore ;
Toujours dans le combat j'évitais Nicéphore :
Il me cherchait toujours, & lui feul a forcé
Ce bras dont le deftin, malgré moi, l'a percé.
Ne m'en puniffez pas, & laiffez-moi vous dire
Que pour vous, non pour moi, j'ai reconquis l'empire.
Il eft à vous, Madame ; & je n'ai confpiré
Que pour voir fur vos jours mon amour raffuré.
Mais je veux de la terre effacer, &c. . . .

(*h*) L'auteur a cru devoir retrancher la scène suivante qui était la seconde du quatrième acte :

IRENE, ZOÉ, MEMNON.

MEMNON.

J'apporte à vos genoux les vœux de cet empire.
Tout le peuple, Madame, en ce grand jour n'aspire
Qu'à vous voir réunir par un nœud glorieux
Les restes adorés du sang de vos aïeux.
Confirmez le bonheur que le ciel nous envoie ;
Réparez nos malheurs par la publique joie ;
Vous verrez à vos pieds le sénat, les Etats,
Les députés du peuple, les chefs des soldats,
Solliciter, presser cette union chérie
D'où dépend désormais le bonheur de leur vie.
Assurez les destins de l'empire nouveau
En donnant des Césars formés d'un sang si beau.
Sur ce vœu général que ma voix vous annonce,
On attend qu'aujourd'hui votre bouche prononce ;
Et nul vain préjugé ne doit vous retenir.
Périsse du tyran jusqu'à son souvenir.

(il sort.)

IRENE.

Hé bien, tu vois mon sort ! suis-je assez malheureuse ?
Ce vain projet rendra ma peine plus affreuse.
De céder à leurs vœux il n'est aucun espoir.

(*i*) Vous me la refusez lorsque je l'ai conquise !
A trahir ses sermens c'est vous qui la forcez,
Barbare ! & c'est à moi que vous la ravissez !
Sur cet heureux lien devenu nécessaire,
Injustement l'objet d'une rigueur austère,
Sourd à la voix publique, oubliant mon devoir,
L'amour & l'amitié fondaient tout mon espoir.
Ne vous figurez pas que mon cœur s'en détache ;
Il faut qu'on me la cède, ou que je vous l'arrache.

(k) Pour élever la voix contre un libérateur ?
Oui, je le suis, Léonce; & personne n'ignore,
A quelle cruauté se porta Nicéphore.
Mon bras à l'innocence a dû servir d'appui,
Détrôner le tyran sans m'armer contre lui.
Tel était mon dessein : sa fureur éperdue
A poursuivi ma vie, & je l'ai défendue.
Si malgré moi ce fer a pu causer sa mort,
C'est le fruit de sa rage, & le crime du *sort*.
Tendre père d'Irène, &c. . . . .

(l) La veuve d'un tyran qui voulut l'opprimer.
Ah ! c'est trop en souffrir : persécuteurs d'Irène,
Vous qui des passions ne sentez que la haine,
Laissez-moi mon amour, rien ne peut arracher
De mon cœur éperdu l'espoir d'un bien si cher.
Malgré le fanatisme, & la haine & l'envie
Je saurai m'assurer du bonheur de ma vie.
Entrons.

(m)   MEMNON.

Je hais autant que vous ces censeurs intraitables,
Dans leur austérité toujours inébranlables,
Ennemis de l'Etat, ardens à tout blâmer,
Tyrans de la nature, incapables d'aimer.

     ALEXIS.

A ce poste important, non moins que difficile,
J'ai pensé mûrement, tu peux être tranquille.
Toi qui lis dans mon cœur, il ne t'est point suspect :
Pour la religion tu connais mon respect.
J'ai fait choix d'un mortel dont la douce sagesse
Ne mettra dans ses soins l'orgueil ni la rudesse :
Pieux sans fanatisme, & fait pour s'attirer
Les cœurs que son devoir l'oblige d'éclairer.
Quand des ministres saints tel est le caractère,
La terre est à leurs pieds, les aime & les révère.

    MEMNON.

Les ordres de l'Etat avilis, abattus
Vont être relevés, Seigneur, par vos vertus ;

Mais songez que Léonce est le père d'Irène ;
Et quoiqu'il ait voulu la former pour la haine,
Elle chérit ce père ; & même pour appui
Irène en ce grand jour après vous n'a que lui.
Pardonnez, mais je crains que cette violence
Ne soit au cœur d'Irène une éternelle offense.

(n) Qu'à laisser dans ses mains les rênes de l'empire.
Oui, mon cœur consolé se partage entre vous,
Irène ; & je reviens son fils & votre époux.

IRENE.

Suivez ses pas, Zoé : vous qui me fûtes chère,
Vous le serez toujours.

SCENE IV.

IRENE *seule*.

Hé bien, que vais-je faire ?
Je ne le verrai plus ! tandis qu'il me parlait,
Au seul son de sa voix tout mon cœur s'échappait.
Il te fuit, Alexis : Ah ! si tant de tendresse
Par de nouveaux sermens attaquait ma faiblesse !
Cruel ! malgré les miens, malgré le ciel jaloux,
Malgré mon père & moi, tu serais mon époux.
Qu'as-tu dit, malheureuse ! en quel piége arrêtée,
Dans quel gouffre d'horreurs es-tu précipitée ?
Regarde autour de toi : vois ton mari sanglant,
Egorgé sous tes yeux des mains de ton amant !
Il était après tout ton maître légitime,
L'image de dieu même : il devient ta victime !
Vois son fier meurtrier, le jour de son trépas
Elevé sur son trône & volant dans tes bras !
Et tu l'aimes, barbare ! & tu n'as pu le taire !
Dans ce jour effrayant de pompe funéraire,
Tu n'attends plus que lui pour étaler l'horreur
De tes crimes secrets, consommés dans ton cœur.
Il va joindre à ta main sa main de sang fumante !
Si ton père éperdu devant toi se présente,

Sur le corps de ton père il te faudra marcher
Pour voler à l'amant qu'il te vient arracher.
   (*elle fait quelques pas.*)

Nature, honneur, devoir, religion sacrée !
Vous me parlez encore ; & mon ame énivrée
Suspend à votre voix ses vœux irrésolus ! . . . .
Si mon amant paraît, je ne vous entends plus. . .
Dieu que je veux servir ! Dieu puissant que j'outrage,
Pourquoi m'as-tu livrée à ce cruel orage?
Contre un faible roseau pourquoi veux-tu t'armer ?
Qu'ai-je fait ? tu le sais : tout mon crime est d'aimer.
   (*elle se rassied.*)

Malgré mon repentir, malgré ta loi suprême ,
Tu vois que mon amant l'emporte sur toi-même :
Il règne, il t'a vaincu dans mes sens obscurcis.
  (*elle se relève.*)

Hé bien, voilà mon cœur : c'est là qu'est Alexis.
   (*elle tire un poignard.*)

Je te venge de lui ; je te le sacrifie ;
Je n'y puis renoncer qu'en m'arrachant la vie.
  (*elle se frappe, & tombe sur un fauteuil.*)

Fin des Variantes.

AGATHOCLE,

AGATHOCLE,

T R A G E D I E.

Repréfentée le 31 mai 1779, jour de l'anniverfaire de la mort de M. *de Voltaire.*

AVERTISSEMENT
DES EDITEURS.

On ne doit regarder cette tragédie que comme une esquisse. Les situations, les scènes sont quelquefois plutôt indiquées que remplies. Les caractères sont heureusement conçus, fortement dessinés ; mais les traits ne sont pas terminés, les nuances ne sont point marquées. Cet ouvrage est précieux, parce qu'il montre la manière dont travaillait M. *de Voltaire*, & qu'il sert à expliquer comment il a pu joindre une fécondité si prodigieuse avec tant de perfection. On voit qu'il retravaillait long-temps ses ouvrages, mais sans jamais s'arrêter sur les détails, sans suspendre la marche, attendant le moment de l'inspiration ; sachant qu'on n'y supplée point par des efforts, profitant des instans où son génie avait toutes ses forces pour faire de grandes choses, & ne perdant pas ce temps précieux à corriger un vers, à prévenir une objection ; revenant ensuite sur ces objets, dans des instans moins heureux & plus tranquilles.

Le jour de la première représentation de cette pièce, M. *Brisard* prononça un discours où l'on a reconnu la manière d'un philosophe illustre, qu'une amitié tendre & constante unissait à

M. *de Voltaire*, & qui a long-temps fait cause commune avec lui contre les ennemis de l'humanité. La Grèce a cultivé à la fois tous les arts & toutes les sciences, mais la première représentation de l'Oedipe à Colonne ne fut point annoncée par un discours de *Platon*.

DISCOURS

PRONONCÉ AVANT LA PREMIERE REPRESENTATION

D'AGATHOCLE.

„ La perte irréparable que le théâtre, les lettres
„ & la France ont faite l'année dernière, & dont
„ le triste anniverfaire vous raffemble aujourd'hui,
„ a été, depuis cette fatale époque, l'objet conti-
„ nuel de vos regrets. Vous avez du moins eu la
„ confolation de voir ce que l'Europe a de plus
„ grand & de plus augufte partager un fentiment fi
„ digne de vous ; & les honneurs que vous venez
„ rendre à cette ombre illuftre vont encore fatis-
„ faire & foulager tout à la fois votre jufte dou-
„ leur. Pour donner à cette cérémonie funèbre tout
„ l'éclat qu'elle mérite & que vous défirez, nous
„ avions penfé d'abord à remettre fous vos yeux
„ quelqu'une de ces tragédies immortelles dont
„ M. *de Voltaire* a fi long-temps enrichi la fcène, &
„ que vous venez fi fouvent y admirer ; mais dans
„ ce jour de deuil, où le premier befoin de vos
„ cœurs eft de déplorer la perte de ce grand homme,
„ nous croyons ajouter à l'intérêt qu'elle vous inf-
„ pire, en vous préfentant la pièce qu'il vous def-
„ tinait quand la mort eft venue terminer fa glorieufe
„ carrière.

„ Vous verrez fans doute, Meffieurs, avec atten-
„ driffement l'auteur de Zaïre & de Mérope, accablé
„ d'années, de travaux & de fouffrances, recueillant
„ tout ce qui lui reftait de force & de courage pour

„ s'occuper encore de vos plaisirs, au moment où
„ vous alliez le perdre pour jamais ; vous connaî-
„ trez tout le prix qu'il mettait à vos suffrages
„ par les efforts qu'il fefait au bord même du tom-
„ beau pour les mériter ; efforts qui peut-être ont
„ abrégé une vie si précieuse.

„ Un peuple dont le goût éclairé pour les beaux-
„ arts revit en vous, le peuple d'Athènes, entouré
„ des chefs-d'œuvre que lui laissaient en mourant
„ les artistes célèbres, semblait, au moment de
„ leurs obsèques, arrêter ses regards avec moins
„ d'intérêt sur ces productions sublimes que sur
„ les ouvrages auxquels ces hommes rares travail-
„ laient encore lorsqu'ils avaient été enlevés à la
„ patrie. Les yeux pénétrans de leurs concitoyens
„ lisaient dans ces respectables restes toute la pensée
„ du génie qui les avait conçus. Ils y voyaient
„ encore attachée la main expirante qui n'avait pu
„ les finir ; & cette douloureuse image leur rendait
„ plus cher l'illustre compatriote qu'ils ne possé-
„ daient plus, mais qui jusqu'à la fin de sa vie
„ avait tout fait pour eux.

„ Vous imiterez, Messieurs, cette nation recon-
„ naissante & sensible, en écoutant l'ouvrage auquel
„ M. *de Voltaire* a consacré ses derniers instans ;
„ vous appercevrez tout ce qu'il aurait fait pour le
„ rendre plus digne de vous être offert : votre
„ équité suppléera à ce que vos lumières pourraient
„ y désirer : vous croirez voir ce grand homme
„ présent encore au milieu de vous, dans cette
„ même salle qui fut soixante ans le théâtre de sa

„ gloire, & où vous-même l'avez couronné par nos
„ faibles mains avec des tranſports ſans exemple ;
„ enfin, vous pardonnerez à notre zèle pour ſa
„ mémoire, ou plutôt vous le juſtifierez, en ren-
„ dant à ſa cendre les honneurs que vous avez tant
„ de fois rendus à ſa perſonne.

„ Quel ennemi des talens & des ſuccès oſerait,
„ dans une circonſtance ſi touchante, inſulter à la
„ reconnaiſſance de la nation, & en troubler les
„ témoignages ? Ce ſentiment vil & cruel ne peut
„ être, Meſſieurs, celui d'aucun Français, & ſerait
„ d'ailleurs un nouveau tribut que l'envie payerait,
„ ſans le vouloir, aux mânes de celui que vous
„ pleurez. „

PERSONNAGES.

AGATHOCLE, tyran de Syracuse.

POLYCRATE,
ARGIDE, } fils d'*Agathocle*.

YDASAN, vieux guerrier au service de Carthage.

EGESTE, officier au service de Syracuse.

YDACE, fille d'*Ydasan*.

ELPENOR, conseiller du roi.

Une prêtresse de *Cérès*.

Suite & Soldats.

La scène est dans une place entre le palais du roi & les ruines d'un temple.

AGATHOCLE,
TRAGEDIE.

ACTE PREMIER.

SCENE PREMIERE.

YDASAN, EGESTE.

EGESTE.

DE nos malheurs enfin le ciel a pris pitié;
Il refferre aujourd'hui notre antique amitié.
Quand la paix réunit Carthage & Syracufe,
Peux-tu verfer des pleurs aux bords de l'Aréthufe?
Quels que foient nos deftins, les lieux où l'on eft né
Ont encor des appas pour un infortuné :
Il eft doux de rentrer dans fa chère patrie.

YDASAN.

Elle ne m'eft plus chère, & fa gloire eft flétrie :
Sa lâche fervitude, & trente ans de malheurs,
Aigriffent mon courage en m'arrachant des pleurs.
Les volcans de l'Etna, fes cendres, fes abymes
Ont été moins affreux que ce féjour des crimes.
Le fer que le Cyclope a forgé dans leurs flancs
A moins de dureté que le cœur des tyrans.
Va, je hais Syracufe, Agathocle & la vie.

EGESTE.

Que veux-tu ? Dès long-temps la Sicile affervie

De l'heureux Agathocle a reconnu les lois ;
Agathocle est compté parmi les plus grands rois.
Le hasard, le destin, le mérite peut-être,
Dispose des Etats, fait l'esclave & le maître.
Nul homme au rang des rois n'est jamais parvenu
Sans un talent sublime & sans quelque vertu.
Soyons justes, ami : j'aimai ma république ;
Mais j'ai su me plier au pouvoir monarchique.
Né sujet comme nous, dans la foule jeté,
Agathocle a vaincu la dure adversité.
L'adresse, le courage, & surtout la fortune
L'ont porté dans ce rang dont l'éclat l'importune.
Elevé par degrés au timon de l'Etat,
Il était déjà roi lorsque j'étais soldat.
De ces coups du destin je sais que l'on murmure :
Les grands succès d'autrui sont pour nous une injure.
Mais si le même prix nous était présenté,
Ne dissimulons point : serait-il rejeté ?

YDASAN.

Il l'eût été par moi. J'aime mieux, cher Egeste,
Ma triste pauvreté que sa grandeur funeste.
N'excuse plus ton maître, & laisse à ma douleur
La consolation de haïr son bonheur.
Quoi donc ! je l'aurai vu citoyen mercenaire,
Du travail de ses mains nourrissant sa misère ;
Et la guerre civile aura, dans ses horreurs,
Mis ce fils de la terre au faîte des grandeurs !
Il règne à Syracuse ! Et moi, pour mon partage,
Banni de mon pays, & soldat à Carthage,
Blanchi dans les dangers, courbé sous le harnois,
Obscurément chargé d'inutiles exploits,

ACTE PREMIER.

J'ai vu périr deux fils dans cette guerre inique
Qui défola long-temps la Sicile & l'Afrique.
Après tant de travaux, après tant de revers,
Ma fille me restait ; ma fille est dans les fers !
La malheureuse Ydace est au rang des captives
Que l'Aréthuse encor voit pleurer sur ses rives.
C'est ce qui me ramène à ces funestes lieux,
Aux lieux de ma naissance en horreur à mes yeux ;
Sans soutien, sans patrie, appauvri par la guerre ;
Privé de mes deux fils, je n'ai rien sur la terre
Qu'un débris de fortune à peine ramassé
Pour délivrer l'enfant que les dieux m'ont laissé.
Des premiers jours de paix je saisis l'avantage ;
Je reviens arracher Ydace à l'esclavage :
Aux pieds de ton tyran j'apporte sa rançon ;
Et dès que l'avarice ouvrira sa prison,
Je retourne à Carthage achever ma carrière.
Là je ne verrai point, couchés dans la poussière,
Sous les pieds d'un tyran les mortels avilis.
Je mourrai libre au moins... Va, sers dans ton pays.

EGESTE.

Tu ne partiras point sans me coûter des larmes.
Sous ce roi que tu hais je porte ici les armes ;
Nos devoirs différens n'ont point rompu les nœuds
De la vieille amitié qui nous unit tous deux.
J'ai vu ta fille Ydace ; & partageant ses peines,
Autant que je l'ai pu, j'ai soulagé ses chaînes.

YDASAN.

Tu m'attendris, Egeste... Est-ce auprès de ces murs
Qu'elle traîne ses jours & ses malheurs obscurs ?

Où la trouver? Comment me rendrai-je auprès d'elle?
EGESTE.
Dans les débris d'un temple est sa prison cruelle,
Auprès de cette place, & non loin du séjour,
De ce séjour superbe où le roi tient sa cour.
YDASAN.
Une cour! des prisons! quel fatal assemblage!
Ainsi le despotisme est près de l'esclavage.
Ce palais est bâti des marbres qu'autrefois
L'heureuse liberté consacrait à nos lois.
Ne pourrai-je à mon sang parler sous ces portiques?
Je les ai vus ornés de nos dieux domestiques.
Mais nos dieux ne sont plus... Puis-je au moins présenter
Cette faible rançon que je fais apporter?
Agathocle, ton roi, daignera-t-il m'entendre?
EGESTE.
A ce détail indigne il ne veut plus descendre.
Sa grandeur abandonne à l'un de ses enfans
Du lucre des combats les soins avilissans.
YDASAN.
A qui dans ma douleur faut-il que je m'adresse?
EGESTE.
A son fils Polycrate, objet de sa tendresse,
Et déjà, nous dit-on, nommé son successeur,
Tout indigne qu'il est de cet excès d'honneur.
YDASAN.
Je ne puis voir ce roi?
EGESTE.
     Sa sombre défiance
A tous les étrangers interdit sa présence.
A regret aux siens même il permet son aspect :
Soit que l'éloignement impose le respect,

ACTE PREMIER.

Soit que changé par l'âge, & las du diadème,
Il se dérobe au monde, & se cherche lui-même.
Pour Ydace ta fille, un ordre injurieux
Ne lui défendra pas de paraître à tes yeux.
Du reste des captifs elle vit séparée,
Au temple de Cérès en secret retirée.
Sa grâce, sa beauté, ses charmes plus flatteurs
Que la splendeur de l'or ou celle des grandeurs,
Font voler sur ses pas les cœurs à son passage,
Sans qu'elle ose penser qu'on lui rende un hommage...
Je la vois qui sur nous semble arrêter les yeux
Au milieu des débris du temple de nos dieux.
Elle fuit en pleurant cette simple prêtresse
Qui de son esclavage adoucit la tristesse.

YDASAN.

Dans le saisissement que j'éprouve à la voir,
La consolation se mêle au désespoir.
C'est donc vous, ô ma fille, ô malheureuse Ydace!

SCENE II.

YDASAN, YDACE, EGESTE, LA PRETRESSE.

YDACE.

JE baigne de mes pleurs vos genoux que j'embrasse·
Je vous ai vu, mon père, & vers vous j'ai volé.
Chez les Syracusains qui vous a rappelé?
Y seriez-vous tombé dans mon état funeste?
Qu'y venez-vous chercher?

YDASAN.
   Le seul bien qui me reste.

(*à la Prêtresse.*)
Mon sang, ma chère fille... O vous dont la bonté
Tend une main propice à la calamité,
Puisse des justes dieux la justice éternelle
Payer d'un digne prix le noble & tendre zèle
Qui donne aux grands du monde, en ces jours malheureux,
Un exemple si beau, si peu suivi par eux !

LA PRETRESSE.

J'ai rempli faiblement le devoir qui m'engage.

YDASAN.

Je viens sauver ma fille & la rendre à Carthage :
Protégez-nous.

YDACE.

Hélas ! vos soins sont superflus :
Je suis esclave.

YDASAN.

Non, tu ne le seras plus ;
Je viens te délivrer.

YDACE.

O le meilleur des pères !
Quoi ! vos bontés pour moi finiraient mes misères !

YDASAN.

Oui, de ta liberté j'ai rassemblé le prix.

YDACE.

Vous, hélas ! de vos biens les malheureux débris
Ne vous laisseraient plus qu'une indigence affreuse !

YDASAN.

Va, sois libre, il suffit, & ma mort est heureuse...
As-tu dans ta prison paru devant le roi ?

YDACE.

Non : comment pourrait-il s'abaisser jusqu'à moi ?

Comment un conquérant du sein de la victoire,
De la hauteur du trône où resplendit sa gloire,
Pourrait-il distinguer un objet ignoré,
A de communs malheurs obscurément livré ?
Sait-il mon sort, mon nom, l'horreur où l'on me laisse ?
De Cérès en ces lieux cette digne Prêtresse
A daigné seulement dans ma captivité
Porter sur mon désastre un regard de bonté.
Ses soins ont adouci ma fortune cruelle :
J'apprends à moins souffrir, en souffrant auprès d'elle.

YDASAN.

Je vais trouver ce roi : j'espère que son cœur,
Quoiqu'il soit corrompu par trente ans de bonheur,
Quoique le rang suprême & le temps l'endurcisse,
N'osera devant moi commettre une injustice :
Il se ressouviendra que je fus son égal.

LA PRETRESSE.

Il l'a trop oublié.

YDASAN.

   Dans son faste royal,
Il rougira peut-être en voyant ma misère.

LA PRETRESSE.

J'en doute. Mais allez, tendre & généreux père !
Que la simple vertu puisse enfin le toucher !
Surtout que de son trône on vous laisse approcher !

SCENE III.

YDACE, LA PRETRESSE.

YDACE.

DE nos dieux méconnus Prêtresse bienfesante,
Au malheur qui me suit comme eux compatissante,
Contre un fils du tyran vous qui me protégez,
Vous qui voyez l'abyme où mes pas sont plongés,
Ne m'abandonnez pas.

LA PRETRESSE.

Hélas ! que puis-je faire ?
Des ministres des dieux le triste caractère,
Autrefois vénérable, aujourd'hui méprisé ;
Ce temple encor fumant, dans la guerre embrasé,
Les autels de Cérès enterrés sous la cendre,
Mes prières, mes cris, pourront-ils vous défendre ?

YDACE.

Souffrira-t-on du moins que loin de ce séjour
Je retourne à Carthage où je reçus le jour ?

LA PRETRESSE.

Agathocle en des mains avares, sanguinaires,
A remis le maintien de ses lois arbitraires.
Polycrate son fils commande sur le port
Les prisons, les vaisseaux, tout ce séjour de mort:
Tout est à lui; le roi lui donne pour partage
Les droits du souverain levés sur l'esclavage.
Les captifs sont traités comme de vils troupeaux
Destinés à la mort, aux cirques, aux travaux,

Aux

Aux plaisirs odieux des caprices d'un maître.

Plus fier, plus emporté que le roi n'a pu l'être,
Polycrate vous compte au rang de ces beautés
Qu'il destine à servir ses tristes voluptés.
Amoureux sans tendresse, & dédaignant de plaire,
Féroce en ses désirs ainsi qu'en sa colère,
C'est un jeune lion qui toujours menaçant
Veut ravir sa conquête, & l'aime en rugissant.
Non, son père jamais ne fut plus tyrannique
Qu'en nommant héritier ce monstre despotique.

YDACE.

Ah! d'où vient que les dieux pour moi toujours cruels
Ont exposé mes yeux à ses yeux criminels!
Entre son frère & lui, ciel! quelle différence!
L'humanité d'Argide égale sa vaillance.
Ce frère vertueux d'un brigand détesté
S'est attendri du moins sur ma calamité.
Pourrai-je dans Argide avoir quelque espérance?

LA PRETRESSE.

Argide a des vertus, & bien peu de puissance.
Polycrate est le maître, il dévore le fruit
Des travaux d'un vieillard au sépulcre conduit...
Mais avoûrai-je enfin mes secrètes alarmes?
Argide est un héros, vos regards ont des charmes,
Et malgré les horreurs de cet affreux séjour,
L'infortune amollit & dispose à l'amour.
Un prince né pour plaire, & qui cherche à séduire,
Veut sur notre faiblesse établir son empire.
L'innocence succombe aux tendresses des grands,
Et les plus dangereux ne sont pas les tyrans.

YDACE.

Ah! que m'avez-vous dit? Sa bonté généreuse
Serait un nouveau piége à cette malheureuse!
J'aurais Argide à craindre en ma fatale erreur!
Et ma reconnaissance aurait trompé mon cœur!
De ce cœur éperdu touchez-vous la blessure?
Dans l'amas des tourmens que ma jeunesse endure
En est-il un nouveau dont je ressens les coups?

LA PRETRESSE.

L'amour est quelquefois le plus cruel de tous.

YDACE.

Quelle est donc ma ressource? Eh! pourquoi suis-je née!
Exposée à l'opprobre, aux fers abandonnée,
Le malheur qui me suit entoura mon berceau;
Le ciel me rend un père au bord de son tombeau!
Loin d'Argide & de vous ma timide jeunesse
Ne sera qu'un fardeau pour sa triste vieillesse!
L'espérance me fuit! la mort, la seule mort
Est-elle au moins un terme aux rigueurs de mon sort?
Aurai-je assez de force, un assez grand courage
Pour courir à ce port au milieu de l'orage?
Vous lisez dans mon cœur, vous voyez mon danger.
Ah! plutôt à mourir daignez m'encourager;
Affermissez mon ame incertaine, affaiblie,
Contre le sentiment qui m'attache à la vie.

LA PRETRESSE.

Que ne puis-je plutôt par d'utiles secours
Vous aider à porter le fardeau de vos jours!
Il pèse à tout mortel, & Dieu qui nous l'impose
Veut, nous l'ayant donné, que lui seul en dispose.

De votre ame éperdue il faut avoir pitié.
Attendez tout d'un père & de mon amitié,
Mais furtout de vous-même & de votre courage.
Vous luttez, je le vois, contre un fatal orage :
Dieu fe complaît, ma fille, à voir du haut des cieux
Ces grands combats d'un cœur fenfible & vertueux.
La beauté, la candeur, la fermeté modefte
Ont dompté quelquefois le fort le plus funefte.

YDACE.

Je me jette en vos bras : mon efprit défolé
Croit, en vous écoutant, que les dieux m'ont parlé.

Fin du premier acte.

ACTE II.

SCENE PREMIERE.

YDASAN, ARGIDE, POLYCRATE, EGESTE.

(Agathocle passe dans le fond du théâtre : il semble parler à ses deux fils Polycrate & Argide. Il est entouré de courtisans & de gardes. Ydasan & Egeste sont sur le devant, près du temple.)

YDASAN.

C'est-là ce vieux tyran si grand, si redoutable,
Qu'on croit si fortuné ! Son âge qui l'accable,
Son front chargé d'ennuis semble dire aux humains
Que le repos du cœur est loin des souverains.
Est-ce lui dont j'ai vu la misérable enfance
Chez nos concitoyens ramper dans l'indigence ?
Est-ce Agathocle enfin ?... Que d'esclaves brillans
Prêtent leur main servile à ses pas chancellans !
Comme il est entouré ! leur troupe impénétrable
Semble cacher au peuple un monstre inabordable.
Sont-ce là ses deux fils dont tu m'as tant parlé ?

EGESTE.

Oui : tu vois Polycrate à l'empire appelé.
On dit qu'il est plus dur & plus inaccessible
Que ce sombre vieillard autrefois si terrible.
Argide est plus affable : il est grand sans orgueil,
Et sa noble vertu n'a point un rude accueil :

Athène a cultivé ses mœurs & son génie.
Né d'un tyran illustre, il hait la tyrannie.
Vers ces débris du temple ils s'avancent tous deux.
Saisissons ce moment, osons approcher d'eux :
Mais surtout souviens-toi que Polycrate est maître.

YDASAN.

Devant lui, cher ami, qu'il est dur de paraître !

EGESTE.

Oublie, en lui parlant, l'esprit républicain.

YDASAN.

(il marche vers Polycrate.)

Prince, vous connaissez les droits du genre humain ?

POLYCRATE.

Quel est cet étranger ? quel est ce téméraire ?

YDASAN.

Un homme, un citoyen, un vieux soldat, un père.

POLYCRATE.

Que me demandes-tu ?

YDASAN.

La justice, mon sang.
Je ne crois point blesser l'éclat de votre rang ;
Mais gardez les traités : rendez la jeune Ydace,
Reste unique échappé des malheurs de ma race :
J'en apporte le prix.

POLYCRATE.

(aux siens.)

Qu'on dérobe à mes yeux
D'un vieillard indiscret l'aspect injurieux.

ARGIDE.

Mon frère, il ne vous fait qu'une juste demande.

POLYCRATE.

Soldats, qu'on obéisse alors que je commande :
Qu'on l'éloigne.

YDASAN.

Ah, grands Dieux ! rendez-moi donc le temps
Où ma main vous servait & frappait les tyrans !
Faut-il que de mes ans la triste décadence
Me laisse à leurs genoux expirer sans vengeance !

SCENE II.

POLYCRATE, ARGIDE.

ARGIDE.

Vous pouviez lui répondre avec plus de bonté :
Mon frère, un vieux soldat doit être respecté.

POLYCRATE.

Non, mon frère : apprenez que je perdrais la vie
Avant que ma captive à mes mains fût ravie.
Ni la sévérité de mon père en courroux,
Ni tous ces vains traités qui parlent contre nous,
Ni les foudres des Dieux, allumés sur ma tête,
Ne m'ôteraient l'objet dont je fais ma conquête.
Mon esclave est mon bien ; rien ne peut m'en priver :
De ces lieux à l'instant je la fais enlever.

(*après l'avoir regardé quelque temps en silence.*)
Blâmez-vous ce dessein que mon cœur vous confie ?

ARGIDE.

Qui ? moi ! prétendez-vous que je vous justifie ?
Quel besoin auriez-vous de mon consentement ?
Comment approuverais-je un tel emportement ?
La paix avec Carthage est déjà déclarée ;
Agathocle aux autels aujourd'hui l'a jurée ;
Tous nos concitoyens nous ont été rendus.
Si ce Carthaginois n'a de vous qu'un refus,
Vous r'allumez la guerre.

POLYCRATE.

    Et c'est à quoi j'aspire :
La guerre est nécessaire à ce naissant empire :
Que ferions-nous sans elle ?

ARGIDE.

    En des temps pleins d'horreurs,
La guerre a mis mon père au faîte des grandeurs :
Pour soutenir long-temps ce fragile édifice
Il faut des lois, mon frère, il faut de la justice.

POLYCRATE.

Des lois ! c'est un vain nom dont je suis indigné.
Est-ce à l'abri des lois qu'Agathocle a régné ?
Il n'en connut que deux : la force & l'artifice.
La loi de Syracuse est que l'on m'obéisse.
Agathocle fut maître, & je veux l'égaler.

ARGIDE.

L'exemple est dangereux ; il peut faire trembler :

Voyez Créfus en Perfe, & Denys à Corinthe.

POLYCRATE.

(*après l'avoir regardé encore fixement.*)

Penfez-vous m'alarmer, m'infpirer votre crainte ?
Prétendez-vous inftruire Agathocle & fon fils ?
Je voulais un fervice, & non pas des avis.
J'avais compté fur vous...

ARGIDE.

Je ferai votre frère,
Votre ami véritable, ardent à vous complaire,
Quand vous exigerez de ma foi, de mon cœur
Tout ce que d'un guerrier peut permettre l'honneur.

POLYCRATE.

Hé bien, fervez-moi donc.

ARGIDE.

Quel deffein vous anime ?
Vous voulez que je ferve à vous noircir d'un crime ?

POLYCRATE.

Un crime, dites-vous ?

ARGIDE.

Je ne puis autrement
Nommer l'atrocité de cet enlèvement.

POLYCRATE.

Un crime ! vous ofez...

ARGIDE.

Oui, j'ofe vous apprendre
La dure vérité que vous craignez d'entendre.

ACTE SECOND. 361

Et quel autre que moi la dira sans détour?

POLYCRATE.

Va, c'est où t'attendait mon malheureux amour.
Traître ! tu n'as pas su me cacher mon injure :
De tes fausses vertus je voyais l'imposture.
Je ne prétendais pas te découvrir mon cœur ;
J'ai trop sondé du tien la sombre profondeur :
J'en ai vu les replis ; j'ai percé le myſtère
Dont tu fais fasciner les regards du vulgaire.
Je voyais dans mon frère un ennemi fatal ;
Il veut paraître juste, il n'est que mon rival.
Tu l'es : tu crois cacher d'un masque de prudence
De l'esclave & de toi l'indigne intelligence.
Plus coupable que moi, tu m'osais condamner ;
Mais tu connais ton frère : il fait peu pardonner.

ARGIDE.

Je te crois : je connais ta féroce insolence ;
Tu crois du roi mon père exercer la puissance.
Monté sur les degrés de ce suprême rang,
Es-tu le seul ici qui sois né de son sang ?
Tu n'en as que la fange où le ciel le fit naître.
Il a su la couvrir par les vertus d'un maître ;
Et tes égaremens, qui l'ont trop démenti,
T'ont remis dans le rang dont il était sorti.

POLYCRATE.

Ils m'ont laissé ce bras pour punir un perfide.

ELPENOR *arrivant, à Polycrate.*

Seigneur, le roi vous mande.

POLYCRATE.

    Oui, j'obéis... Argide,

Voilà ton dernier trait : mais tremble à mon retour.
(*il fort.*)

ARGIDE.

Je t'attends : nous verrons avant la fin du jour
Si la férocité, la menace & l'outrage
Ou cachaient ta faibleſſe, ou montraient ton courage.

SCENE III.

ARGIDE, ELPENOR.

ELPENOR.

Qu'ai-je entendu, Seigneur ? & quel ardent courroux
Arme à mes yeux ſurpris & votre frère & vous ?
Hélas ! je vous ai vus ennemis dès l'enfance ;
Mais ai-je dû m'attendre à tant de violence ?
Vous me faites frémir.

ARGIDE.

Vos conſeils me ſont chers ;
Mais j'appris de vous-même à braver les pervers.
Je l'appris encor plus dans Sparte & dans Athène!
Elpénor, condamnez ma franchiſe hautaine ;
Mon cœur, je l'avoûrai, n'eſt pas fait pour la cour.

ELPENOR.

Il eſt libre, il eſt grand ; mais, Seigneur, ſi l'amour,
Mêlant à vos vertus ſes faibleſſes cruelles,
Allume entre vous deux ces fatales querelles !
On le ſoupçonne au moins.

ACTE SECOND.

ARGIDE.

Ah ! ne redoutez rien :
Je ne fais point former un indigne lien.
Polycrate, il eſt vrai, dans ſa brûlante audace
Croit ſoumettre à ſes lois la malheureuſe Ydace,
Et je ne puis ſouffrir ce droit injurieux
Que le ſort des combats donne aux victorieux.
J'oſe braver mon frère & ſervir l'innocence.
Non, ce n'eſt point l'amour qui prendra ſa défenſe :
Je ne l'ai point connu ; mon cœur juſqu'aujourd'hui
Pour venger la vertu n'a pas beſoin de lui.
Elpénor, croyez-moi, s'il faut qu'il m'aſſerviſſe,
Il ne peut m'entraîner à rien dont je rougiſſe.

ELPENOR.

Je vous en crois ſans peine, & mes regards diſcrets
De ce cœur généreux reſpectent les ſecrets.
Mais, Seigneur, je voudrais qu'un peu de complaiſance
Pût raſſurer du roi la triſte défiance.
Il aime votre frère ; il vous craint.

ARGIDE.

Elpénor,
Il devrait m'eſtimer ; & j'oſe dire encor
Que la voix du public, équitable & ſincère,
Pourra me conſoler des rebuts de mon père....
Mais quel bruit ? quel tumulte ? & qu'eſt-ce que je vois ?

SCENE IV.

ARGIDE, YDACE, ELPENOR,
LA PRETRESSE.

(*on entend un grand bruit derrière la scène : elle s'ouvre. Ydace paraît : la Prêtresse la suit. Le peuple & les soldats avancent au fond du théâtre.*

ARGIDE.

Est-ce Ydace? Elle-même en ce séjour d'effroi!
Est-ce vous qui fuyez, captive infortunée?

YDACE.

Par d'horribles soldats indignement traînée,
Arrachée aux autels de mes dieux protecteurs,
Aux mains de la prêtresse à qui dans mes malheurs
Le ciel a confié ma jeunesse craintive,
On me poursuit encore errante, fugitive.
Quand mon père, accablé du poids de mes douleurs,
Allait jusqu'au palais faire parler mes pleurs,
On saisissait sa fille au nom de votre frère!...
En cet affreux moment leur troupe sanguinaire
Recule de surprise à votre auguste aspect;
Tant le juste aux pervers imprime de respect.
De ce respect, Seigneur, je m'écarte sans doute;
Mais l'horreur où je suis, l'horreur que je redoute,
Sont ma fatale excuse en cette extrémité.
Et de votre grand cœur la noble humanité
Daignera jusqu'au bout, propice à ma misère,
Sauver ma liberté des transports de son frère.

ARGIDE.

Oui, oui, je défendrai contre ce furieux
Ce dépôt si sacré que je reçois des dieux.
Je vous prends sous ma garde au péril de ma vie.

YDACE.

Par vos rares vertus je suis plus asservie
Que par cet esclavage où me réduit le sort.
Je détestais le jour, & j'invoquais la mort;.
Je vis par vous...

ARGIDE.

Allez : d'un tyran délivrée,
Revoyez loin de nous votre heureuse contrée.
C'en est fait, belle Ydace... emportez nos regrets...
De son départ, amis, qu'on hâte les apprêts.

(*au peuple qui est dans le fond.*)

Nobles Syracusains, secourez l'innocence;
Contre ses ravisseurs embrassez sa défense.

(*à la Prêtresse.*)

Prêtresse de Cérès, unissez-vous à moi;
Parlez au nom des dieux, & surtout de la loi.
Qu'Ydace enfin soit libre, & que de ce rivage
Avec son digne père on la mène à Carthage.

(*au peuple.*)

Qu'aucun de vous n'exige & qu'il n'ose accepter
Le prix dont ce vieillard la voulait racheter.
Liberté ! liberté ! tu fus toujours sacrée :
Quand on la met à prix elle est déshonorée.

(*à la Prêtresse.*)

Protégez cet objet que je vous ai rendu;
Aux persécutions dérobez sa vertu :

Qu'elle forte aujourd'hui de cette terre affreufe.
Ydace ! loin de moi vivez long-temps heureufe;
Allez, fuyez furtout loin d'un perfécuteur....
En la fefant partir je m'arrache le cœur.

(à Elpénor.)

Me reprocheras-tu que l'amour foit mon maître?
Favori d'Agathocle ! apprends à me connaître.
J'honore la vertu ; le malheur m'attendrit :
C'eft à toi de juger fi l'amour m'avilit.

SCENE V.

YDACE, LA PRETRESSE.

YDACE.

Grands Dieux qui par fes mains brifez mon joug funefte,
Eft-il dans votre olympe une ame plus célefte?
Et n'eft-ce pas ainfi qu'autrefois les mortels
En s'approchant de vous méritaient des autels ?

(à la Prêtreffe.)

Hélas ! vous fefiez craindre à mon ame offenfée
Que fa pure vertu ne fût intéreffée !

LA PRETRESSE.

Je l'admire avec vous : je crois voir aujourd'hui
Le fang de nos tyrans purifié par lui.

YDACE.

On dit qu'il fut nourri dans Sparthe & dans Athènes;
Il en a le courage & les vertus humaines.

Quelle grandeur modeste en offrant ses secours !
Que mon cœur qui m'échappe est plein de ses discours !
Comme en me défendant il s'oubliait lui-même !
A la cour des tyrans est-ce ainsi que l'on aime !
Je n'ai point à rougir de ses soins généreux ;
Ils ne sont point l'effet d'un transport amoureux :
Ses sentimens sont purs, & je suis sans alarmes.
Oui, mon bonheur commence !

LA PRETRESSE.

      Et vous versez des larmes !

YDACE.

Je pleure, je le dois ; l'excès de ses bontés,
Sa gloire, sa vertu... tout m'attendrit...

LA PRETRESSE.

       Partez.

YDACE.

C'en est fait. Retournons aux lieux qui m'ont vu naître.
Faut-il que je vous quitte ! Ah ! que n'est-il mon maître !

LA PRETRESSE.

Croyez-moi, chère Ydace, il vous faut dès ce jour
Fuir ces bords dangereux, menacés par l'amour.
Votre cœur attendri veut en vain se contraindre :
Argide & ses vertus sont pour vous trop à craindre.
Préparons tout, & craignons que son frère odieux
Ne ramène le crime en ces funestes lieux.

YDACE.

Dieux ! si vous protégez ce cœur faible & timide ;
Dieux ! ne permettez pas qu'il ose aimer Argide !

Etouffez dans mon sein ces sentimens secrets
Qui livreraient mes jours à d'éternels regrets,
Et de qui malgré moi le charme involontaire
Redoublerait encor ma honte & ma misère !

LA PRETRESSE.

O cœur pur & sensible, & né dans les malheurs !
Va, crains la vertu même, & fuis loin des grandeurs !

Fin du second acte.

ACTE III.

ACTE III.

SCÈNE PREMIÈRE.

LA PRETRESSE, YDASAN.

YDASAN.

J'ai paru devant lui, je l'ai revu ce roi,
Ce héros autrefois plus inconnu que moi.
De mes chagrins profonds domptant la violence,
J'ai jufqu'à le prier forcé ma répugnance.
Mes traits défigurés par l'outrage du temps,
Ce front cicatrifé couvert de cheveux blancs,
Ne l'ont point empêché de daigner reconnaître
Un vieux concitoyen dont les yeux l'ont vu naître.
Je me fuis étonné qu'il vît couler mes pleurs
Sans marquer ces dédains qu'infpirent les grandeurs.
Le temps, dont il commence à reffentir l'injure,
Aurait-il amolli cette ame fière & dure ?
D'un regard adouci ce prince a commandé
Qu'on me rendît mon fang que j'ai redemandé.
Polycrate, indigné de l'ordre de fon père,
Ne pouvait devant lui retenir fa colère :
Le barbare eft forti la fureur dans les yeux.

LA PRETRESSE.

Tout eft à redouter de cet audacieux.
Son père a pour lui feul une aveugle tendreffe :
Avec étonnement on voit tant de faibleffe.

Théâtre. Tom. VI.

Ce roi si défiant, si redouté de tous,
Si ferme en ses desseins, du pouvoir si jaloux,
Est mollement soumis, comme un homme vulgaire,
Au superbe ascendant d'un jeune téméraire.
Il n'aime point Argide ; il semble redouter
Cette mâle vertu qu'il ne peut imiter :
Ce noble caractère & l'indigne & l'outrage.
Il aime Polycrate, il chérit son image.
Le barbare en abuse ; il n'est point de forfaits
Dont son emportement n'ait souillé le palais.
Le père fut tyran, le fils l'est davantage.
Sans la vertu d'Argide, & sans ce fier courage,
Votre sang malheureux, flétri, déshonoré,
Au lâche Polycrate allait être livré.

YDASAN.

Il eût fait cet affront à son malheureux père !

LA PRETRESSE.

Il l'osait : mais Argide est un dieu tutélaire,
Un dieu qui parmi nous aujourd'hui descendu
Vient consoler la terre & venger la vertu.
Vous lui devez l'honneur, vous lui devez la vie.
Emmenez votre fille. Un barbare, un impie,
Aux lois des nations peut encore attenter :
Son caractère affreux ne fait rien respecter.
Entre le crime & lui mettez les mers profondes :
Qu'un favorable dieu vous guide sur les ondes.
Souvenez-vous de moi sous un ciel plus heureux.

YDASAN.

Vos vertus, vos bontés ont surpassé mes vœux.
Sans doute avec regret de vous je me sépare ;
Mais il me faut sortir de ce séjour barbare ;
Il me faut mourir libre, & j'y cours de ce pas.

SCENE II.

LA PRETRESSE, YDASAN, EGESTE.

EGESTE.

Nous sommes tous perdus : ami, n'avance pas.
La mort est désormais le recours qui nous reste :
Argide, Polycrate, Ydace...

YDASAN.

     Ah ! cher Egeste !
Ma fille ! Ydace ! parle, & donne-moi la mort.

EGESTE.

Nous conduisions Ydace : elle approchait du port,
Elle vous attendait pour quitter Syracuse ;
Les peuples empressés au bord de l'Aréthuse,
Pleurant de son départ, admirant sa beauté,
Chargeaient le ciel de vœux pour sa prospérité.
Tout à coup Polycrate, écartant tout le monde,
Paraît comme un éclair qui fend la nuit profonde :
Il se saisit d'Ydace, & d'un bras détesté,
Il arrache sa proie au peuple épouvanté.
Argide seul, Argide entreprend sa défense ;
Sa fermeté s'oppose à tant de violence.
L'infame ravisseur, un poignard à la main,
Sur ce jeune héros s'est élancé soudain.
Argide a combattu ; mais avec quel courage !
On croyait voir un dieu contre un monstre sauvage.
Polycrate vaincu tombe & meurt à ses pieds.
Les cris des citoyens jusqu'au ciel envoyés

En portent à l'instant la nouvelle à son père ;
Tandis qu'en son triomphe oubliant sa colère,
Le vainqueur attendri secourt en gémissant
Le farouche ennemi qui meurt en menaçant.

EGESTE.

Tu ne m'as rien appris qui ne nous soit propice :
Nous sommes tous vengés.

LA PRETRESSE.

Le ciel a fait justice.
C'est un tyran de moins dans nos calamités.

YDASAN.

Quittons ces lieux, marchons.... Qu'ai-je à craindre ?

EGESTE, *l'arrêtant*.

Ecoutez :
Le roi qui dans ce fils mit sa seule espérance
Accourt sur le lieu même en nous criant : *vengeance!*
Mon fils dénaturé vient d'égorger mon fils !
Ses farouches soldats s'assemblent à ses cris,
Le peuple se disperse, & fuit d'un pas timide.
Agathocle éperdu fait arrêter Argide :
On saisit votre fille, & dans son trouble affreux,
Le roi désespéré vous a proscrit tous deux.

YDASAN.

Ma fille ! ton seul nom déchire mes entrailles !
J'espérais de mourir dans les champs de batailles !
Sous le fer des bourreaux allons-nous expirer ?...
Il faut qu'un vieux soldat meure sans murmurer.
Mais toi !

EGESTE.

S'il commettait cette horrible injustice,
Je ne puis, Ydasan, que vous suivre au supplice.

Le pouvoir defpotique eft maître de nos jours :
Nous fommes fans appui, fans armes, fans fecours....
Mais ne pouvez-vous pas, Prêtreffe qu'on révère,
Faire parler du moins votre faint caractère ?

LA PRETRESSE.

Ce temps n'eft plus. J'ai vu que des dieux autrefois
On refpectait l'empire, on écoutait la voix ;
Le remord arrêtait fur le bord de l'abyme,
La juftice éternelle épouvantait le crime....
Sur nos dieux abattus les tyrans élevés,
De nos biens enrichis, de nos pleurs abreuvés,
A nos antiques droits ont déclaré la guerre.
La rapine & l'orgueil font les dieux de la terre.

EGESTE.

Séparons-nous : on vient. C'eft Agathocle en pleurs.
Comme vous il eft père, & je crains fes douleurs :
La vengeance les fuit.

SCENE III.

AGATHOCLE, Suite.

AGATHOCLE.

Qu'on ôte de ma vue
Ce malheureux objet qui m'indigne & me tue.
Sur elle & fur fon père ayez les yeux ouverts ;
Qu'ils foient tous deux gardés, qu'ils foient chargés de fers.

Amenez devant moi ce criminel Argide.
UN OFFICIER.
Votre fils !
AGATHOCLE.
Lui ! mon fils ? non... mais ce parricide.
Mon fils est mort !
(on amène Argide enchaîné. Suite. Egeste éloigné avec les gardes.)

(Agathocle à Argide.)
Cruel ! il est mort par tes coups,
Et tu braves encor mes pleurs & mon courroux !
Et ce peuple aveugle, qu'a séduit ton audace,
Applaudit à ton crime & demande ta grace !
ARGIDE.
Seigneur, le peuple est juste.
AGATHOCLE.
Il va voir aujourd'hui
Que son malheureux prince est plus juste que lui.
Traître ! je t'abandonne aux lois que j'ai portées.
ARGIDE.
Si par l'équité seule elles furent dictées,
Elles décideront qu'en ce triste combat
J'ai sauvé l'innocence & peut-être l'Etat.
Le nom de loi m'est cher, & ce nom me rassure.
AGATHOCLE.
Tu redoubles ainsi ton crime & mon injure !
Tu ne m'aimas jamais, & crois me désarmer ?
ARGIDE.
Mon cœur toujours soumis cherchait à vous aimer.
Il est pur ; il n'a point de reproche à se faire.
Ce cœur s'est soulevé quand j'ai tué mon frère ;

ACTE TROISIEME.

De la nature en moi j'ai senti le pouvoir:
Mais il fallait combattre, & j'ai fait mon devoir.
J'ai puni des forfaits, j'ai vengé l'innocence :
Elle n'avait que moi, Seigneur, pour sa défense.
Le cruel m'a forcé de lui percer le flanc.
Suivez votre courroux, baignez-vous dans mon sang.
Si dans ce jour affreux les remords peuvent naître,
Je n'en dois point sentir... Vous en aurez peut-être.

AGATHOCLE.

Quoi ! ton farouche orgueil ose encor m'insulter !

ARGIDE.

Je ne sais que vous plaindre, & que vous respecter.

AGATHOCLE, *en gémissant.*

Tu m'arraches mon fils !

ARGIDE.

J'ai défendu ma vie,
Et je vous ai servi, vous, dis-je, & ma patrie.

AGATHOCLE.

Fuis de mes yeux, barbare, attends ton juste arrêt.

ARGIDE.

Vous êtes souverain, commandez : je suis prêt.

(*on l'emmène.*)

SCENE IV.

AGATHOCLE, Gardes.

Que vais-je devenir ? Dans quel trouble il me jette !
Quoi donc ! sa fermeté tranquille & satisfaite
D'un œil indifférent, d'un bras dénaturé,
Vient tourner le poignard dans mon cœur déchiré !

Voilà les dignes fruits de la fausse sagesse
Que les Syracusains cherchèrent dans la Grèce !
Ils en ont rapporté le mépris de mes lois,
Celui de la mort même, & la haine des rois.
Je n'ai donc plus d'enfans ! ma vieillesse accablée
Va descendre au tombeau sans être consolée.
Ma gloire, ce fantôme inutile au bonheur,
Illustrant ma disgrace en augmente l'horreur.
Que me fait cette gloire & ma grandeur suprême ?
Je suis privé de tout & réduit à moi-même.
Dans les jours malheureux qui peuvent me rester,
Je lis un avenir qui doit m'épouvanter.
C'est à moi de mourir ; mais au moins je me flatte
Que tous les assassins de mon fils Polycrate
Subiront avec moi le plus juste trépas.

(à un garde.)

Vous, veillez sur Argide, & marchez sur ses pas

(à un autre.)

Vous, répondez d'Ydace, & surtout de son père.

(à un autre.)

Que l'on cherche Elpénor. Un conseil salutaire
De son expérience est toujours l'heureux fruit.
Ses yeux m'éclaireront dans cette affreuse nuit.

(à un officier.)

Soutenez-moi : mon ame en ses transports funestes
De ma force épuisée a consumé les restes.
Je ne me connais plus... Dieu des rois & des dieux !
Dieu qu'annonçait Platon chez nos grossiers aïeux,
Je t'invoque à la fin ; soit raison, soit faiblesse,
Si tu règnes sur nous, si ta haute sagesse

Acte troisieme.

Prend soin du haut des cieux du destin des Etats,
Si tu m'as élevé, ne m'abandonne pas.
Je t'imitai du moins en fondant un empire,
En y donnant des lois; & ma douleur n'aspire,
Au bout de la carrière où je touche aujourd'hui,
Qu'à venger mon cher fils, qu'à tomber avec lui.

Fin du troisième acte.

ACTE IV.

SCENE PREMIERE.

YDACE, LA PRETRESSE,
Soldats dans le fond.

YDACE. (*)

Non, je ne cache plus ma tendresse fatale :
Je l'aimais, je l'avoue ; & l'amour nous égale.
Non, ne ménagez plus ce cœur né pour souffrir;
J'appris à vivre esclave, & j'apprends à mourir ;
Ne me déguisez rien, je pourrai tout entendre.
Je sais que dans ces lieux le roi devait se rendre.
C'est un père outragé, c'est un maître absolu :
On dit qu'il a parlé, mais qu'a-t-il résolu ?

LA PRETRESSE.

Il flottait incertain ; son ame s'est montrée
De douleur affaiblie, & de sang altérée.
Tantôt par un seul mot il nous glaçait d'horreur,
Et surtout son silence inspirait la terreur ;
Tantôt la profondeur de sa sombre pensée
Echappait aux regards d'une foule empressée.
Il soupire, il menace ; il se calme, il frémit :
Pour le seul Elpénor on croit qu'il s'adoucit.

(*) Ici *Ydace* ne doit plus se contenir dans les bornes d'une douleur modeste ; elle doit paraître en désordre, les cheveux épars, & éclater en sanglots.

Acte Quatrieme.

Autour de lui rangés ses courtisans le craignent,
Et dans son désespoir il en est qui le plaignent.

YDACE.

Ils plaignent un tyran! bas esprits, vils flatteurs!
Ils n'osent plaindre Argide! ils lui ferment leurs cœurs!
Ils croiraient faire un crime en prenant sa défense.

LA PRETRESSE.

L'affliction du maître impose à tous silence.

YDACE, *en poussant un cri, & en pleurant.*

Ah! parlez-moi du moins, répondez à mes cris.
Est-il vrai qu'Agathocle ait condamné son fils?

LA PRETRESSE.

Le bruit en a couru.

YDACE.

   Je me meurs!

LA PRETRESSE.

      Chère Ydace!
Ah! revenez à vous! un père qui menace
Ne frappe pas toujours. Ma fille, rassurez,
Ranimez vos esprits par le trouble égarés;
Ecartez de votre ame une image si noire.

YDACE.

Argide est condamné!

LA PRETRESSE.

    Non, je ne le puis croire.

YDACE.

Je ne le crois que trop... C'en est fait.

LA PRETRESSE.

       C'est ici
Que du sort qui l'attend on doit être éclairci.

L'inftant fatal approche; Agathocle s'avance;
Il paraît qu'Elpénor lui parle en affurance.
Attendons un moment dans ces lieux retirés;
Ils furent en tout temps des afiles facrés;
Méprifés de nos grands, le peuple les révère :
J'y vois déjà venir votre malheureux père.

YDACE.

De votre faint afile on viendra l'arracher;
Aux regards du tyran qui pourra fe cacher?

SCENE II.

AGATHOCLE *d'un côté*, *fuivi d'*ELPENOR.
YDACE, LA PRETRESSE *de l'autre côté*,
retirées dans les ruines du temple.

AGATHOCLE *à Elpénor*.

Oui, te dis-je, le traître irritait ma colère;
Dans fes refpects forcés il infultait fon père;
On eût dit en voyant Argide auprès de moi
Que j'étais le coupable & qu'Argide était roi.
L'infolent à mes yeux fe vantait de fon crime.
Le meurtre de fon frère eft, dit-il, légitime :
Il a fervi l'Etat en m'arrachant mon fils !

(*il s'affied.*)

C'en eft trop ! qu'on me venge... Elpénor ! obéis.
Qu'on me venge... Soldats, n'épargnez plus Argide.
Il faut enfin qu'un roi puniffe un parricide.
Qu'il meure.

LA PRETRESSE, *fortant de l'afile, & fe jetant aux genoux d'Agathocle.*

   Non, Seigneur, non vous ne voudrez pas
De deux fils en un jour contempler le trépas ;
Vous n'immolerez point la moitié de vous-même.
De mes dieux méprifés la majefté fuprême
Ne parle point ici par ma débile voix :
Je n'attefterai plus leur juftice & leurs lois.
Je fais trop qu'à pas lents la vengeance éternelle
Pourfuit des méchans rois la tête criminelle ;
Et que fouvent la foudre éclate en vains éclats,
Pour des cœurs endurcis qui ne la craignent pas.
Mais ne vous perdez point dans un jour fi funefte ;
Ne vengez point un fils fur un fils qui vous refte ;
Et ne vous privez point de l'unique fecours
Que le ciel vous gardait dans vos malheureux jours.

YDASAN.

Cruel ! peux-tu frapper une fille innocente ?

YDACE.

J'apporte ici ma tête ; & votre main fanglante
Me fera favorable en me fefant mourir.
Mais voyez les horreurs où vous allez courir.
Le fils dont vous pleurez la mort trop méritée
Avait une ame atroce & du crime infectée,
Et jaloux de fon frère allait l'affaffiner.
Le fils, qu'un père injufte ofe ici condamner,
Eft un héros, un dieu qui nous a fait juftice.
Si vous vous obftinez à vouloir fon fupplice,
Voyez déjà ce fang répandu par vos mains
Soulever contre vous les dieux & les humains.

Vous ſerez déteſté de toute la nature,
Déteſté de vous-même... Et l'ame auguſte & pure,
L'ame du grand Argide en vain du haut des cieux
Implorera pour vous la clémence des dieux :
Ils ſuivront votre exemple, ils feront ſans clémence.
Ce ſang ſi précieux crîra plus haut vengeance.
La vérité ſe montre à vos yeux détrompés :
Elle a conduit nos voix.... J'attends la mort : frappez.

AGATHOCLE.

Quoi ! ces trois ennemis inſultent à ma perte !
Quoi ! ſous leurs pas tremblans quand la tombe eſt ouverte,
Ils déchirent encor ce cœur déſeſpéré !
Qu'on les faſſe ſortir.

(*on les emmène.*)

SCENE III.

AGATHOCLE, ELPENOR.

AGATHOCLE.

Mon eſprit égaré
De tout ce que j'entends reçoit d'affreux préſages.
Ami, durant trente ans de travaux & d'orages,
Par des périls nouveaux chaque jour éprouvé,
Jamais jour plus affreux pour moi ne s'eſt levé.
Mon fils eut des défauts : l'amitié paternelle
Ne m'en figurait pas une image infidelle ;
Mais ſon courage altier ſecondait mes deſſeins ;
Il ſoutenait le trône établi par mes mains.

Et s'il faut à tes yeux découvrir ma pensée,
De ce trône sanglant ma vieillesse lassée
Allait le résigner à mon malheureux fils.
Tu vois de quels effets mes projets sont suivis.
Mon cœur s'ouvre à tes yeux ; ouvre le tien de même ;
Dis-moi la vérité : je la crains, mais je l'aime.
Est-il vrai que mes fils se disputaient tous deux
Cette jeune beauté, cet objet dangereux ?
Cette esclave ?

ELPENOR.

On prétend qu'ils ont brûlé pour elle.
Cet amour a produit leur sanglante querelle ;
Elle a causé la mort du fils que vous pleurez.
Polycrate, au mépris de vos ordres sacrés,
En portant sur Ydace une main téméraire,
A levé le poignard sur son malheureux frère.
Argide a du courage : il n'a point démenti
Le pur sang d'un héros dont on le voit sorti.
Je gémis avec vous que ce fils intrépide
Avec tant de vertu ne soit qu'un parricide ;
Mais Polycrate enfin fut l'injuste agresseur.

AGATHOCLE.

Tous deux sont criminels : ils m'ont percé le cœur.
L'un a subi la mort, & l'autre la mérite :
Contre le meurtrier tu fais que tout m'irrite.
Sa faveur populaire avait dû m'alarmer ;
Il m'offensait surtout en se fesant aimer ;
Son nom s'agrandissait des débris de ma gloire.
En vain dans l'Occident les mains de la victoire
Du laurier des héros m'ont cent fois couronné ;
Dans ma triste maison j'étais abandonné....

Je le fuis pour jamais. Je sens trop que l'envie
Des tourmens que j'éprouve est à peine assouvie.
On me hait : & voilà le trait envenimé
Qui perce un cœur flétri dans l'ennui consumé....
Mais Argide est mon fils.

ELPENOR.

     Et j'ose encor vous dire
Qu'il fut digne de l'être & digne de l'empire ·
Incapable de feindre ainsi que de flatter,
De souffrir un affront & de le mériter ;
Vertueux & sensible...

AGATHOCLE.

     Ah, qu'oses-tu prétendre ?
Lui sensible ! A mes pleurs a-t-il daigné se rendre ?
Du meurtre de son frère avait-il des remords ?
A-t-il pour me fléchir tenté quelques efforts ?
Hé, n'a-t-il pas bravé la douleur de son père ?

ELPENOR.

Il est trop de fierté dans ce grand caractère ;
Il ne sait point plier.

AGATHOCLE.

    Je dois savoir punir.

ELPENOR.

Ne vous préparez point un horrible avenir :
La nature a parlé ; sa voix est toujours tendre.

AGATHOCLE.

Le cri de la vengeance aussi se fait entendre.

Je dois tout à mon trône; ô trône enfanglanté!
Si brillant, fi funefte, & fi cher acheté!
Grandeur éblouiffante & que j'ai mal connue!
Jufqu'à quand votre éclat féduira-t-il ma vue?

   E L P E N O R.

Du trouble où je vous vois que faut-il augurer?
Qu'ordonnez-vous d'un fils?

   A G A T H O C L E.

     Laiffe-moi refpirer.

Fin du quatrième acte.

ACTE V.

SCENE PREMIERE.

LA PRETRESSE, YDASAN *auprès du temple sur le devant du théâtre*, Gardes *dans le fond*.

LA PRETRESSE.

Exemples étonnans des caprices du sort !
L'un à l'autre inconnus dans ce séjour de mort,
Sous le fer d'un tyran la prison nous rassemble,
Et je ne vous ai vu que pour mourir ensemble !
O père infortuné ! c'est dans ces mêmes lieux,
Dans ce temple où jadis ont descendu nos dieux ;
C'est parmi les débris de leurs autels en cendre
Que le roi va paraître, & l'arrêt doit se rendre !
Agathocle a voulu que sa servile cour
Solemnise avec lui ce déplorable jour.
C'est une fête auguste ; & son ame affligée
Croit par ce grand éclat sa perte mieux vengée :
Il croit apprendre mieux au peuple épouvanté
Que le sang d'un tyran doit être respecté.
Sous sa puissante voix il faut que tout fléchisse :
Et ce spectacle horrible, on l'appelle justice !

YDASAN.

Prêtresse, croyez-moi, ce violent courroux
Rassasié de sang n'ira point jusqu'à vous.

Il est, n'en doutez pas, des barrières sacrées
Dont on ne franchit point les bornes révérées.
Un tyran craint le peuple ; & ce peuple à mes yeux,
Tout corrompu qu'il est, respecte en vous ses dieux.
De ma fille après tout vous n'êtes point complice ;
C'est assez qu'avec elle un malheureux périsse :
C'est ma seule prière, & le coup qui m'attend
Ne peut précipiter ma mort que d'un moment.
Je vous quitte attendri ; pardonnez à mes larmes.

LA PRETRESSE.

On ne les permet point. Ces délateurs en armes
Vont à notre tyran rapporter nos discours.

YDASAN.

Je le sais ; c'est l'usage établi dans les cours.
Grands Dieux ! je vois paraître Argide avec Ydace !

SCENE II.

YDASAN, LA PRETRESSE, ARGIDE, YDACE,
Gardes & Assistans *dans le fond.*

ARGIDE.

ON le permet : je viens chercher ici ma grace.

YDASAN.

Seigneur, que dites-vous ?

ARGIDE.

Contre son ravisseur
J'ai défendu ta fille, & vengé son honneur.

J'ai fait plus : je l'aimais, & m'immolant pour elle
Je m'imposais moi-même une absence éternelle.
Je te demande ici le prix de la vertu
Pour qui je vais mourir, pour qui j'ai combattu.
J'étouffais mon amour, & je n'ai pu prétendre
(Malheureux d'être prince) à devenir ton gendre.
Mais enfin de ce nom je suis trop honoré :
Je veux dans mon tombeau porter ce nom sacré....
Ydace, en nous aimant expirons l'un & l'autre ;
Que ma mourante main puisse presser la vôtre ;
Que mes yeux soient encore attachés sur vos yeux !
Que la divinité qui nourrit nos aïeux
Préside avec l'hymen à notre heure fatale !

(*à la Prêtresse.*)

O Prêtresse, allumez la torche nuptiale....

(*à Ydasan.*)

Embrassons-nous, mon père, à nos derniers momens.
Ydace, chère Ydace, acceptez mes sermens :
Ils sont purs comme vous. Nos ames rassemblées
Au ciel qui les forma vont être rappelées.
Conservez, s'il se peut, équitable avenir,
De l'amour le plus saint l'éternel souvenir !

Y D A C E *à Ydasan.*

Les sentimens d'Argide ont passé dans mon ame :
Son courage m'élève & sa vertu m'enflamme.
Le nom de son épouse est un titre trop beau
Pour que vous refusiez d'en orner mon tombeau.
Non, Argide, avec vous la mort n'est point cruelle :
La vie est passagère & la gloire immortelle.

Y D A S A N.

Ah, mon prince ! ah, ma fille !

ACTE CINQUIEME.

LA PRETRESSE.

      Infortunés époux!
Couple digne du ciel! il eſt ouvert pour vous.
Il voit un grand ſpectacle, & digne qu'on l'envie,
La vertu qui combat contre la tyrannie.

YDASAN.

Chère fille! grand prince! en quel horrible jour,
En quels horribles lieux me parlez-vous d'amour!
 Hé bien, je vous unis: hé bien, Dieux que j'atteſte!
Dieux des infortunés, formez ce nœud funeſte!
Et pour le célébrer, renverſez nos tyrans
Dans l'abyme où la foudre a plongé les Titans!
Que le feu de l'Etna dans ſes gouffres s'allume;
Que le barbare y tombe, y vive & s'y conſume!
Que ſon juſte ſupplice, à jamais renaiſſant,
Soit l'éternel vengeur de mon ſang innocent!
Et tombe la Sicile & Syracuſe en poudre
Si l'oppreſſeur du peuple échappait à la foudre!
 Voilà mes vœux pour vous, chers & tendres amans,
Et nos chants de l'hymen, & mes derniers ſermens.

LA PRETRESSE.

Notre heure eſt arrivée : Agathocle s'avance;
Il ajoute à la mort l'horreur de ſa préſence.

ARGIDE.

Quoi! ſa cour l'environne, & ſon peuple le ſuit!

YDASAN.

Quel démon, quel deſſein devant nous le conduit?

SCENE III & dernière.

LES PERSONNAGES précédens, AGATHOCLE entouré de sa cour. Le peuple se range sur les deux côtés du théâtre : les grands prennent place aux côtés du trône, & sont debout.

AGATHOCLE. (*)

L'ÉQUITÉ... C'est sa voix qui dicte la sentence....
(*il monte sur le trône, & les grands s'asseyent.*)
C'est moi qui vous l'annonce : écoutez en silence....
Vous me voyez au trône ; & c'est le digne prix
De trente ans de travaux pour l'Etat entrepris.
J'eus de l'ambition, je n'en fais point d'excuse ;
Et si de quelque gloire aux champs de Syracuse,
Parmi tant de combats, j'ai pu couvrir mon nom,
Cette gloire est le fruit de mon ambition :
Si c'était un défaut, il serait héroïque.

Je naquis inconnu dans votre république :
J'étais dans la bassesse, & je n'ai dû qu'à moi
Les talens, les vertus qui m'ont fait votre roi.
Je n'avais pas besoin d'une origine illustre ;
La mienne à ma grandeur ajoute un nouveau lustre.
L'argile par mes mains autrefois façonné
A produit sur mon front l'or qui m'a couronné.
Rassasié de gloire & de tant de puissance,
Enfin j'en ai senti la triste insuffisance....

(*) Ce morceau doit être débité avec beaucoup de noblesse, & même d'enthousiasme : il faut surtout observer les pauses qui sont marquées par des points.

Le ciel, je le vois trop, met au fond de nos cœurs
Un sentiment secret au dessus des grandeurs.
Je l'éprouve, & mon ame est assez forte encore
Pour dédaigner l'éclat que le vulgaire adore.
Je puis également, m'étant bien consulté,
Vivre & mourir au trône, ou dans l'obscurité....
 Pour un fils que j'aimais ma prodigue tendresse
Me fesait espérer qu'aux jours de ma vieillesse,
De mon puissant empire il soutiendrait le poids :
Je le crus digne enfin de vous donner des lois.
Je m'étais abusé : ces erreurs mensongères
Sont le commun partage & des rois & des pères.
C'est peu de les connaître ; il les faut expier....
O mon fils !... dans mes bras daigne les oublier !...

 (*il tend les bras à Argide, & le fait asseoir à côté de lui.*)

Peuples, voilà le roi qu'il vous faut reconnaître.
Je crois tout réparé, je le fais votre maître.
Oui, mon fils, j'ai connu que dans ce triste jour
La vertu l'emportait sur le plus tendre amour.
Tu méritais Ydace, ainsi que ma couronne....
Jouis de toutes deux ; ton père te les donne.
 Prêtresse de Cérès, allumez les flambeaux
Qui doivent éclairer des triomphes si beaux ;
Relevez vos autels, célébrez vos mystères
Que j'ai cru trop long-temps à mon pouvoir contraires.
Apprenez à ce peuple à remplir à la fois
Ce qu'il doit à ses dieux, ce qu'il doit à ses rois....
 Toi, généreux guerrier, toi le père d'Ydace,
Puisses-tu voir ton sang renaître dans ma race !...
Sers de père à mon fils, rends-moi ton amitié ;
Pardonne au souverain qui t'avait oublié ;

Pardonne à ces grandeurs dont le ciel me délivre.
Le prince a disparu, l'homme commence à vivre.

YDACE à la Prêtresse.

O Dieux!

EGESTE.

Quel changement!

YDASAN.

Quel prodige!

YDACE.

Heureux jour!

ARGIDE.

Vous m'étonnez, mon père; & peut-être à mon tour
Je vais dans ce moment vous étonner vous-même....
Vous daignez me céder ce brillant diadème,
Inestimable prix de vos travaux guerriers,
Que vos vaillantes mains ont couvert de lauriers....
J'ose accepter de vous cet auguste partage,
Et je vais à vos yeux en faire un digne usage....
    Platon vint sur ces bords, il enseigna des rois;
Mon cœur est son disciple & je suivrai ses lois....
Un sage m'instruisit, mais c'est vous que j'imite;
A vivre en citoyen votre exemple m'invite.
Vous êtes au-dessus des honneurs souverains;
Vous les foulez aux pieds, Seigneur, & je les crains.
Malheur à tout mortel qui se croirait capable
De porter après vous ce fardeau redoutable.
    Peuples, j'use un moment de mon autorité:
Je règne.... votre roi vous rend la liberté.

(il descend du trône.)

Agathocle à son fils vient de rendre justice :
Je vous la fais à tous... Puisse le ciel propice
Commencer dès ce jour un siècle de bonheur,
Un siècle de vertu plutôt que de grandeur....
O mon auguste épouse ! ô noble citoyenne !
Ce peuple vous chérit ; vous êtes plus que reine.

Fin du cinquième & dernier acte.

AVIS AU LECTEUR,

Imprimé dans plusieurs éditions, à la suite des tragédies.

L'AUTEUR est obligé d'avertir que la plupart de ses tragédies imprimées à Paris chez *Duchêne*, au temple du goût, en 1764, avec privilége du roi, ne sont point du tout conformes à l'original. Il ne sait pas pourquoi le libraire a obtenu un privilége sans le consulter. Le roi ne lui a certainement pas donné le privilége de défigurer des pièces de théâtre, & de s'emparer du bien d'autrui pour le dénaturer.

Dans la tragédie d'Oreste, le libraire du temple du goût finit la pièce par ces deux vers de *Pylade* :

Que l'amitié triomphe en tout temps, en tous lieux,
Des malheurs des mortels & des *crimes* des dieux.

Ce blasphème est d'autant plus ridicule dans la bouche de *Pylade* que c'est un personnage religieux qui a toujours recommandé à son ami d'obéir aveuglément aux ordres de la divinité. Dans toutes les autres éditions on lit : *& du courroux des dieux.*

On ne conçoit pas comment, dans la même tragédie, l'éditeur a pu imprimer : (*page* 237.)

Je la mets dans vos fers, elle va vous servir.
C'est m'acquitter vers vous bien moins que la punir.
Vous laissez cette cendre à mon juste courroux, &c.

Qui jamais a pu imaginer de mettre ainsi quatre

Avis au lecteur. 395

rimes masculines de suite, & de violer si grossière-
ment les premières règles de la poësie française? Il
y a plus encore. Le sens est perverti; il y a six vers
nécessaires d'oubliés. Il se peut qu'un comédien,
pour avoir plutôt fait, ait écourté & gâté son rôle.
Un libraire ignorant achète une mauvaise copie du
souffleur de la comédie, & au lieu de suivre l'édition de Genève, qui est fidelle, il imprime un ouvrage
entièrement méconnaissable.

La même sottise se trouve dans la tragédie de
Brutus, page 282.

> Je plains tant de vertus, tant d'amour & de charmes.
> Un cœur tel que le sien méritait d'être à vous.
> Abominables lois que la cruelle impose!

Peut-on présenter aux lecteurs un pareil galima-
tias, & voler ainsi leur argent? Il y a ici trois vers
d'oubliés. Telle est la négligence de quelques
libraires; ils n'ont ni assez d'intelligence pour comprendre ce qu'ils impriment, ni assez d'honnêteté
pour payer un correcteur d'imprimerie : pourvu
qu'ils vendent leur marchandise, ils sont contens.
Mais bientôt leur mauvaise conduite est découverte,
& leurs misérables éditions décriées restent dans
leurs boutiques pour leur ruine.

Tancrède est imprimé beaucoup plus infidelle-
ment. L'auteur est obligé de déclarer qu'il y a dans
cette pièce beaucoup de vers qu'il n'a jamais ni faits
ni pu faire, comme ceux-ci par exemple :

> Voyant tomber leur chef, les Maures *furieux*
> L'ont accablé de traits dans *leur rage cruelle.*

(a) L'Orphelin de la Chine n'eſt pas moins défiguré. On ne trouve point dans l'édition de *Duchêne* ces vers que dit *Gengis*, & qui ſont dans toutes les éditions.

> Gardez de mutiler tous ces grands monumens,
> Ces prodiges des arts conſacrés par les temps,
> Reſpectez-les ; ils ſont le prix de mon courage.
> Qu'on ceſſe de livrer aux flammes, au pillage,
> Ces archives de lois, ce long amas d'écrits,
> Tous ces fruits du génie, objets de vos mépris.
> Si l'erreur les dicta, cette erreur m'eſt utile ;
> Elle occupe ce peuple, & le rend plus docile.

Ce diſcours eſt très-convenable dans la bouche d'un prince ſage, qui parle à des Tartares ennemis des lois & de la ſcience.

Voici ce que l'éditeur a mis à la place :

> Ceſſez de mutiler tous ces grands monumens
> Echappés aux *fureurs des flammes*, *du pillage*.

Toute la fin de la tragédie de Zulime eſt ridiculement altérée. Une fille qui a trahi, outragé, attaqué ſon père, qui ſent tous ſes crimes & qui s'en punit, à qui ſon père pardonne, & qui s'écrie dans ſon déſeſpoir *j'en ſuis indigne*, doit faire un grand effet. On a tronqué & altéré cette fin, & on finit la pièce par une phraſe qui n'eſt pas même achevée. Les vers impertinens qu'on a mis dans Olimpie

(a) Ceci a déjà été remarqué dans l'avertiſſement qui eſt à la tête du premier volume du théâtre.

font dignes d'une telle édition. En voici un qui me tombe fous la main :

Ne viens point, malheureux, par différens efforts.

En un mot, l'auteur doit pour l'honneur de l'art, encore plus que pour fa propre juftification, précautionner le lecteur contre cette édition de *Duchêne*, qui n'eft qu'un tiffu de fautes & de falfifications. Il n'eft pas permis de s'emparer des ouvrages d'un homme, de fon vivant, pour les rendre ridicules. On a pris à tâche de gâter les expreffions, de fubftituer des liaifons à des fcènes plus impertinemment tronquées. Cette manœuvre a été pouffée à un tel excès que les comédiens de province eux-mêmes, révoltés contre la licence & le mauvais goût qui défiguraient la tragédie d'Olimpie, n'ont jamais voulu la jouer comme on l'a repréfentée à Paris.

Ce n'eft pas affez d'être parvenu à corrompre prefque tous les ouvrages qu'un homme a compofés pendant plus de cinquante années ; tantôt on publie fous fon nom de prétendues *lettres fecrètes* ; tantôt ce font des lettres à fes *amis du Parnaffe*, qu'on fabrique en Hollande ou dans Avignon ; & puis c'eft fon *porte-feuille retrouvé*, que perfonne ne voudrait ramaffer. *Granger* le libraire met fon nom hardiment à un tome de mélanges ; un ex-jéfuite lui attribue des livres ridicules, & écrit contre ces livres un libelle beaucoup plus ridicule encore ; & tout cela fe vend à des provinciaux & à des étrangers qui croient acheter ce qu'il y a de plus intéreffant dans la littérature françaife. Il eft vrai que toutes ces impertinences tombent & meurent comme des insectes éphémères, mais ces insectes se reproduisent toutes les années. Rien n'est plus aisé à faire qu'un mauvais livre, si ce n'est une mauvaise critique. La basse littérature inonde une partie de l'Europe ; le goût se corrompt tous les jours : il en est à peu près de l'art d'écrire comme de celui de la déclamation. Il y a plus de six cents comédiens français répandus dans l'Europe, & à peine deux ou trois qui aient reçu de la nature les dons nécessaires, & qui aient pu approfondir leur art. Combien avons-nous d'écrivains qui à peine savent leur langue, & qui commencent par dire leur avis sur les arts qu'ils n'ont jamais pratiqués, sur l'agriculture sans avoir possédé un champ, sur le ministère sans être jamais entrés dans le bureau d'un commis, sur l'art de gouverner sans avoir pu seulement gouverner leur servante ? Combien s'érigent en critiques, qui n'ont jamais pu produire d'eux-mêmes un ouvrage supportable ; qui parlent de poësie, & qui ne savent pas seulement la mesure d'un vers ? combien enfin deviennent calomniateurs de profession pour avoir du pain, & vendent des injures à tant la feuille ?

Fin du Tome sixième.

www.ingramcontent.com/pod-product-compliance
Lightning Source LLC
Chambersburg PA
CBHW071947220426
43662CB00009B/1030